区域高品质
推进劳动教育

以上海宝山区为例

何光辉 著

华南理工大学出版社
SOUTH CHINA UNIVERSITY OF TECHNOLOGY PRESS

·广州·

图书在版编目（CIP）数据

区域高品质推进劳动教育：以上海宝山区为例／何光辉著．—广州：华南理工大学出版社，2022.12
 ISBN 978-7-5623-7282-0

Ⅰ.①区… Ⅱ.①何… Ⅲ.①中小学-劳动教育-研究 Ⅳ.①G40-015

中国版本图书馆 CIP 数据核字（2022）第 245348 号

Quyu Gao Pingzhi Tuijin Laodong Jiaoyu——Yi Shanghai Baoshan Qu Weili
区域高品质推进劳动教育——以上海宝山区为例
何光辉 著

出 版 人：柯 宁
出版发行：华南理工大学出版社
（广州五山华南理工大学17号楼，邮编510640）
http://hg.cb.scut.edu.cn　E-mail: scutc13@scut.edu.cn
营销部电话：020-87113487　87111048（传真）
责任编辑： 黄冰莹
责任校对： 陈哲菲
印 刷 者：广州小明数码快印有限公司
开　　本：787mm×960mm　1/16　印张：16　字数：313千
版　　次：2022年12月第1版　印次：2022年12月第1次印刷
定　　价：68.00元

版权所有　盗版必究　　印装差错　负责调换

序　言

　　何光辉博士是我比较尊重的一位基层教育科研人员，他以"做陶行知式的教育实践家"作为自己的人生奋斗目标，30多年来扎根区域教育发展研究，任劳任怨、踏踏实实地做"为教师专业发展服务、为学校可持续发展服务、为教育行政科学决策服务"的工作。2003年，他提出过"用文化的方式发展有灵魂的教育"的理念；2010年组织开展了宝山区中小学"教学精细化管理"实践探索；2015年领衔宝山区"'三三制'教学"研究等区域教育教学实验；公开出版过《有效职业伦理教育研究》《中小学教师专业伦理培训》《学区化集团化办学的宝山实践》《班级文化建设的思考与实践》等教育专著。今年6月他把《区域高品质推进劳动教育——以上海宝山区为例》的书稿寄给我，说这是他在上海市疫情防控"居家办公"这段时间撰写的一本"区域劳动教育实践"的教育专著，请我"屈尊纡贵"写个序言，作为新劳动教育研究的同行者，我不便推脱，只好勉力而为。

　　2020年，中共中央、国务院发布了《关于全面加强新时代大中小学劳动教育的意见》，指出劳动教育是社会主义教育的重要组成部分，是大中小学教育不可或缺的重要内容，要求全国各级政府要加强学校劳动教育，强调把劳动教育纳入人才培养全过程，贯通大中小学各学段，贯穿家庭、学校、社会各方面，与德育、智育、体育、美育相融合，紧密结合经济社会发展变化和学生生活实际，积极探索具有中国特色的劳动教育模式，创新体制机制，注重教育实效，实现知行合一，促进学生形成正确的世界观、人生观、价值观。同年7月，教育部又印发了《大中小学劳动教育指导纲要（试行）》，进一步明确了中小学劳动教育的目标、内容和策略。何光辉博士和他的团队积极学习、贯彻和执行这两个文件，及时调整了原"城乡一体化地区整体推进劳动教育实践"的课题研究思路，使之发展为"区域高品质推进劳动教育"项目。在宝山区教育局的大力支持下，项目依托宝山区教育学院的科研力量，有目标、有计划、有组织、有步骤地开展。"铢计寸累、水到渠成"，何博士一边进行理论思考，设计项目实施整体方案；一边深入劳动教育实际场域，指导中小学、幼儿园编制劳动发展规划、开发劳动教育校本课程、进行劳动教育实践活动创新。2021年10月我应邀参加了上海市宝山区举办的"纪念陶行知先生120周年暨宝山区劳动教育推进大会"，耳闻目睹了他具体负责的"区域高品质推进劳动教育"项目实施情况和成效。

《区域高品质推进劳动教育——以上海宝山区为例》是一本既具有课题研究成果，又带有项目工作总结意义的劳动教育专著。本书共分11章，总分结合，先理念和愿景，后实践探索，再文化提炼：第一章，从"劳动"是人的本质和生活方式出发，研究、探讨了中小学劳动教育的"实践"性质和全人教育的价值，进而提出了高品质组织、开展中小学劳动教育的策略。在此基础上，第二章、第三章、第四章重点介绍了区域高品质推进学校劳动教育的价值、内容和策略，即"以项目为载体，以陶行知劳动教育思想和具身学习理论为指导，依靠区域行政领导的支持，中小学、幼儿园主体实践，通过'一校一品'建设、区域课程开发和劳动教育教师专业发展，建立家庭参与、社会协同配合机制，五育融合，整体性推进学校劳动教育。"第五章、第六章、第七章、第八章、第九章和第十章，分别阐述了"区域高品质推进劳动教育"的基地学校建设、教师队伍建设、课程开发、劳动教育清单编制与实施、劳动教育实施途径与方法、劳动教育评价等策略，用厚实、深刻的理性思考和丰富的实践资料，介绍了上海宝山区是如何通过劳动教育基地建设和劳动教育教师队伍专业发展，建构区域劳动教育课程、创新学校劳动教育活动，培养学生劳动素养，打造区域劳动教育品牌，提高区域劳动教育水平和质量。第十一章，系统、全面地回答了学校劳动教育文化内容、意义和建设策略，一方面回应了《关于全面加强新时代大中小学劳动教育的意见》和《大中小学劳动教育指导纲要（试行）》有关"劳动文化"建设的要求；另一方面也告诉我们，学校劳动教育，要实现可持续发展，就必须注重劳动文化建设，必须走文化发展的道路。

如果说"理念—方案设计—推进行动—反思"是本书的骨骼，那么区域实际操作策略、学校劳动教育管理行为、劳动教师教育案例则构成了《区域高品质推进劳动教育——以上海宝山区为例》的血和肉。有血有肉、形神兼备，何光辉博士用自己的研究和实践生动形象地为读者描绘了"区域高品质推进劳动教育"的路线和风景。

当前，劳动教育在全国各地如火如荼地开展，劳动教育研究成果与实践经验也层出不穷。但是像《区域高品质推进劳动教育——以上海宝山区为例》这样有理论高度、有实践深度的著作还是比较少见。遵循劳动教育的思想性、实践性和社会性，把握劳动教育实施的全面性、协同性、生活性，做好项目实施的研究性、创造性和教育性，这是何光辉博士撰写这本书所带给人们的启发。

当然，新时代劳动教育刚刚起步，还有很多问题需要我们去研究、去克服。"区域高品质推进劳动教育"本身也是个正在探索的课题，因此作为项目阶段成果总结性的书籍，肯定还存在着不少值得作者和他的合作伙伴去修正、完善、发展的地方。当前《义务教育劳动课程标准（2022年版）》已经发布，我期望何光辉博士和他的团队能够在未来的项目活动中加以学习、消化和落实。

总之，《区域高品质推进劳动教育——以上海宝山区为例》是一本具有理论思辨和实践智慧的劳动教育专著，我期待它如期出版。

章振乐

教育部基础教育劳动教育指导专委会副主任委员

浙江省劳动教育分会副会长

2022年7月16日

前 言

"做陶行知式的教育实践家"是我于1998年华东师范大学研究生毕业进入上海市宝山区教育系统后给自己确立的生涯发展目标。20多年来,我咬定青山不放松,沉着、坚毅、努力践行着自己的人生信念。

作为一个地方教育政策研究者,自1999年以来,我有幸参加了上海市宝山区一系列重大教育改革事项。如,提出了"用文化的方式发展有灵魂的教育"建议、系统阐述了"任务驱动、组团模式,品牌战略、多元发展"的宝山区素质教育推进策略、撰写了"宝山区中小学学校文化建设指导意见"、主持开展了"三三制"教学实验项目。

"悟以往之不谏,知来者之可追"。2017年,我开始思考学校劳动教育和美育问题;2020年2月,我主持的"城乡一体化地区整体推进劳动教育实践"的课题被立项为上海市宝山区教育科研重点课题。同年3月,中共中央、国务院发布了《关于全面加强新时代大中小学劳动教育的意见》,5月宝山区教育局召开全区中小学校、幼儿园劳动教育启动大会,会上我做了专题发言,阐述了召开区域高品质推进学校劳动教育的意义、目标和策略。2020年6月,依据有关专家的建议,"城乡一体化地区整体推进劳动教育实践"课题拓展为"陶行知教育思想指导下区域高品质整体推进学校劳动教育"研究项目(以下简称为"高品质推进劳动教育"项目),研究的对象、内容和方法基本不变,但研究的格局变了,研究目标的应用性、行政服务性明显加大了。在宝山区教育学院的支持下,成立了"高品质推进劳动教育"项目研究小组,我是该项目具体负责人和主要研究者,区教育学院教育发展研究室、德育研究室、教育科研室、教研室和培训部多位同志参与。项目受到了宝山区教育局的重视,被列入区"十四五"教育发展规划。

3年多来,"高品质推进劳动教育"项目组以问题为导向,以打造区域劳动教育品牌为目标,围绕"有效开展劳动教育,培养学生劳动素养"这个中心,开展了多维度、深层次、宽领域的研究和实践工作,取得了不俗的成绩:2021年4月宝山区获批成为全国劳动教育实验区,2021年5月宝山区行知中学等10所学校被上海市教委授予"劳动教育特色学校"称号;2021年11月区教育局主办了宝山区劳动教育推进大会暨"行知论坛",发布了《宝山区关于全面加强新时代中小学、幼儿园劳动教育的指导意见》,挂牌69所劳动教育基地学校、幼儿园。会上,上海市教委相关领导、新劳动教育研究联盟有关专家都对宝山区中小学劳动教育给予了高度的肯定和赞许。

《区域高品质推进劳动教育——以上海宝山区为例》是"城乡一体化地区整体推进劳动教育实践"课题研究成果的总结,也是"区域高品质推进劳动教育"研究项目工作的小结,更是我一贯追求"工作研究化""研究课题化""课题项目化""项目成果化"的逻辑结果,全书共分十一章,主要论述中小学劳动教育的基本理论、区域劳动教育的理念和思路、学校劳动教育实施路径和文化建构,重点介绍了区域劳动教育课程的开发、学校劳动教育的评价手段和教师队伍建设策略。书中有理论建构,也有实践策略;有课程建设,也有教学方法创新;有教师的成功案例,也有学校校长的独特见解;有经验总结,也有对未来的畅想。

本书主要采用了基地学校的一些思考和做法,包括一线教师的文章;也收录了课题组和项目组部分成员的一些建议和研究成果。但大部分内容是我本人作为项目组负责人对区域中小学劳动教育现状的观察、研究和思考,更是我对未来几年宝山区中小学劳动教育有效开展的前瞻研究和设想。

"十年怀胎,一朝分娩""吟安一个字,捻断数根须"。《区域高品质推进劳动教育——以上海宝山区为例》倾注了我大量心血,也凝聚了项目同仁的智慧。这里,我首先要感谢宝山区教育局、教育学院领导对课题和项目的关心与支持;其次,要感谢劳动教育项目组全体成员的参与和奉献,为本书的写作提供了思维线索,拓宽了视野,如,本书中区域劳动课程教育开发目标就吸收了吴虹老师的研究成果,"教师劳动教育评价指标体系"也有徐宇洲老师的付出;再次,要感谢劳动教育项目执行者行知中学、上海大学附属中学、吴淞中学、白茅岭农场学校等宝山区"行知行"劳动教育基地学校的领导和教师,他们的工作热情、实践经验和探索精神为本书写作提供了素材来源和主要动力。这里,我更要感谢我的家人。3年多来,我的爱人和孩子为我提供了和谐、舒适的生活环境,使我可以全身心投入劳动教育研究和实验。3年多来,我一边实践,一边与项目组核心成员、基地学校教师探讨、沟通、磨合,终于成就了这本具有一定理论价值和实践意义,充满着思辨与行动、批判与继承、守正与创新的劳动教育,具有宝山区"学陶师陶"风味的劳动教育专著。

我也把这本书定位为决策咨询报告,因为它集中了区重点课题"城乡一体化地区整体推进劳动教育的区域实践研究"的研究成果,客观记录宝山区高品质推进中小学劳动教育的历史,展示了项目组成员理论研究的担当。书中提出的一些制度性建议,还需得到区域教育行政的认可和采用;一些做法也需在具体实践中得到验证和完善。

"过简单的生活,做高尚的事业",本书也诠释、佐证了我的工作伦理:知行合一,弘道赋能;立心立言,真研真行。本书的写作念头萌发于2020年1月,2021年5月我才开始构思写作提纲,但一直没有付诸实际行动。后来应邀到浙江大学成人教育学院做劳动教育的专题讲座,一些学员的提问触动并点燃了我内心深处的写作热情,11月我开始动笔。好在前面有了一定资料积累,而且书中所提到的一些举措也都出自自己的研究和反思,所以书稿撰写进展较为顺利。

"区域高品质推进劳动教育"研究项目还在有序推进、实施中,本书的不当之处期望得到专家和领导们的批评、指正!

何光辉
2022年5月9日

目 录

第一章 劳动，五育融合的纽带与推进器
　　——兼论中小学（幼）劳动教育的意义和策略 …………………… 1

第二章 区域高品质推进劳动教育的概述 ………………………………… 12

第三章 陶行知劳动教育思想及其对区域推进劳动教育的启示 ………… 37

第四章 具身学习：有效开展中小学劳动教育的理念和策略 …………… 53

第五章 区域高品质劳动教育基地学校建设策略 ………………………… 61

第六章 "区域高品质推进劳动教育"的教师队伍建设 ………………… 77

第七章 "区域高品质推进劳动教育"课程的开发 ……………………… 96

第八章 义务教育劳动教育清单的编制与实施
　　——兼谈《义务教育劳动课程标准（2022年版）》的执行 ………… 129

第九章 区域高品质劳动教育的实施途径与方法 ………………………… 140

第十章 区域高品质推进劳动教育评价体系及其实施 …………………… 177

第十一章 区域高品质学校劳动教育文化的建构 ………………………… 207

第一章 劳动，五育融合的纽带与推进器

——兼论中小学（幼）劳动教育的意义和策略

劳动和教育相结合，促进学生全面发展是社会主义教育的根本目标，也是我国基础教育发展的重要方针和政策。实施劳动教育，培养学生劳动观念、劳动技能和劳动品质是中小学教育的重要使命和任务。但毋庸置疑的是，由于传统文化、教育观念、人才培养模式等多种因素的制约和影响，劳动教育在中小学教育中一直处于不稳定状态，有些地方劳动教育被淡化、弱化，甚至污名化，中小学学生全面、和谐发展严重受阻。部分学生高分低能、体质不佳，劳动精神淡薄、劳动能力缺失，甚至有的出现好逸恶劳等。2018年9月，全国教育大会召开，重申了全面发展的教育方针。2020年3月26日，中共中央国务院发布的《关于全面加强新时代大中小学劳动教育的意见》明确指出，"劳动教育是中国特色社会主义教育制度的重要内容"，要求"着力提升学生综合素质，促进学生全面发展、健康成长。"因此，如何贯彻党和国家教育政策，有效实施劳动教育，促进学生全面、和谐发展就成为新时代基础教育发展的重要课题，也是中小学、幼儿园教育工作者必须回答的问题。在笔者看来，劳动，是一种富有多种教育价值的活动，是德育、智育、体育、美育和劳动教育融合的纽带和推进器，组织学生参加劳动，开展劳动教育，充分发挥劳动联通和助推作用，"五育"才能真融合，才能发挥综合育人的功效，才能真正促进学生全面发展。

一、劳动——一种实践性、基础性、综合性的育人活动

如何理解劳动的性质和价值，是我们适当、有效地开展中小学劳动教育的前提。尽管时下研究、讨论中小学劳动教育的文章与论语井喷式出现，但是多数论点受到经验和学科分类的限制，不能以一种集成的思维来考察劳动的意义，结果给出的结论总是"盲人说马"式的偏狭。因此，需要整合目前有关"劳动"和"中小学劳动教育"的内涵和特征的认识，建构全面、深刻、准确的劳动概念。

(一) 劳动的性质

"全部人的活动迄今都是劳动""任何一个民族，如果停止劳动，不用说一年，就是几个星期，也要灭亡。"① 劳动，是一种特殊的创造物质财富和精神财富的实践活动，也是个体用自身的体力和智力改变外部世界以满足自己需要的活动。劳动对象既可以是自然物，也可以是社会物；劳动不仅包括脑力劳动，而且包括体力劳动；劳动不仅创造物质财富，而且可以创造精神财富。在马克思主义看来，劳动创造世界、劳动创造人本身，也只有劳动能够解放人。"人的本质是劳动，整个所谓世界历史不外乎是人通过人的劳动而诞生的过程。"② 马克思主义劳动观认为，劳动并不局限于狭隘的"体力劳动"，也不是劳累和痛苦的代名词；相反，劳动关涉的是人的本质，关涉人的生活方式、人的发展和幸福，劳动是人自我的完善革命性实践活动。马克思在《1844年经济学哲学手稿》中指出："一个种的整体特性、种的类特性就在于生命活动的性质，而自由的、有意识的活动恰恰就是人的类特性。"③ 马克思与恩格斯把劳动这种以工具为特征的，具有自觉性、能动性的活动作为人区别于动物的本质所在。"让劳动本身成为享受"是（也即劳动幸福权）马克思主义劳动观的重要内容。

但是在资本主义制度和现代工业体系下，劳动被异化，表现为"劳者不获，获者不劳"，劳动者在"自己的劳动中不是肯定自己，而是否定自己"，劳动成为压抑劳动者本质力量并与自己对立的奴役。造成劳动异化的根本原因在于剥削制度的存在。因此，马克思通过揭露"剩余价值"确认了"劳动的解放"之路，即实现共产主义，实现劳动价值的回归，达到人的全面发展。他在《资本论》中指出：未来教育对所有已满一定年龄的儿童来说，就是生产劳动同智育和体育相结合。它不仅是提高社会生产的一种方法，而且是造就全面发展的人的唯一方法。④

从以上的论述中，我们可以推论、归纳出劳动的性质，主体的劳动，即个体自主自愿的劳动是维持人的生存、促进人发展的实践活动；能维持人的生存、确认人的主体价值，促进人的发展的实践活动就是劳动。黄炎培先生认为："各级教育，应于训练上一律厉行劳动化，使青年心理上确立尊重职业基础，且使获得正确之人生观"⑤ 由此，我们也可以认为，劳动具有教育的功

---

① 中共中央马克思恩格斯列宁斯大林著作编译局. 马克思恩格斯全集（第5卷）[M]. 北京：人民出版社，2009.
②③④ 马克思. 1844年经济学哲学手稿 [M]. 北京：人民出版社，2000.
⑤ 黄炎培教育文集：第三卷 [M]. 北京：中国文史出版社，1994.

能；在人的生命初级阶段特别是早期人类社会，个体参与劳动，实际上就是通过观察、模仿和拜师等形式接受教育，获得智能发展。社会分工、学校制度建立、班级教学的出现虽然把劳动从正规教育中分离出来了。但是只要设计、组织到位，对于青少年来说，劳动就是一种教育，是一种综合教育，一种全面发展的教育。"劳动以外的教育和没有劳动的教育是不存在，也不可能存在的"。① 但前提是，这种劳动不能被异化、被肢解、被简单化操作。正如弗洛姆（E. Fromm）所说："劳动是人的自我表现，是他的个人体力和智力的表现。在这一真实的活动过程中，人使自己得到了发展，变成为人的自身；劳动不仅达到目的即产品的手段，而且就是目的本身，是人的能力的一种有意义的表现；因而劳动就是享受。"②

关于劳动的教育意义，几乎所有中外著名教育家都有所论述。如在我国古代，墨子、颜元都很重视对自己弟子进行劳动教育。颜元认为人人都应该劳动、人人都应该乐于劳动，"上至天子，下至庶人，皆有所事夙夜勤劳""甘恶衣粗食，甘艰苦劳动"，③ 颜元也看到了劳动的德育价值和体育价值，他说："人心动物也，习于事则有所寄而不妄动，故吾儒时习时行，皆所以治心""吾用力农事，不遑食寝，邪妄之念，亦不自起"。④ 卢梭认为，"劳动是社会的人不可或免的责任。任何一个公民，无论他是贫或富，是强或是弱，只要他不干活，就是一个流氓"⑤。卢梭看重劳动的智育和德育作用，甚至说，"如果不叫孩子去啃书本，而是叫他在工场干活，则他的手就会帮助他的心灵得到发展：他将变成一个哲学家"。⑥ 马卡连柯是苏联著名的教育实践家，他重视劳动在教育教学中的重要作用，致力于教育与生产劳动相结合，指出"劳动才能使人对人有正确的态度——对一切劳动者保持亲属般的爱护和友谊，对懒惰分子和逃避劳动的人表示愤慨和谴责。"⑦ 认为劳动是影响学生观点和行为，促进其个性发展的有效手段。吴玉章先生也特别指出，实践劳动本身就是学习，而且是更重要的学习。

（二）中小学劳动教育的意义

马克思主义不仅确证了劳动对人的全面发展的价值，而且科学指出了劳动的教育价值。列宁曾指出："没有青年一代的教育和生产劳动的结合，未来社

---

① 苏霍姆林斯基. 教育的艺术［M］. 长沙：湖南教育出版社，1983.
② 曾天山，顾建军. 劳动教育论［M］. 北京：教育科学出版社，2020.
③④ 颜元. 颜元集［M］. 北京：中华书局，1987.
⑤⑥ 卢梭. 爱弥儿：论教育：上卷［M］. 北京：商务印书馆，1978.
⑦ 吴式颖. 马卡连柯文集：下卷［M］. 北京：人民教育出版社，1985.

会的理想是不能想象的。"①

中小学劳动教育是以中小学生为对象,通过劳动活动,培养学生劳动素养的教育活动。《大中小学劳动教育指导纲要(试行)》指出:"当前实施劳动教育的重点是在系统的文化知识学习之外,有目的、有计划地组织学生参加日常生活劳动、生产劳动和服务性劳动,让学生动手实践、出力流汗,接受锻炼、磨炼意志,培养学生正确劳动价值观和良好劳动品质。"社会性、实践性是中小学劳动教育基本性质。中小学劳动教育是一种特殊的劳动,也是劳动教育的主要类别和形式,主要目标是:

(1)养成学生基本的、正确的劳动价值观。让学生认识到劳动是社会发展的动力和基础,美好人生靠劳动,人人都要劳动的道理;在劳动教育中促进学生树立劳动最光荣、劳动最崇高、劳动最伟大、劳动最美丽的观念;形成热爱劳动、崇尚劳动,尊重劳动成果和劳动人民的价值态度;消除"好逸恶劳""不劳而获"等错误的价值观;培养勤俭、奋斗、创新、奉献的劳动精神。

(2)培养学生良好劳动素质,即通过劳动教育帮助学生掌握一定劳动知识与技能,形成劳动习惯,消除中小学生不珍惜劳动成果、不想劳动、不会劳动的现象;为让中小学创造性能力发展打下扎实基础。

(3)促进学生全面发展。在系统的文化知识学习之外,科学组织学生参加日常生活劳动、服务性劳动、职业体验活动,动脑动手,学会学习、学会与人合作、学会生存,成为能自食其力、德智体美和谐发展的现代公民。

因此,我们可以确定中小学劳动教育作为以提升学生劳动素养的方式促进学生全面发展的教育活动,其具有如下基本性质:

(1)基础教育性。对学生进行基本的劳动精神、劳动习惯、劳动知识和技能进行养成教育,让学生知道劳动是生存之本、发展之基、幸福之路;形成学生遵纪守法、安全劳动、认真、守时、节约、勤奋的意识和习惯;帮助学生了解自己的职业志趣,培养学生创造劳动的品质。

(2)普通教育性。中小学劳动教育旨在落实全面发展的教育方针,不是职业教育,也不是专门教育,其教育的内容既包括体力劳动、脑力劳动及体力和脑力相结合的劳动,又包括简单劳动、复杂劳动,也包括物质生产劳动、精神生产劳动;从教育场所来看,中小学劳动教育涉及家庭教育、学校教育、社区教育、研学旅行等。因此,中小学劳动教育是通识教育,具有普通教育的属性,其重点在于劳动态度和习惯的形成,着眼点在于掌握未来社会劳动所需要

---

① 列宁. 列宁教育文集(上卷)[M]. 北京:人民教育出版社,1984.

的知识和能力。

（3）强烈的时代特征与社会属性。科技在不断发展，职业形态在不断更新，脑力劳动的比重不断增加，这就要求劳动教育要与时俱进，学校要创造条件让学生参加服务形态的劳动、创造性劳动等，适应劳动市场需要，体现时代特征与社会属性。

劳动是人特有的发生于人与自然、人与人交互作用的活动，因此，它不能脱离"由人自己编织的意义之网①"，即文化的本质也离不开知识、价值的生产、传播和影响，即文化实践是改造自然的"化育"和改造社会的"教化"的综合实践。在此意义上，"劳动本身具有教育意义，和广义的劳动教育是一致的。"② 当然，如果我们深入一点看，中小学劳动教育可以看成劳动的一部分；中小学劳动教育是以获得中小学学生劳动素养的精神劳动。这样一来，我们就可以看出，充实劳动、利用劳动，组织开展好劳动对学生全面发展的价值和意义。

二、劳动——联通五育的纽带和桥梁

在人类社会初期，劳动和教育是紧密结合在一起的，人们在劳动过程中教育自己并接受教育。但随着社会分工、阶级出现和知识分门别类地发展，教育和劳动分开，教育也逐渐分化为德育、智育、体育、美育和劳动教育。尽管这种分离满足了近代工业经济对劳动力、人才的需求，但也造成了人的片面，甚至畸形的发展。在马克思主义看来，劳动是人的生命活动本质，人们在劳动中获得知识、能力、价值和意义，也只有通过劳动，人类才有可能获取自由和解放。"生产劳动同智育和体育相结合，它不仅是提高社会生产的一种方法，而且是造就全面发展的人的唯一方法"。正是基于这些认识，笔者认为劳动是联通五育的纽带和桥梁。

（一）从劳动的本质内涵看，劳动具有沟通五育的天然禀赋

劳动是人有意识地使用自己的体力、脑力改变劳动对象使之符合自己需要的活动。2019 年 6 月中共中央、国务院颁发的《关于深化教育教学改革全面提高义务教育质量的意见》指出要坚持五育并举，全面发展素质教育，并强调要发挥劳动综合育人的功能。"劳动具有树德、增智、强体、育美的综合育人

---

① （美）克林德福·格尔茨. 文化的解释 [M]. 韩莉，译. 北京：译林出版社，2014.
② 肖绍明. 劳动教育的文化研究 [J]. 华东师范大学校报（教育科学版），2022（2）.

价值";而德育、智育、体育、美育和劳动教育,也无非是学生在教师的引导下主动地改变自己、发展自己的过程。人类的劳动与劳动教育的实践已经表明,劳动能强化青少年的身体机能,培养学生的德行,发展学生的智力"劳动在人的发展过程中具有奠基性的意义和作用"。① 吴玉章先生指出"学生们在学校中所学的普通基础知识,是参加劳动的一种必要准备,更重要的是在劳动生产和阶级斗争的实践中学习,不断提高知识"② "美是人的本质力量对象化",作为一种教育活动的劳动,同样也是教师和学生的一种对象性活动,一种建构、体现和确认师生生命意义和创造美的过程。对于教师与学生来说,教与学就是劳动,劳动赋予德育、智育、体育、美育和劳动教育以价值和内涵;同时德育、智育、体育、美育和劳动教育作为一种社会活动又离不开一定工具和对象,也离不开一定的物质基础,而这一切都来自劳动,也离不开劳动;更主要的实施教育活动的主体是人,是具有一定劳动素养的人。因此,劳动既是连接五育的物化形态,也是五育结合的精神纽带,劳动具有联通五育的天然禀赋。

(二)从劳动的功能看,劳动具有联通五育的作用

人的发展本质上是整体发展,德育、智育、体育、美育、劳动教育等五育是相互联系、互为条件、相互促进的。如果只重视某一类教育或只强调人的某一方面的发展结果就是人的片面发展,最终牺牲的是人的发展。正因为如此,要求把德育、智育、体育、美育、劳动教育等五育结合起来的呼声和努力从未间断过。2019年全教会上,提出了"五育并举",现在又提出"五育融合",要贯彻落实这一精神,离开了劳动,"五育融合"是不可能的。檀传宝说"教育与生产劳动相结合"这一命题表述本身已经表明,劳动与教育在逻辑上是相互结合的关系。张宙在其博士论文《从奴役劳动走向自由劳动的人类解放历程》中指出:"作为劳动主体的人通过劳动实现自己的生存和发展需求,劳动不是作为手段实现人的发展,而是人的发展就在劳动过程中,在一定程度上劳动的实现就是人的实现。"冯建军教授则指出:"人类的劳动实践蕴含着德智体美诸因素,因此,参加劳动的过程不仅是对德智体美各育成效的集中检验,也能够促进学生道德、智能、审美、身心全面和谐的发展。"③ 刘良华先生在《劳动教育何以成为"五育"融合的突破口》一文中指出,"人的发展"是五

---

① 刘良华. 劳动教育何以成为"五育"融合的突破口 [J]. 人民教育, 2021 (1): 33.
② 吴玉章. 吴玉章文集 [M]. 重庆: 重庆出版社, 1992.
③ 冯建军. 构建德智体美劳全面培养的教育体系: 理据与策略 [J]. 西北师大学报(社会科学版), 2020, 57 (3).

育共同的目标，其交汇点就是作为人类的社会生存基本活动的"劳动""劳动者因其勤奋劳动的生活方式而赢得身体与智力的日益强壮。劳动促进了劳动者身体与智力的发达"。实际上，德育、智育、体育、美育和劳动教育，能否顺利开展并取得成效决定于其隐含在劳动的劳动质量，也即如果教育者和受教育者不投入、不努力，它们就是没有效益的；更不用说综合起来的整体育人了。从这个意义上，我们也可以说劳动具有联通五育的作用。

（三）从劳动的形式与成分来看，劳动渗透在德育、智育、体育、美育和劳动教育中

我们都知道，劳动的形式是多种多样的。从劳动使用的能力看，可分为体力劳动与脑力劳动；从劳动者接受教育与训练程度来看，可分为简单劳动与复杂劳动；从劳动创造的财富产品来看，可分为物质生产劳动、精神生产劳动。不管哪种劳动形式，使用和消耗知识、体力、时间和情感是它们的共同特征。"正是在此意义上，我们说学习是一项艰苦的脑力劳动"①。同样，我们也可以说，德育、智育、体育、美育和劳动教育也是劳动，而且是复杂的脑力劳动。国家杰出领导人邓小平说过"劳动也是教学，是思想政治教育"②。如果把德育、智育、体育、美育和劳动教育比喻为人的五脏的话，劳动就是联通它们的血管，而劳动精神、劳动能力就是流动在血管里的血。劳动让德育、智育、体育、美育和劳动教育血脉相通、整体育人。

三、劳动——沟通德育、智育、体育和美育，实现五育融合

德育、智育、体育、美育和劳动教育融合的目的是以整体的力量促进学生全面发展，而融合的手段目标和实际功效是互相依靠、相互促进、共同发展。在五育的融合与共同发展中，劳动起着助推作用。

（一）劳动是德、智、体、美沟通的目标和手段

著名教育实践家和理论家苏霍姆林斯基指出，"儿童的智慧出在他的手指头上"。没有实践的教育就像"空中楼阁"。德育、智育、体育和美育都有促进人的全面发展的初心；但是如果它们彼此分离、各行其是，那就是"自废武功"，不可能造就人格健康、和谐的人，自己的作用也会大大降低。这已被"应试教育"所证明。根据马克思主义劳动与教育的结合是造就全面发展人的

---

① 文新华. 论劳动、劳动素质与劳动教育：教育研究 [J]，1995 (5).
② 郭明义. 劳动教育箴言 [M]. 北京：中国工人出版社，2020.

唯一方法论点，我们可以得知劳动是德、智、体、美融合的平台和载体。陶行知是探索劳动育人的先驱者，他的"教学做合一"的理论清楚地说明，如果教学做分开，如果不在做上教，在做上学，教育只能培养出"书呆子"。而这个做只能是实践活动、是劳动。"行是知之始，知是行之成"，因此，从这个意义上讲，劳动既是教的目的、学的目的，同时又是教与学的方式。如果我们把德育、智育、体育和美育理解为学生道德素质、智力、健康素质和审美素质的教育，那么，劳动教育就是这素质的应用、检验、发展和提升。"知行合一""学以致用"，劳动进而也就成为德育、智育、体育和美育融合的目标和手段。

（二）劳动让中小学教师与学生获得进取的价值和方法

德育、智育、体育、美育和劳动教育要达成各自的教育目标，最终都离不开教师和学生主体性的发挥，离不开"教师有效地教""学生有效地学"。柳夕浪教授在2019年第4期《教育研究与实验》中发表的《全面准确地把握劳动教育内涵》文章中指出，"把握劳动的本意要注意两点：一是它要求结合身体的劳作和精神的劳作而成为自己的活动，借以实现自立，内含道德要求；二是劳动不只是按现有样品进行制作，还是具有开放性的行动，含有创作、创造的意义"。从教的角度看，教师的有效地教，是教师进行有价值的劳动，这种有价值的劳动得以实现的前提是教师具备一定的师德和专业智能；在具体实施时，需要教师确立科学的教学目标、选择合适的内容、采用适当的方法。推而言之，教育劳动，特别是以培养学生核心素养的教育劳动，能促使教师加强师德修养，提高业务能力，从而实现自己的人生价值。从学的角度看，学生有效地学，需要学生端正学习态度，掌握学习方法，养成良好的学习习惯。美国哈佛大学的一项二十多年的跟踪研究揭示：爱干家务的孩子与不爱干家务的孩子相比，其拥有更稳定、更幸福的人生。通过劳动教育、手工活动，能够让人在简单、踏实的工作中找到安定感、满足感；在富于诱惑力的兴趣爱好中体会痴迷、创造带来的成功乐趣、幸福感；在极具挑战性的创造性工作中，找到好奇心、满足感、成就感。中国社会主义改革总设计师邓小平强调，"从事脑力劳动的青年，也应该经过一段时间的体力劳动，这对于他们的德育、智育、体育的全面发展是必要的"。概而言之，"教师有效地教""学生有效地学"都是学校教育中基本的劳动形态，都需要充分的价值和积极行动的因素。

（三）劳动赋予五育合作共进的动力

"劳动是推进和促进人类生活向高级阶段发展的重要因素，劳动不仅开启了人类认识和改造世界的大门，创造物质财富，而且也为人类精神文明的建设奠定了基础。"①

"以劳树德、以劳增智、以劳强体、以劳育美、以劳创新"是新时代中国特色社会主义劳动教育的重要特征，也高度概括、说明了劳动对学校德育、智育、体育、美育和劳动教育的助推作用。从全人教育的理念出发，德、智育、体育、美育和劳动教育本应紧密结合在一起，互相依赖，相互促进的。但在现实中由于功利和浮躁的存在，它们总是被人为地割裂、碎片化实施，影响了教育质量的提高，阻碍了人的全面发展。"没有年轻一代的教育和生产劳动相结合，未来社会的理想是不能想象的；无论是脱离生产劳动的教学和教育，或是没有同时进行教学和教育的生产劳动，都不能达到现代技术水平和科学知识现状所要求的高度"②。现在，通过劳动，它们融合在一起，并从中获得不竭的动力。首先，劳动创造物质财富和精神财富，为五育的发展提供基础保障；其次，劳动作为一种本质意义上的教育，养成人们正确的价值观、锻炼人们的身体和健康的审美情趣，使教育主体能积极参与，从而保证五育的顺利开展，达成全面育人的目标。再次，劳动以其超强的实践性、综合性和人文性，能够把社区、学校和家庭联系在一起，为五育实施提供人力、物力帮助，为其有效开展获得包括评价与督促等多种外力支持。

四、高品质组织、开展中小学劳动教育

"劳动本身就是实践，劳动产生了教育，劳动是教育的起源，教育的本质是劳动。"③ 站在学校教育角度，劳动与劳动教育是一体的。因此，要发挥劳动对五育的联通作用，实现五育融合，促进人的全面发展，最关键的举措是，认真贯彻、落实《关于全面加强新时代大中小学劳动教育的意见》，高品质开展中小学劳动教育。

（一）开足开好国家规定的劳动教育课程

劳动教育是中国特色社会主义教育制度的重要内容。《关于全面加强新时代大中小学劳动教育的意见》规定"根据各学段特点，在大中小学设立劳动教育必修课程，系统加强劳动教育。中小学劳动教育课每周不少于1课时，学校要对学生每天课外校外劳动时间作出规定"。学校要根据所在区域的具体要求，开展好国家规定的劳动教育课程，做好国家劳动教育课程校本化实施工作，发挥

---

① 霍姆林斯基. 给教师的建议 [M]. 杜殿坤，译. 北京：教育科学出版社，1984.
② 郭明义. 劳动教育箴言 [M]. 北京：中国工人出版社，2020.
③ 班建武. "新"劳动教育的内涵特征与实践路径 [J]. 教育研究，2019（1）.

课程育人的基础作用，保证学生能接受基本的劳动教育，培养学生劳动素养。

（二）积极开发学校劳动教育特色课程

开发带有特色的校本课程是基于满足学生发展多元需要和未来社会劳动多样化的要求，也是贯彻落实《关于全面加强新时代大中小学劳动教育的意见》所规定的"形成具有综合性、实践性、开放性、针对性的劳动教育课程体系"的精神，更是学校高品质实施劳动教育的现实选择。为此，中小学要因地制宜，积极开发校本劳动课程，培植学校劳动教育特色，促进学生劳动素养有个性地发展。

（三）提高全体教师实施劳动教育的能力和水平

采取多种措施，建立专兼职相结合的劳动教育师资队伍，满足学校劳动教育需要。"人们要求教师既要有技能，又要有职业精神和献身精神，这使他们肩负的责任十分重大，"[1] 教师都是学生劳动素质培养的具体执行者和实施者，这就需要教师良好的劳动教育能力。学校要加强劳动教育教师的培训、管理和评价，促进劳动教师专业发展。

（四）建设好学校劳动教育场地和设施

《关于全面加强新时代大中小学劳动教育的意见》特别指出："建立以县为主、政府统筹规划配置中小学劳动教育资源的机制。进一步完善学校建设标准，学校逐步建好配齐劳动实践教室、实训基地。"新时代服务型劳动、创新性劳动比例日渐增大，对学校劳动教育的场地、设施提出了新要求。学校要从学生全面发展的需要和学校特色建设的需要出发，高起点、高标准建设能满足学校劳动教育需要的现代化的设施设备。

（五）加强学校劳动教育管理

毋庸置疑，由于教育观念等因素的影响，相当一段时间里，中小学劳动教育处境"凄凉"，最明显的状况是经费没有保障、管理人员不到位、管理制度缺失、学生劳动素养评价遭弃置。新时代，要加强劳动教育，就必须加强管理，为劳动教育开展提供良好的保障。从劳动教育的复杂性来看，中小学要高品质实施劳动教育，要建立及完善学校劳动教育教师管理制度、学生劳动素养评价体系、劳动教育家校合作制度、校企合作制度；保证学校劳动教育规范化、制度化、有效化、长期化实施。

---

[1] 联合国教科文组织. 教育——财富蕴藏其中 [M]. 北京：教育科学出版社，2001.

（六）家校合作把学生劳动素养培养渗透到劳动教育各个环节中

依据上面的论述，我们知道劳动是一种文化活动，劳动教育也是综合性很强的教育活动，劳动素质蕴含在学生多元智能中。因此，劳动素质的培养要贯穿各个学段教育、贯穿各个学科教育，"贯穿家庭、学校、社会各方面，与德育、智育、体育、美育相融合"，渗透在劳动教育各个环节中。教育部印发的《大中小学劳动教育指导纲要（试行）》要求，"将劳动教育纳入人才培养全过程，丰富、拓展劳动教育实施途径。"又提出"中小学要推动建立以学校为主导、家庭为基础、社区为依托的协同实施机制，形成共育合力"。学校、家庭和社会要加强沟通与合作，发挥各自的优势，履行各自的责任，全员育人、全域育人、全程育人，共同培养学生劳动素养，促进学生全面发展。

四、结论

忽视劳动教育，"有劳动无教育""有教育无劳动"，"把劳动教育当做惩罚学生的手段"，或者用德育、科学教育与美育等替代劳动教育，是我国中小学教育中一直存在的弊端。纵然《关于全面加强新时代大中小学劳动教育的意见》已颁发、义务教育劳动课程标准在制订，但这些现象也还是可能发生。导致这种种弊端出现的重要原因是，没有把握劳动的本质和劳动的教育意义，误解了劳动教育特别是中小学劳动教育的概念和性质；更没有认识到，劳动作为一种实践性、综合性、发展性的活动对于整合中小学德育、智育、体育和美育的意义。我们只有从马克思主义劳动观出发，把劳动看成一个全面育人的实践活动，并建构中小学阶段劳动和劳动教育的一致性，赋予劳动基础教育、通识教育、普通教育的意义，发挥劳动联结、打通中小学德育、智育、体育、美育和劳动教育的功能和作用，实现劳动与五育的融合，并依据《关于全面加强新时代大中小学劳动教育的意见》要求，才能高品质实施中小学劳动教育，培养学生劳动素质，促进学生全面发展。

第二章 区域高品质推进劳动教育的概述

"我们的教育方针,应该使受教育者在德育、智育、体育几方面都得到发展,成为有社会主义觉悟的有文化的劳动者"这是杰出领袖、历史伟人毛泽东同志 1952 年为新成立的中华人民共和国提出的教育指导思想。应该讲,作为社会主义国家,我国有重视劳动教育的传统。但是,由于认识和实践的偏差,我国中小学劳动教育长时间处在跌宕起伏、左右摇摆状态,影响了学校教育质量和学生全面发展。2020 年 3 月,中共中央、国务院发布的《关于全面加强新时代大中小学劳动教育的意见》指出:"近年来一些青少年中出现了不珍惜劳动成果、不想劳动、不会劳动的现象,劳动的独特育人价值在一定程度上被忽视,劳动教育正被淡化、弱化。对此,全党全社会必须高度重视,采取有效措施切实加强劳动教育。"要求"坚持立德树人,坚持培育和践行社会主义核心价值观,把劳动教育纳入人才培养全过程,贯通大中小学各学段,贯穿家庭、学校、社会各方面,与德育、智育、体育、美育相融合,紧密结合经济社会发展变化和学生生活实际,积极探索具有中国特色的劳动教育模式,创新体制机制,注重教育实效,实现知行合一,促进学生形成正确的世界观、人生观、价值观。"为此,我们实施了"陶行知教育思想指导下的区域高品质整体推进学校劳动教育"研究项目,提出了"知行合一、弘道赋能"区域劳动教育理念,建构高效能的区域劳动教育体系。

一、"陶行知教育思想指导下的区域高品质推进学校劳动教育"项目的提出

(一)"城乡一体化地区整体推进劳动教育的区域推进研究"简介

2015 年 7 月,教育部、共青团中央和全国少工委联合发布了《加强中小学劳动教育的意见》,指出"劳动教育是全面贯彻党的教育方针的基本要求,是实施素质教育的重要内容,是培育和践行社会主义核心价值观的有效途径""切实加强劳动教育,培养学生劳动兴趣、磨炼学生意志品质、激发学生的创造力、促进学生身心健康和全面发展,对于推进教育现代化、实现'两个一百

年'奋斗目标和中华民族伟大复兴的中国梦具有重要的现实意义",强调了劳动教育在青少年成长和社会发展中的重要功能。这一文件的颁行唤醒了人们重视劳动教育的意识,激发了人们开展劳动教育的实践与研究的热情。2018年9月10日,习近平总书记在全国教育大会上讲话中指出:"要在学生中弘扬劳动精神,教育引导学生崇尚劳动、尊重劳动,懂得劳动最光荣、劳动最崇高、劳动最伟大、劳动最美丽的道理,长大后能够辛勤劳动、诚实劳动、创造性劳动。"给中小学开展劳动教育研究和实践指明了方向,注入了强大的动力。在这种背景下,笔者基于自己生活的宝山区是伟大人民教育家陶行知先生工作过的地方,有着学陶师陶的传统,开始思考、设计区域推进学校劳动教育的课题,2020年4月"城乡一体化地区中小学劳动教育的区域推进研究"被宝山区教育局批准立项为区级重点课题。2020年6月开题时,与会专家建议课题以"陶行知教育思想指导下的区域高品质推进学校劳动教育的实践研究"为主旨开展研究更为妥帖。课题组接受了开题专家的意见,并对课题方案做了必要的调整。

我们开展该课题研究,主要理由如下:

1. 贯彻、落实国家教育方针政策的需要

2020年3月20日,中共中央、国务院发布《关于全面加强新时代大中小学劳动教育的意见》,强调劳动教育是中国特色社会主义教育制度的重要组成部分,是大中小学主要教育内容,要求全国各级政府从民族复兴和中国特色社会主义建设的高度加强学校劳动教育。7月,教育部又印发了《大中小学劳动教育指导纲要(试行)》,指出:"地方教育行政部门要切实加强对劳动教育工作的组织领导,明确机构和人员承担区域推进劳动教育的职责任务,切实加强条件保障、专业支持和督导评估,整体提高大中小学劳动教育质量和水平。"课题成员及时认真学习了这两份文件,并把它们作为开展课题研究的根本指导思想。

2. 高品质整体推进区域中小学劳动教育的实践需求

(1) 中小学劳动教育自身发展的需求。

尽管自2015年以来,中小学劳动教育越来越受到重视,但当前中小学学校劳动教育依然面临着诸多问题,如,劳动教育地位不稳定,劳动教育理念滞后,缺乏劳动教育教师,教育教学场地不足,学生劳动认知与行为脱节,劳动教育评价机制不完善,难以形成学校、家庭和社会三位一体的教育合力等。这些问题产生的原因既有社会因素,也有家庭因素,还有学校教育的因素,需教育实践与研究者通过课题研究的方式寻找解决问题的路径与策略。

(2) 中小学劳动教育区域推进的需求。

通过情报研究和综述,课题组发现劳动教育在各区域、各学校重视程度不同,但整体上看还存在着没有形成整体共进的氛围、各学段对劳动教育的要求贯彻不一、劳动教育资源未能得到合理使用、教育评估督导不到位、学校劳动教育效益亟待提高等问题。在本课题组看来,缺少统一的规划、引领和管理是造成当前劳动教育实践出现诸多问题的主要因素。因此,开展中小学劳动教育区域推进的实践研究,在区域内形成整体重视劳动教育的氛围;开发区域劳动教育共享课程,由区域教育行政牵头开展区域劳动教育的督导评价等,是解决上述问题的重要路径。

(3) 宝山区基础教育优质、均衡发展的需要。

2019年前后,《中共中央 国务院关于深化教育教学改革全面提高义务教育质量的意见》《国务院办公厅关于新时代推进普通高中育人方式改革的指导意见》《教育部等八部门关于进一步激发中小学办学活力的若干意见》等文件先后出台,"改革创新、五育融合、提高教育质量"成为我国基础教育、区县教育发展的趋势和主要目标。因此,加强劳动教育,以劳动树德、以劳增智、以劳健体、以劳育美成为各个地区教育优质均衡发展的不二选择,宝山区也不例外。在送审的《上海市宝山区教育改革与发展的"十四五"规划》中,"劳动教育"是重要的内容。规划中提出"树立品牌夯实劳动教育"的设想。总之,宝山区教育要优质、均衡发展,就离不开劳动教育,就必须做好"区域整体推进"劳动教育这篇"大文章"。

(4) 深化宝山区全区中小学"学陶师陶"的需要。

宝山区是伟大人民教育家陶行知先生的第二故乡。20世纪90年代,宝山区为普及义务教育,提高教育质量,在陶行知先生举办山海工学团的大场地区建立陶行知教育思想实验区,在全区范围内开展学习陶行知先生并研究、运用和发展陶行知教育思想的"学陶师陶"活动。30多年来,宝山区一直高举陶行知教育思想大旗,进行教育教学改革。但是,由于思想观念和人力资源的约束,"学陶师陶"活动缺少有力抓手和实效性的举措,致使"学陶师陶"效果不够理想,推进困难。开展"陶行知教育思想指导下的区域高品质推进学校劳动教育的实践研究",一方面是回应宝山区教育综合改革、创建"陶行知教育创新发展"的呼唤,充实"陶行知教育创新发展"的内涵;另一方面,也是更主要的原因,是为了深化宝山区"学陶师陶"活动,提高"学陶师陶"活动的效益。因为"陶行知教育思想指导下的区域高品质推进学校劳动教育的实践研究"是以陶行知教育思想为指导的,是以"教学做合一"为根本方法的劳动教育,是注重劳动教育课程资源开发、教师素质提高、劳动教育管理与评价制创新的教育发展项目。随着项目的推进,必然要求更好地、更多地学习、应用陶行知教育思想,从而推动"学陶师陶"活动深入开展。

2018年全国教育大会之后，中共中央向全国发出了"建立高质量社会主义教育体系"的号召，我国教育进入了追求高质量发展的年代。"陶行知教育思想指导下的区域高品质推进学校劳动教育的实践研究"就是在这种背景下产生的，具有如下价值：

◇ **实践价值**

①为区域推进劳动教育行政决策提供参考与咨询。

本课题的研究必然会开展现状调研、推进策略、管理办法等研究，加之基地校的先期实践经验，能够为区教育行政部门分析区域劳动教育的教情与学情提供实证资料，也能为个体学校全面了解本校的劳动教育情况提供材料；这些都为区域制定有关劳动教育的政策等提供了第一手参考资料和决策咨询支持。

②为区域劳动教育的实践改进提供支持。

通过研究构建的区域推进劳动教育的方案、区域劳动精品课程的建设、学校劳动教育经验的总结和推广等能为区域推进劳动教育的发展提供可遵循的路径和资源等，为区域劳动教育的实践改进提供支持。

③为高品质区域推进劳动教育积累样例，提供借鉴。

通过引领项目基地校的实践与研究，可以为区域劳动教育的深度推进积累先行先试的案例；实践与研究过程中积累的经验可迁移，可以为其他地区区域推进劳动教育所借鉴，因此课题研究成果具有推广应用的价值。

◇ **理论价值**

①丰富、发展学校劳动教育理论。

本课题既有中观层面的区域研究，又有基层学校层面的微观研究。本课题所指的劳动教育不同于传统"劳动技术教育"和"学工学农"等活动，而是以习近平有关劳动教育的论述和陶行知教育理念为指导，在劳动教育中建构彰显新时代特征的劳动教育新模式，这种新型劳动教育模式的内容来自生活，为了生活，劳动教育实施强调手、脑并用，在真实的劳动教育问题解决中培养学生的劳动素养；意图改革传统学校劳动教育中存在的低效问题，是对传统学校劳动教育模式的一种突破。

②有助于推动我国教育行政管理理论发展。

本课题研究过程中，会形成、产生或建构一些学校劳动教育管理与评估办法、区域劳动教育教师培训课程，提出建设区域劳动教育文化等，这些案例和经验可以成为丰富、发展我国教育行政管理理论的鲜活资料。

我们以宝山区中小学劳动教育为研究对象，探究有效的劳动教育体系；期望以文献研究、实证研究、行动研究为主要方法,通过提出区域推进劳动教育方案、指导并参与方案实施、评价方案实施效果,建构评价新型劳动教育模式的评价体系,形成具体、可操作的高品质区域推进中小学劳动教育的有效策略,提高区域中小学劳动教育整体水平和质量。

(二)从课题到项目:"陶行知教育思想指导下区域高品质推进学校劳动教育项目"的提出

宝山区位于上海北部,是上海市重要的城乡一体化的人口导入区,域内拥有港口、钢铁生产基地和农业生产等不同经济形态。我们在开展"城乡一体化地区中小学劳动教育的区域推进研究"时,上海市印发了《关于全面加强新时代大中小学劳动教育的实施意见》,进一步阐发了劳动教育作为中小学教育、幼儿园教育重要组成部分的价值,规定了上海市中小学劳动教育目标、内容等。课题组感觉到,开展学校劳动教育研究和实践的最好机遇已来临,必须充分抓住这个举国上下都在认真学习、贯彻执行《关于全面加强新时代大中小学劳动教育的意见》《大中小学劳动教育纲要(试行)》等政策的大好时机,加大课题研究的投入力度、拓宽课题研究内容的宽度、提高课题研究立意的高度,放大课题研究的影响度。因此,课题组主动把课题研究与宝山区学校劳动教育实践结合起来,使课题研究的问题、研究的目标和内容融入宝山区全区学校劳动教育推进措施的思考、编制与实施中。于是,课题组在得到宝山区教育学院领导、区教育局领导的支持下,把课题研究改变为项目研究与实践,设计、提出了"陶行知教育思想指导下的区域高品质整体推进学校劳动教育"项目(以下简称"区域高品质推进劳动教育"项目)旨在积极有效地贯彻、执行党和国家加强和改进劳动教育的指示和精神,创造性地推进中小学劳动教育,培养劳动素养,使每个学生都成为一个德智体美劳全面发展的人。

把"城乡一体化地区整体推进劳动教育实践"这个课题发展为"区域高品质推进劳动教育"项目,一方面是为了响应党和国家加强大中小学劳动教育号召;另一方面也是呼应宝山区实施素质教育、五育融合、发展更公平、更优质的现实行动。

实施素质教育、五育并举,培养德智体美劳全面发展的社会主义接班人和建设者,是我国中小学教育的根本大计。但是由于思想观念和历史传统的影响,宝山区部分中小学教育重智轻德、忽视劳动教育、轻视劳动教育、弱化劳动教育、扭曲劳动教育的现象还是一定程度存在,这既妨碍实施素质教育的实施,也不利于学生全面发展。劳动教育是国民教育体系的重要内容,是学生成长的必要途径,具有树德、增智、强体、育美的综合育人价值。进行区域高品质推进劳动教育项目的探索，就是为了克服这些问题和困难，全面实施素质教育，培养德智体美劳全面发展的人才。

把课题变成项目，增加了课题研究的实践意义，使课题研究的目标和内容覆盖到整个区域；参与主体也不仅仅限于课题组成员，而是扩展到政府、学校、家长、社区和企业等；研究方法也变成了包括文献研究、实验研究在内的以改革、实践、创新等为重要手段的多样化研究。所以，从课题到项目，提高了我们劳动教育研究与实践的境界"区域高品质推进劳动教育"项目是一个以打造区域劳动教育品牌，提高区域劳动教育水平和质量，培养地区所需要的人才为目标的教育内涵发展项目，值得研究、实施和推广。

二、"区域高品质推进劳动教育"项目的内涵

依据"百度百科"的解释，项目是人们通过努力，运用各种方法，将人力、材料和财务等资源组织起来，根据商业模式的相关策划安排，进行一项独立一次性或长期无限期的工作任务，以期达到由数量和质量指标所限定的目标。设置项目、运用项目、完成项目是我国教育改革与发展的重要经验和办法，它把矩阵管理、目标管理和质量等现代管理智慧熔于一炉，充分发挥人力资源、物力资源的作用，在规定的时间内追求理想的绩效。我们把"城乡一体化地区整体推进劳动教育实践"课题发展为"区域高品质推进劳动教育"项目，也有运用项目管理的思路推进学校劳动教育的考量。

（一）"区域高品质推进劳动教育"项目的概念

"区域高品质推进劳动教育"项目是一种立足区域文化历史与现实、系统设计与实践的中小学、幼儿园劳动教育优质发展项目；是依靠区域内政府领导和支持，中小学、幼儿园主体实践，区域内教育教学研究与培训机构负责组织、指导的，以陶行知教育思想为指南，以培养学生具有良好劳动素养为宗旨，以提高区域中小学、幼儿园劳动教育效益、打造区域劳动教育特色为目标；通过区域学校、幼儿园整体行动，"一校一品"建设，家庭参与、社会协同配合机制，五育融合，高质量、高水平全面整体推进中小学、幼儿园劳动教育的综合活动。

要很好地理解"区域高品质推进劳动教育"项目，还需要注意以下三点：

第一，陶行知教育思想的指导作用。陶行知教育思想博大精深，富有生命力，对学校劳动教育具有现实的指导意义。其主要内容包括"生活教育"思想、"师范教育"思想、"平民教育"思想、"职业教育"思想、"大众教育"

思想、"创造教育"思想、"科学教育"思想等,但主要精髓还是"生活教育"思想,或可以归结为"生活教育";而"生活教育"的真谛就是通过"教学做合一"达到培养学生知识、锻炼学生能力、养成学生健康人格。因此,以陶行知教育思想为指导的"区域高品质推进劳动教育"项目,说到底就是践行陶行知教育思想及其关于劳动教育的主张,以培养学生正确的劳动观、科学的劳动精神、基本的劳动知识与技能以及良好的劳动习惯、品德为目标,通过家庭劳动教育、学校劳动教育和社会劳动教育,把学生置于生活化的、实践化的、真实的劳动教育场景中,教师做中教、学生做中学、做中发展,通过生活劳动、服务性劳动和生产劳动等劳动实践对学生进行无边界、全过程、价值融合的劳动教育。

第二,区域整体推进。区域是指特定的行政区域,也即我国现行区县级行政单位,本课题中的区域是指上海市宝山区。"区域整体推进"是指地方政府的支持,由区教育局牵头,区域教育研究部门支撑,立足区域教育发展实际,编制区域中小学劳动教育整体、协同推进的方案或规划,全面实施劳动教育;也可以理解为,从区本化课程的构建、实施路径、师资培养、教育评价与管理机制等多方面统筹思考、全方位推进区域内中小学劳动教育高品质实施。

"区域高品质推进劳动教育"项目面向区域内全体中小学、幼儿园和宝山职业教育学校,但主要教育对象是中小学学生和学龄前儿童,因此其实质上是中小学劳动教育,主要目标和内容是基本劳动价值观教育、劳动精神教育、劳动知识与常识教育、基础劳动能力技能培养和劳动情感、品质与习惯养成。从这个意义上讲,全区中小学校、幼儿园是项目主体,广大中小学教师是主要实施者,是项目依仗的生力军。

第三,"区域高品质推进劳动教育"项目的重点是课程开发和劳动教育教师队伍素质的提高,难点是区域劳动教育管理与评价体系的建设,亮点是"一校一品"形成。所谓"一校一品"指的是,该项目鼓励、支持区域内所有中小学、幼儿园,尤其是基地学校要在项目组的引领、指导下,从实际出发,创造性地开展劳动教育,培养、打造自己的劳动特色项目,争取成为市、区劳动教育特色学校,或者在劳动教育某一方面做出自己的特色和优势,从而提高区域劳动教育的品位。

(二)"区域高品质推进劳动教育"项目的主要目标和内容

1. "区域高品质推进劳动教育"项目的主要目标

贯彻、执行教育部印发的《大中小学劳动教育纲要(试行)》,以及《中共上海市委、上海市人民政府关于全面加强新时代大中小学劳动教育的实施意见》和《义务教育劳动课程标准（2022年版）》，完善区域内中小学劳动教育体系，推动中小学校、幼儿园有效实施劳动教育，打造宝山区劳动教育品牌，形成劳动教育"宝山经验"，建构以劳动教育为引擎的五育融合、优质均衡的教育发展格局；培养中小学生劳动素养，促进学生全面发展。具体指标是：

（1）提高全区中小学教师特别是学校管理者实施劳动教育的自觉性、积极性和创造性。正如有论者指出的那样，中华人民共和国成立以来，劳动教育每一次受到重视都是外驱力推动使然，致劳动教育效果不理想。要改变这种状况，就需要中小学劳动教育要有自己内驱力，提高中小学领导和教师实施劳动教育的主体性。为此"区域高品质推进劳动教育"项目要持续开展《关于全面加强新时代大中小学劳动教育的意见》和《大中小学劳动教育纲要（试行）》等劳动教育文件学习，大力宣传陶行知劳动教育思想，树立"手脑并用，得道养能，幸福人生"的劳动教育理念，提高全区中小学教师特别是学校管理者实施劳动教育的自觉性、积极性和创造性。同时"区域高品质推进劳动教育"项目还期望通过分类分层、多形式的培训，帮助全体宝山区中小学教育工作者深刻理解、把握中小学劳动教育的本质和"区域高品质推进劳动教育"项目的自身价值，让"劳动教育成为一种使命召唤"，让"劳动成为一种积极的生活方式"，让"劳动教育成为一种制度建构"。

（2）建构体现陶行知劳动教育思想的"区域高品质推进劳动教育"目标与内容体系。研究、构建体现国家劳动教育意志，体现区域需要的"区域高品质推进劳动教育"目标和内容；建构包括生活劳动教育、服务性劳动教育和生产劳动教育"区域高品质推进劳动教育"课程体系，发展、融通家务劳动、校园劳动和社会劳动的课程资源，探索实践以"教学做合一"为主要特征的劳动教育育人模式，建立和完善以劳动教育评价为重点的学校劳动教育管理制度和机制，有效培养学生劳动素养，使每个学生都懂劳动、会劳动、爱劳动。

（3）建立规范、系统的包括学生劳动教育评价体系的学校劳动教育管理制度和机制。研究制订并实施区域性《学校劳动教育指导手册》、区域性《学校劳动教育教师队伍建设与管理条例》、区域性《学校劳动教育评价标准》、区域性《劳动教育基地学校管理与考核办法》等规章制度，建立完整、规范的"区域高品质推进劳动教育"管理制度和机制，规范学校劳动课程设置、人员与资源到位、环境友好、管理保驾护航。

（4）重点完成"四个五十"工程：开发50门区域共享劳动教育课程、培养50名一专多能区劳动教育名师、建成50所具有劳动教育品牌或特色的基地学校（含幼儿园）、打造50个"小贤人"劳动实践活动。这"四个五十"也可以看成是四个子项目，集中了区域劳动教育的主要问题，区域劳动教育的核心内容，需要努力完成。

（5）形成全社会支持、关心劳动教育的文化氛围。推动建立学校家庭社会"三位一体、合作共赢"的劳动教育格局，打造多样化的宣传平台，大力宣传劳动致富、劳动成就美好人生的人物和事迹，形成"人人要劳动、人人爱劳动、人人能劳动"的文化环境。

（6）发表一批"区域高品质推进劳动教育"论文，出版若干记录反映区域整体推进劳动教育成果和经验的专著，建构区域中小学劳动教育模式。及时总结提炼"区域高品质推进劳动教育"项目的经验成果，利用多种手段宣传、介绍"区域高品质推进劳动教育"项目的成效，提高"区域高品质推进劳动教育"项目的知名度、美誉度。

2. 主要内容

区域高品质推进劳动教育是一个系统的、综合的、长时段的教育改革与发展项目，涉及理念建构、计划编制、人员培训、经费物财保障、实施方法、管理与评价等多种内容，但关键内容还是以下11项举措：

（1）做好"区域高品质推进劳动教育"项目顶层设计与架构。出台"区域整体高品质推进中小学劳动教育的指导意见"提出或建议所在区域编制、执行《"区域高品质推进劳动教育"项目"十四五"发展规划》等政策、方案，从区域劳动教育发展目标、劳动教育教师队伍建设、区域共享课程开发、劳动教育基地学校和实训基地建设、劳动教育评价、家校合作等多方面，做好安排与部署，用政策和规划等引领区域内中小学、幼儿园劳动教育规范化、常态化、可持续开展。

（2）建好50所"区域高品质推进劳动教育"项目基地学校。重点打造50所中小学、幼儿园，使之成为区域内劳动教育基地学校、示范校。基地校要围绕劳动教育课程开发、劳动教育清单实施、教育策略、家校合作、学生评价、劳动教育管理与学校劳动教育文化建设等方面进行探索、实践，积累成功经验，发挥先行先试、示范发射作用，引领非基地学校劳动教育发展，整体抬高全区中小学劳动教育质量。

（3）研究开发50门区域劳动教育精品课程与区域共享课程。引导、帮助基地学校积极开发学校劳动教育校本课程，经过试验、发展，然后选评为30门区劳动教育共享课程；同时依托宝山区劳动教育研究与指导中心，组织开发"劳动精神教育"等20门区域精品课程，建构目标清晰、内容程度梯进、可供选择的三横一纵"王"字型"区域高品质推进劳动教育"课程体系，满足全区中小学劳动教育需要。

（4）研究探索"教学做合一"的学校劳动教育途径和方法。贯彻《大中小学劳动教育纲要（试行）》精神，执行国家劳动教育课程标准研究、发掘陶行知教育思想的劳动教育指导意义，推广"小先生"制、"艺友制"，建构以"教学做合一"为主要特征，综合运用"六部"项目学习、"三三制"教学与现代信息技术的区域学校劳动教育途径和方法体系，提高劳动教育的质量和水平。

（5）开展学校劳动教育"一校一品"建设。提倡、支持全区中小学、幼儿园从自己校情出发，培植自己的劳动教育优势项目、品牌项目、特色项目。"一校一品"主要责任体是"区域高品质推进劳动教育"项目基地学校、幼儿园，项目组会全程跟踪、深入指导，帮助开发劳动教育校本课程、搭建学校劳动育人评价系统、培训提高教师劳动教育技能，使之拥有自己劳动教育的主打产品或"绝活"。

（6）实施区域劳动教育师资质素提升工程。研究、编制并实施《"区域高品质推进劳动教育"项目教师培训"十四五"专项培训计划》和《"区域高品质推进劳动教育"教师管理办法》等文件，推动全区劳动教育教师结构优化，分层分类培训学校劳动教育教师，把学校劳动教育专职教师纳入区常规教师培训计划中，组织、开展多样化培训，造就50名劳动教育名师，提高劳动教育教师整体素质。

（7）加强劳动教育资源与条件建设。有三层涵义：一是鼓励、支持基地学校建设劳动教育专用场所、购置劳动教育设备，改善学校劳动教育条件；二是新建1到2个区域中小学学生室内劳动教育中心，用于学生学习、体验等；建设好1到2个户外劳动教育基地，用于学生劳动实习与拓展性学习；三是联合区少科站、少年宫与区职校等单位成立区中小学学生生涯教育发展中心，用于学生创新、展示等活动；引进社会资源，建好10个左右"区域高品质推进劳动教育"户外劳动教育基地，对学生实施基于真实情境、学生出力流汗的劳动教育。

（8）丰富宝山区学生劳动教育活动。创新学校劳动教育实践活动，组织开展"小贤人在长成""劳动小能人""我是劳动达人"等劳动教育主题活动，精心举办全区性学校劳动技能竞赛与作品展示评比活动、全区性的学生研学旅行活动、学区集团组织的学生劳动教育活动、学校自己组织的校内劳动教育活动，打造50个"区域高品质推进劳动教育"项目特色活动。我们期望每学年举办一次面向全体中学生的"行知杯"劳动技能竞赛和"小贤人"作品展示评比活动；同时，学校结合团队活动、学校主题活动设计、创新带有自己特点的学生劳动教育课外活动。

（9）建立完善区域劳动教育管理与评价体系。推出基地学校管理办法，建构"区域高品质推进劳动教育"评价体系。一方面，我们鼓励、支持基地学校为自己学校建章立制，开展基于劳动素养发展的评价探索；另一方面，我们要立足区域层面，建构区域中小学劳动教育评价与督导体系，开展学校劳动教育视导，也建议区教育局把学校劳动教育情况纳入学校领导班子年终考核和学校发展评价体系。

（10）建构区域学校家庭社区一体化劳动教育推进机制。我们要通过发布文件的形式，督促、鼓励全区中小学、幼儿园要加强劳动教育方面的家校合作、园校合作，把学生家务劳动、自我服务劳动落到实处；让学生在学校劳动、家务劳动中接受劳动教育；同时也鼓励、支持学校与社区、企业和其他社会组织开展劳动教育全面的合作，让学生接受社会劳动教育。在这个过程中，要求基地学校、幼儿园走在前面，积累经验，形成制度和机制，形成学校家庭社区一体化推进劳动教育的格局。

（11）打造区域劳动教育文化。文化发展是社会组织活动的最高境界，也是社会组织活动发展的机制和目标。区域高品质推进劳动教育的价值目标是建立以劳动最光荣、人人热爱劳动、人人支持劳动教育的区域劳动文化和各具特色的学校劳动教育文化，形成良好的劳动教育环境，保障学校劳动可持续、高效发展。

三、"区域高品质推进劳动教育"项目的性质与特征

性质是事物本身所具有的、区别于其他事物的特征。把握事物的性质和特点，有利于人们更积极、更理性地行动，进而更好地达成目标。

（一）"区域高品质推进劳动教育"项目的性质

"区域高品质推进劳动教育"项目的性质指其作为一个区域教育改革与发展活动与其他教育项目不同的品质和特点。

1. 实验性

项目组提出设想，制订实验方案，以区内劳动教育方面有建树或有条件开展劳动教育创新的部分学校为依托，在课程开发实施、特色培植、管理评价、教师培养等方面率先实验，引导、帮助全区中小学、幼儿园有效开展劳动教育，积累成功经验，整体提高全区劳动教育水平和质量。

2. 改革性

"区域高品质推进劳动教育"项目是在教育综合改革背景下实施的综合育人活动，是针对以往劳动教育被忽视、被矮化、甚至污名化的情形下提出的。

它需要人们提升认识，摒弃过时错误的观念和做法，完善中小学劳动教育体系，优化学校劳动教育目标和内容；需要学校根据新兴技术和产业发展的需要，摒弃以前一些不合理的劳动教育观念和思维方式，改革劳动教育的方法和手段，创新学校劳动教育的管理与评价；"区域高品质推进劳动教育"项目要充分体现时代特征，提升育人实效，就必须改革、创新，融入德育、智育、体育和美育。

3. 教育性

"区域高品质推进劳动教育"项目以建构能有效培养中小学学生劳动素养的劳动教育体系为工具目标，终极目标是：引导和培养学生正确认识劳动创造价值、创造美好生活的道理，深刻认识并牢固树立劳动最光荣、劳动最崇高、劳动最伟大、劳动最美丽的观念；体认劳动不分贵贱，增强对劳动人民的感情，具有服务他人、服务社会的情怀，培养崇尚劳动、热爱劳动、尊重普通劳动者、珍惜劳动成果的情感；让学生掌握劳动基础知识和基本技能，做到手脑并用、知行合一，具备与年龄相适应的生存生活、团队合作、综合应用、创新创造能力；养成主动劳动、诚实劳动、辛勤劳动的良好习惯和品质。在"区域高品质推进劳动教育"项目实施的过程中，劳动教育教师和管理者会得到培训与提高；劳动教育的设施、场地等教育条件会大大改善，而这一切恰恰是为了提高"区域高品质推进劳动教育"项目的教育效益。

4. 系统性

一方面"区域高品质推进劳动教育"项目是一个整体的、面向全区中小学、幼儿园劳动教育的开放的综合性教育工程，涵盖区域劳动教育目标的设置、精品课程开发、活动设计、场地和设施建设与使用、劳动教育管理和评价制度建立与完善、师资培养、品牌的构建，区域劳动教育文化建设等；另一方面，"区域高品质推进劳动教育"项目要求学校从素质教育，培养德智体美劳全面发展的社会主义接班人和建设者的高度，整体思考谋划学校劳动教育，贯彻执行《关于全面加强新时代大中小学劳动教育的意见》、《中共上海市委、上海市人民政府关于全面加强新时代大中小学劳动教育的实施意见》和《宝山区关于加强新时代中小学、幼儿园劳动教育的指导意见》，开足、开好国家规定的劳动教育课程、开发实施校本课程，组织丰富多彩的劳动教育活动，建立学校劳动教育管理与评价长效机制，建立学校、家庭、社区、合作联动，融入日常生活一体化开展的劳动教育体系；而不是零敲碎打、单打独斗、闭门造车的单一、机械、封闭的劳动教育模式。因而"区域高品质推进劳动教育"是系统的、发展的劳动教育。同时"区域高品质推进劳动教育"项目主张学校劳动走出传统的学校德育、智育、科技教育的视野，回归劳动教育内容的本源，真正发挥劳动教育树德、增智、育美、健体的功效，五育融合全面实施劳动教育。

5. 区域性

因地制宜是有效开展劳动教育的基本原则。《关于全面加强新时代大中小学劳动教育的意见》指出："根据各地区和学校实际，结合当地在自然、经济、文化等方面条件，充分挖掘行业企业、职业院校等可利用资源，宜工则工、宜农则农，采取多种方式开展劳动教育，避免'一刀切'。"所谓区域性是指"区域高品质推进劳动教育"项目要立足宝山的区情、校情，注重挖掘、传承、发展宝山劳动教育文化资源，依托基地学校，改革、创新，积累宝山经验，增加宝山文化辨识度，服务宝山经济文化发展。以"陶行知教育思想指导下区域高品质推进劳动教育"为宝山区学校劳动教育发展行动名称，其含义是以陶行知"知行合一"的教育思想来指导区域劳动教育的开展，打造区域劳动教育的行知品牌。

6. 发展性

发展性有两层含义。一是"区域高品质推进劳动教育"项目是一个发展着的动态实施、改进的教育项目，其目标、内容要与时俱进，不断吸收国内外一切劳动教育的研究和实践成果，不断改进和优化实施办法、教育方式；其管理手段也要在实践中运作、丰富与完善；二是通过高品质推进劳动教育，改善学校劳动教育条件，促进教师专业发展、学校可持续发展、学生全面发展，整体提升宝山区教育发展品位。

(二)"区域高品质推进劳动教育"项目的特征

"区域高品质推进劳动教育"项目的特征是其区别于其他项目的质的规定性与明显特点。

1. 生活营造

"我今天所要说的，就是我们此地的教育，是生活教育，是供给人生需要的教育，不是作假的教育。人生需要什么，我们就教什么。人生需要面包，我们就得过面包生活，受面包的教育；人生需要恋爱，我们就得过恋爱生活，也受恋爱的教育。准此类推，照加上去：是那样的生活，就是那样的教育。"[1]"区域高品质推进劳动教育"项目作为遵循、实践和发展陶行知先生"生活教育"理论的教育，自然以养成自己"生活营造"特质为主要发展目的。所谓"生活营造"就是以培养学生营造社会文明生活、个人幸福生活的核心素养为终极目标，强调学校劳动教育要围绕学生的生活、改造学生的生活、为了学生

---

[1] 江苏省陶行知研究会. 陶行知文集（修订本）[M]. 南京：江苏教育出版社，2001.

的生活；学校劳动教育的目标和内容源自学生的生活、服务学生的生活，劳动教育方法和途径要符合学生的生活、有利于学生的生活；劳动教育的管理与评价要促进和改善学生的生活，激励学生更好地生活。当然，生活营造，也要让"区域高品质推进劳动教育"项目参与者有美好生活、幸福生活，因为只有他们生活甜蜜、幸福，才能为学生营造美好的劳动生活，是让每个受教育者具备基本的文化知识、科学知识和生存能力，进而创造自己的文明生活、幸福生活。

2. 价值管理

价值，是事物满足人的属性。价值创造的意义在于"区域高品质推进劳动教育"项目追求高品质、可持续的学校劳动教育，注重让学生在劳动实践过程中体验劳动的价值、创造劳动的价值、收获成长的价值。为此，"区域高品质推进劳动教育"项目从劳动课程的内容价值、教育方法与场地设施的外显价值、管理与评价道德价值等多方面研究、实践学校劳动教育，培养学生劳动信心、劳动道德、劳动韧性和创造性劳动的能力。同时，"区域高品质推进劳动教育"项目作为一个实验性、改革性的劳动教育，也注意本身的价值创造，即注意从知识管理的角度发展自己的对中小学劳动教育规律性认识，创造方法体系，推动基地学校、幼儿园劳动教育特色建设，深化陶行知劳动教育思想实践，建构宝山区中小学劳动教育经验和成功样本。

3. 行为导向

列宁说"一打的言论，抵不上一个行动"，陶行知说"行是知之始，知是行知成"，萨克雷说"播下一种思想，收获一种行为；播下一种行为，收获一种习惯；播下一种习惯，收获一种性格；播下一种性格，收获一种命运"。行为导向是"区域高品质推进劳动教育"项目的显著特点，主要体现为，重视理论联系实际、重视研究为实践服务；坚持"教学做合一"，强调通过真实劳动培养学生的劳动素养。整个项目把重点放在实实在在的劳动教育实践上，放在开放的劳动教育项目中；在实践中研究、在实践中施教、在实践中学习。行为导向也可视为"区域高品质推进劳动教育"项目的实践品格，反映在学校教育中就是通过具体的劳动行为，锻炼学生劳动技能，培养学生劳动习惯和品质。

4. 文化浸润

文化是人的第二自然，我们所有的品行和习惯都拜文化所赐。2003 年宝山区教育局曾提出过"用文化的方式发展有灵魂的教育""区域高品质推进劳动教育"项目实际上也是一种文化的劳动教育，即不违和自己所处的时代文化和地方文化而是从中汲取资源和养分，建构自己的劳动文化，用传统节日仪式、文化艺术、榜样教育、舆论渲染文化教育学生。例如，"区域高品质推进劳动教育"项目注重用中国优秀传统文化对学生进行勤奋、节约、守约和创新品德的教育;又如"区域高品质推进劳动教育"项目特别提倡中小学建构学校劳动文化。"区域高品质推进劳动教育"项目的核心理念是:"出力流汗,动脑动手;知行合一,得道养能;服务社会,幸福人生",并依据这个理念推进课程建设、制度建设和环境建设,让每个学生都浸润在一种安全、和谐、创造的劳动文化氛围中,接受锻炼、磨炼意志,成为一个有德有能、有益于社会的"贤人"。

四、"区域高品质推进劳动教育"项目的实施策略

策略与方法,是实现目标的工具和条件。毛泽东同志十分重视工作策略与方法,在《关心群众生活,注意工作方法》中指出,"不解决方法问题,任务也只是瞎说一顿",他把工作任务与工作方法的关系比喻为"过河与桥或船的关系"。"我们的任务是过河,但是没有桥或没有船就不能过。不解决桥或船的问题,过河就是一句空话"。"区域高品质推进劳动教育"项目,是一项复杂任务、系统工程。要实现预定的目标,培养具有核心劳动的人就必须整体思考,精准施策,坚持不懈,合力攻坚。

(一)规划引领,行政助推

教育是一个迎接不确定性的事业。法国著名思想家、哲学家埃德加莫兰在《复杂性理论与教育问题》一书中提出,"面对错综复杂和日益不确定的世界,我们需要革新文明的范式,用'复杂性思维'更好地理解和应对未来",作为一个区域性、内涵性、探索性的教育发展项目,能否顺利实施并获得成功的关键,在于发起和组织这一项目的行政领导是否有科学的思维模式、正确的决策和"不达目的誓不罢休"的坚强意志和必胜决心,取决于学校领导人和教师主体性的发挥。《关于全面加强新时代大中小学劳动教育的意见》也明确指出,"加强对劳动教育的领导,明确劳动教育责任主体和负责部门,加强县级统筹,确保劳动教育的时间、师资、经费、场地、设备等落实到位"。"区域高品质推进劳动教育"项目正在争取区政府、区教育局领导高度重视和大力支持,研究编制项目整体规划,区教育局用规划和行政管理引导区域中小学、幼儿园积极参与项目、扎实开展学校劳动教育。为此,宝山区教育局将"区域高品质推进劳动教育"项目纳入宝山区"十四五"教育发展规划,所需经费列入年度财政预算;同时颁发《宝山区关于加强新时代中小学、幼儿园劳动教育的指导意见》等区域教育政策,用价值和目标凝集共识,激励全区中小学、幼儿园劳动教育行动。

(二) 科研开路，攻坚克难

尽管国家和上海市对如何加强中小学劳动教育提出了明确的目标和要求，但还是显得比较宏观、笼统。因此，如何结合区域实际有效地开展劳动教育，特别是如何丰富学校劳动教育课程、如何科学评价学生劳动素养发展和学校劳动教育实施情况，如何建立学校、家庭、社区三位一体的劳动教育长效机制，还会遇到很多实际问题和困难，需要以"问题为导向"开展探索和创新。因此，必须聚集智力，开展研究，科学实验。

（1）组建区域中小学劳动教育研究与指导中心，负责理论研究、实践指导、区级展评活动组织等。成尚荣先生在《新时代课堂教学改革应当关注四个问题》曾说道："课堂教学改革不只是技术问题，更是形而上的'道'的问题"他把"道"的问题，概括为情怀、视野、格局、格调等4个问题。作为一个区域专业性的教育科研组织，应该关注学校劳动教育推进的"道"与"术"，以开放的视野、务实的作风有计划地开展高品质区域整体推进学校劳动教育的策略研究；同时聘请高校、上海市教科研专家、劳动教育名师组建宝山区劳动教育专家库，借助外力进行劳动教育指导、培训与评价，提高劳动教育教师的专业能力和水平。

（2）以问题为导向，扎实开展课题研究。积极申报国家和上海市有关劳动教育研究课题，完成区重点课题"城乡一体化地区中小学劳动教育的区域推进研究"等课题研究。上海市通河中学、宝山中学、白茅岭农场中学、中环实验学校、刘行新华实验学校等"区域高品质推进劳动教育"项目基地学校都先后申报确立了市级和区级层面的科研课题。另外，项目组也将依据"区域高品质推进劳动教育项目"发展的需要，设立专项课题研究制度，从2022年开始每年出台课题指南，组织全区中小学、幼儿园申报，并精选全区教育科研人员进行全程跟踪研究、指导提高劳动教育实施的有效性。目前，"区域高品质推进劳动教育"项目组正在大力开展"中小学服务性劳动教育课程化实施研究"，并准备申报国家一般课题，以此推动全区劳动教育高品质实施。

（三）场地建设，资源保障

教育部、共青团中央、全国少工委联合发布的《关于加强中小学劳动教育的意见》提出要"因地因校制宜，加强劳动教育场地或实践基地建设，满足劳动教育需要"。《中共上海市委、上海市人民政府关于全面加强新时代大中小学劳动教育的实施意见》提出要"构建涵盖考察研习、操作训练、项目实践、榜样激励的劳动实践场所图谱。重点建设若干布局合理、功能完备、安全便捷的综合性劳动实践基地，开展涵盖农业劳作、加工制造、服务体验的全流程劳动实践，满足学生经历生产劳动和服务性劳动完整实践过程的需求"，"区域高品质推进劳动教育"项目的关键环节和措施是学校劳动教育基地建设和劳动教育资源的开发、使用。

1. 加快建成区域中小学劳动教育基地

劳动教育基地是学校劳动教育的基本场所，是保证学生动脑动手、出力流汗的基本条件。《关于全面加强新时代大中小学劳动教育的意见》和《义务教育劳动课程标准（2022年版）》都有明文规定。"区域高品质推进劳动教育"建议加快建设，包括：新建2～5个中小学劳动教育户外基地；依托区职业学校、实训中心，建成区职业体验和生涯教育中心；依托区少年科学指导站和少年宫，建成面向全区所有中小学生的科技教育中心、室内中小学劳动教育基地。这些基地可涵盖三个学段，实现区域统筹协调、资源共享，以劳动技术、通用技术教育为主线，以培养学生动手动脑、创新实践为主旨，采用"课程＋活动＋竞赛"三合一的模式，集教育性、实践性、创造性于一体，培养学生的劳动素养。

2. 加强中小学劳动教育教师队伍建设

教师的质量决定教育的质量。当前，影响和制约区域中小学、幼儿园劳动教育的关键因素是劳动教育的师资欠缺，表现为：人数不够、兼职人员居多、素质良莠不齐。为此，"区域高品质推进劳动教育"项目大力促成建设一支人数充足、素质合格、专兼结合、人心稳定的教师队伍，为学校劳动教育提供智力资源。

（1）研究、印发区域性《中小学劳动教育教师队伍建设办法》，统一提出区域劳动教育的素质要求；从教师编制、录用条件、工资待遇、评模选优、研修培训、职称评定等多发面做出特别规定，吸引优秀人员加入劳动教育师资队伍，鼓励学校培养、提高劳动教育教师队伍素质。

（2）支持与鼓励学校建设专兼结合、数量充足、稳定从教的劳动教育教师队伍。学校要严格执行区、市有关劳动教育政策，保证劳动教育专职教师到位到岗，满足劳动教育教学需要；区教育局、教育学院给予特别支持，鼓励学校采用多种办法，如建立劳动教育教师特聘制度，设立劳模工作室、技能大师工作室、荣誉教师岗位，吸引各行各业专业人士和能工巧匠担任劳动教育兼职教师，保障学校劳动教育特色发展需要。

（3）建立区域性劳动教育教师研修基地。以所在区教育学院为大本营，组建区域性劳动教育高级研修基地，以区劳动教育教研员为召集人，组织全区劳动教育骨干教师开展专门研修、课程开发、课题研究。选定部分基地学校为专项培训基地，组织开展劳动教育专门技能和教育教学方法培训。通过这类有分有合、一般与特别相结合的培训、研修，整体提升专任教师专业能力和素养，增强全体教师的育劳意识和育劳能力。

（四）基地实验，循迹前行

鉴于劳动教育的负责性和人们对它的认识程度、重视程度不一，我们决定在一些基地学校开展实验研究，采用滚动实验的办法，看清问题、积累经验、逐步推广、整体前行。"区域高品质推进劳动教育"项目组本着公正、公平的原则，采取自愿申报、专家评定的办法，在全区挑选了50所/批基础条件相对较好、重视劳动教育的幼儿园、小学以及初中和高中学校作为劳动教育基地学校；区教育局采取政策倾斜政策，在场地建设、资金投入和师资建设方面给予支持，帮助基地学校进行劳动教育创新性实践，培植劳动教育特色，做大做强已有劳动教育品牌。项目组希望每个基地学校，都必须编制自己劳动教育五年发展规划或者学校劳动教育基地建设方案，明确自己建设的目标和任务，履行开展学校劳动教育实验，培植劳动教育特色与品牌、输出劳动教育经验与技术、建设学校劳动教育文化等义务。

（五）开发课程，改进教育方法和手段

课程与教学方法，是学校教育的核心，也是"区域高品质推进劳动教育"项目的核心。一般来讲，课程包含课程目标、课程内容、教学方法、评价手段等。课程决定方法，有什么样的课程就有什么样的方法。"区域高品质推进劳动教育"项目除了积极推动学校贯彻、执行《义务教育劳动课程标准（2022年版）》外，还十分重视区域劳动教育共享课程和精品课程的开发，重视教育教学方法的实验、改进和推广。

1. 研究、开发区域劳动教育课程

以"学会劳动—体验成功—收获成长"为宗旨，明确"区域高品质推进劳动教育"项目开发与应用目标，开发50门包括劳动精神培养、劳动技术、校园种植、非遗传承、志愿者服务、创新实验的课程；建构由"三横"（家庭劳动课程、学校劳动课程、社会劳动课程，劳动精神培养课程、劳动技能培养课程、职业体验劳动课程，生活劳动教育课程、服务性劳动教育课程、生产劳动课程）和"一"纵（校本教育课程、区域共享课程、区域精品课程）组成的完整的"王"字形"区域高品质推进劳动教育"项目课程体系，为学生提供融日常学习、学校德育、综合实践活动于一体，丰富多彩的劳动教育内容，培养学生劳动精神、服务意识、劳动技能、克服困难的勇气和毅力，养成诚实劳动和创新劳动的习惯。

2. 探索、实践以"教学做合一"的劳动教育方法，提高育人效益

劳动教育方法，关系劳动教育目标的实现，影响劳动教育任务的完成，决定着劳动教育效果的好坏。研究、探索有效的劳动教育方法，是"区域高品质推进劳动教育"项目的重要内容和基本措施。我们在总结宝山区多年学习、运用陶行知教育思想的基础上，认为其生活教育理论对学校劳动教育具有重要的理论指导作用，"教学做合一"应该成为"区域高品质推进劳动教育"项目的根本方法。为此，我们要加强培训，让全体中小学教师能深刻理解、熟练运用陶行知先生的"教学做合一"思想，并以此为灵魂研究实践包括项目学习、"三三制教学"等一系列教育教学方法，培养学生核心素养。同时探索基于数字化的学校劳动教育渠道与途径，拓展学生劳动教育时空，实施劳动教育清单，让学生树立正确的劳动观念，正确认识劳动创造价值、创造美好生活的道理，深刻认识并牢固树立劳动最光荣、劳动最崇高、劳动最伟大、劳动最美丽的观念；涵育丰富的劳动情感，体认劳动不分贵贱，增强对劳动人民的感情，具有服务他人、服务社会的情怀，培养崇尚劳动、热爱劳动、尊重普通劳动者、珍惜劳动成果的情感；培养扎实的劳动能力，掌握劳动基础知识和基本技能，做到手脑并用、知行合一，具备与年龄相适应的生存生活、团队合作、综合应用、创新创造能力，养成主动劳动、坚持劳动的良好习惯。

3. 研制、完善、执行学校劳动教育管理制度

相对于其他学科或教育，劳动教育的管理手段、经验和制度明显地存在积累不够、工具稀少、机制不全等问题。而离开了管理的支持和保障，劳动教育也寸步难行。因此"区域高品质推进劳动教育"项目将研究制定相关劳动教育制度，包括课程管理、教学管理、物资管理等，对区域课程、校本课程的实施、管理与评价做出专门规定，使之能科学、规范、系统地得以实施，形成机制，促进学校劳动教育高品质开展。同时不定期开展学校校本劳动教育课程研讨、评比工作，保证学校劳动教育课程不断改进、完善，满足学生需要。

（六）打造平台，创新劳动教育活动

教师专业发展、学生劳动素养的培养，都离不开一定的实践平台，离不开富有教育意义的活动。"区域高品质推进劳动教育"项目坚定奉行人民教育家陶行知先生"生活教育"理论，强调"知行合一"，注重"做中学"，为此，将建构多种劳动教育平台，创造性推出50项劳动教育特色活动，提升教师劳动教育能力、涵养学生劳动品质、培养学生劳动技能。

1. 开展"区域高品质推进劳动教育"幸福家庭劳动教育专题活动

家庭劳动教育是"区域高品质推进劳动教育"的重要组成部分，是以家长

为主导的学生校外劳动教育。"区域高品质推进劳动教育"幸福家庭劳动教育专题活动包括家长学校对家长的劳动教育理念和技能培训活动、家庭劳动教育资源开发活动、亲子劳动教育活动，以及一年一度的区域性学校家庭劳动教育研讨活动。其主要目的是培训、提高学生家长劳动教育意识和能力；搞好家校合作，以家务劳动清单等为手段，切实开展幸福家庭劳动教育专题活动，培养孩子生活自理能力和服务他人的能力。

2. 设计、组织"小贤人在养成""劳动小能人""校园劳动达人"等评比、表彰活动

学生劳动素养的培养，除了上好规定的劳动课程外，还依赖于丰富的劳动教育活动。"区域高品质推进劳动教育"项目依据《关于全面加强新时代大中小学劳动教育的意见》设计、组织融生活劳动、职业体验、服务劳动和科技发明等教育的"我是未来劳动者""劳动小能人""校园劳动达人"活动，营造比学赶帮、促进学生劳动能力成长的氛围与环境；制度化、常态化举办区域性"中小学学生劳动技能竞赛"和区域性"中小学劳动教师技能比武"。如，每学年举办一次面向全区中小学生的"行知杯"劳动技能竞赛、一次学生劳动作品展示。以赛促教，展示教师和学生劳动风采。

3. 定期举办"贤人行"劳动教育论坛

根据《现代汉语词典》的解释，所谓贤人，就是指有品德、有才能的人。培养贤人，是我国教育的优秀传统；建国君民，选贤任能是儒家文化的重要追求；实际上，贤人政治也一直是世界文明国家治国的根本。为总结劳动教育经验、分享劳动驾驭教育智慧，"区域高品质推进劳动教育"建议宝山区不定期组织、举办面向域外的"贤人行"劳动教育论坛。研究、交流和讨论区域性高品质推进学校劳动教育的方法、策略。如可以由宝山区劳动教育研究和指导中心策划、组织，每年举办一次区级层面"区域高品质推进劳动教育"项目论坛，每两年举办一次市级层面"区域高品质推进劳动教育"项目论坛交流劳动教育研究与实践成果、高品质推进学校劳动教育。

4. 建立"区域高品质推进劳动教育"基地学校轮值交流圆桌会议机制

我们在协议的基础上，制定《"区域高品质推进劳动教育"项目基地学校圆桌会议规程》，规定由基地学校轮流主办基地学校建设研讨会，交流建设经验、研讨基地学校劳动教育发展方略。

5. 年度区域经验交流与展示会议

每年年底组织举办"区域高品质推进劳动教育"项目全区中小学经济交流展示会议，总结经验、交流成果、发布相关要求，推动学校劳动教育可持续发展。如，我们在2021年11月，举办"紧密型集团建设中的学校劳动教育"论

坛，宣传介绍长三角联合教育集团学校劳动教育经验和成绩。

6. 创新"区域高品质推进劳动教育"实践

由区教育局出台相关文件指示，协同学生德育工作机构，组织基地学校开展劳动教育研学旅行活动；鼓励、支持学校组织学生走进高新企业、科研院所、新兴工业园区进行职业体验，组织学生深入城乡社区、福利院和公共场所等开展公益劳动和志愿服务；做到幼儿园每学期参观、考察社会劳动场所的机会不少于1次，中小学每学期参与社会劳动实践的次数不少于1次，开阔学生视野、增加学生劳动体验、培养学生创新能力。

（七）建章立制，评估督导

加强管理与评价是保障"区域高品质推进劳动教育"项目有效进行的必要措施。我们将树立现代教育管理理念，采用目标管理、质量管理和精细细化管理办法、运用现代网络信息手段，对学校劳动教育进行科学管理与评价，提高"区域高品质推进劳动教育"项目效益。

1. 组建领导小组，加强"区域高品质推进劳动教育"项目领导

如，以区教育局为主体，组建由区各局主要领导组成的宝山区行"区域高品质推进劳动教育"领导小组，负责区"区域高品质推进劳动教育"项目领导、谋划与协调，动员全区力量，开展学校劳动教育。

2. 出台并实施"区域高品质推进劳动教育"项目学校劳动教育评估标准

目前项目组正在研究《"区域高品质推进劳动教育"项目学校劳动教育实践评价标准》《"区域高品质推进劳动教育"学校劳动教育教师评价标准》《"区域高品质推进劳动教育"学生劳动素养评价标准》，定期开展视导、评估。优化学校年终考核体系，把学校劳动教育成效列入学校领导年终考核，并就学校劳动教育组织领导情况学校主要领导给予必要的奖励与问责。

3. 组织开展学校劳动教育专项督导与评估

由区教育督导室牵头，每两年对全区中小学劳动教育进行抽样检查督导，并把督导结果向全区通报；每两年对基地学校建设情况进行专项评估，对优秀基地学校进行奖励，对两次评估未达标的学校淘汰。鼓励学校积极开展劳动教育创新实践。

4. 建设、运行区域习性学生劳动教育评价数字化平台

运用现代信息技术，加强和改进学校劳动教育评价，是中共中央、国务院发布的《深化新时代教育评价改革总体方案》重要精神之一。"区域高品质推进劳动教育"主张并花大力气，建设区域性中小学生劳动教育家校联系"数字化"平台，客观、适当地记录与评价中小学生家校劳动教育情况，引导、督促

中小学生树立正确劳动价值观、养成良好劳动习惯，培养基本的劳动技能。

5. 编订、实施区域性学校劳动教育管理制度（如招生、特长生培养）

管理是保障，管理出效益。"区域高品质推进劳动教育"要取得成功，没有系统、科学的管理是不可能的，为此，项目组十分重视区域性劳动教育管理制度的建设，联合教研、德育部门与机构，在研究的基础上，统一推出《"区域高品质推进劳动教育"指导书册》、区域性《学生劳动教育安全管理制度》、区域性《学校劳动日、劳动周管理制度》；同时出台区域性《劳动技能特长生培养管理制度》《中小学劳动教育外聘兼职教师管理制度》等，用科学、规范、扎实的管理，为"区域高品质推进劳动教育"项目保驾护航。

（八）制造舆论、营造环境

开放、互动，保持沟通是保证任何一个改革计划顺利进行，取得成功的关键和重要措施。《关于全面加强新时代大中小学劳动教育的意见》明确指出，要加强劳动教育的宣传引导。"区域高品质推进劳动教育"项目组主张，以包容、互惠的态度与教师、家长和社会保持沟通，大力宣传劳动教育，形成全社会关心、支持、推动中小学劳动教育的良好局面。

1. 及时向社会发布学校劳动教育信息

可开设"区域高品质推进劳动教育"项目微信公众号，也可通过多种网络平台，及时向家长、社会发布学校劳动教育信息；也可以借助召开家长会或小区宣传栏等载体，向社会、家长介绍学生参与劳动教育情况。目的是沟通信息，形成合力，共同推进"区域高品质推进劳动教育"项目。

2. 加强"区域高品质推进劳动教育"项目宣传和总结

为让学校教师、管理者更好地了解"区域高品质推进劳动教育"情况，获取理论信息、借鉴他人经验，可创办《贤人行》劳动教育内部宣传资料，也可以委托教育杂志辟设"劳动教育专栏"宣传学校劳动教育经验与动态。当然也要及时总结实践经验，并进行编辑出版，所有这一切都是加强"区域高品质推进劳动教育"项目的宣传和教育，统一思想，提升理念，传播方法，戮力前行。

3. 营造劳动文化氛围

积极宣传区域企事业单位和社会机构提供劳动教育服务的好做法。注重挖掘、宣传宝山区劳动模范、典型道德人物和事迹。充分利用文艺作品、新闻报道和融媒体产品，弘扬劳动光荣、创造伟大的主旋律，营造全社会关心和支持劳动教育的良好氛围。

五、实施"区域高品质推进劳动教育"项目的意义

"区域高品质推进劳动教育"项目凝集了整个项目组成员的智慧和努力,是区域贯彻、落实《关于全面加强新时代大中小学劳动教育的意见》,扎实开展学校劳动教育的一个样本。实施、完成"区域高品质推进劳动教育"项目,具有如下意义。

(一)贯彻落实党和国家加强劳动教育方针和政策,推动劳动教育的规范、系统、有质量、常态化开展

"区域高品质推进劳动教育"项目是为了贯彻国家和上海市加强中小学劳动教育的方针和政策而提出来的,其本质就是引导、帮助学校、家庭和社区执行国家劳动教育政策,扎实、有效地开展劳动教育。"区域高品质推进劳动教育"项目结合区域实际,研究、编制与实施包括《宝山区关于加强新时代中小学、幼儿园劳动教育的指导有意见》《中小学劳动教育管理制度》等一系列区域劳动教育的政策,从组织领导、课时、课程、场地、师资和考核等多方面指导学校实施劳动教育,因而有助于劳动教育的规范、系统、常态化开展,进而促进落实党和国家劳动教育方针和政策的落实。

(二)提高学校劳动教育效益,促进学生全面发展

"区域高品质推进劳动教育"项目的重要举措之一,是推动成立了劳动教育研究项目组或区域劳动教育研究和指导中心。中心的核心职能就是开展劳动教育理论研究,培训中小学劳动教育教师,提供学校劳动教育指导。这必然会帮助学校与教师正确理解、把握中小学劳动教育的性质,克服劳动教育的随意性、机械性、功利性、褊狭性,克服"有劳动无教育""有教育无劳动""知行脱节"的弊端,使学校劳动教育回归"出力流汗、动脑动手、锻炼能力、砥砺品质"综合育人的原点,改进学校劳动教育教学方法,提高学校劳动教育效益。更重要的是"区域高品质推进劳动教育"项目遵循"行政助动—理论研究—学校实验—成果推广"路径,组织全区中小学、幼儿园,探索建构区域劳动教育课程、教育教学手段、管理评价的办法,这将大大有助于提高学校劳动教育的水平,充分发挥劳动教育促进学校德育、智育、体育和美育工作,培养学生实践能力、创新品质和健康人格。

(三)打造区域劳动教育品牌,提高区域劳动教育品位

我们进入了一个品牌消费的时代。任何一个企业、一个组织想提高自身竞

争力，实现可持续发展，就必须使自己的产品质量上乘，且能满足消费者身份、喜好与价值需要，也即符合消费者的品牌心理。"区域高品质推进劳动教育"项目引进了价值管理思维，期望通过研究开发、实践创造，推出一批地区特色的劳动教育精品课程、一套行之有效的教育方法和管理手段，满足学生对高质量的劳动教育需要；同时借助于多种媒体，宣传基于地区文化的劳动教育，提高宝山区劳动教育的知名度。因此，"区域高品质推进劳动教育"项目的实施，既为区域教育人提出了奋斗目标，又为其实现这一目标提供了工具和条件，应该是有助于提高区域劳动教育高品质发展，有助于打造区域劳动教育品牌的。

（四）有助于丰富和发展我国中小学劳动教育的理论和实践经验

"区域高品质推进劳动教育"项目的实施有望也必然会产生一批劳动教育的成功案例、形成一批带有宝山本土特色的劳动教育课程、造就一批劳动教育的品牌教师、出现一批以劳动教育为亮点的学校或基地出版一批接地气有价值的学术论文与专著。例如，项目组正在组织编撰出版以《"区域高品质推进劳动教育"项目的思考与实践》为龙头的"区域高品质推进劳动教育"项目系列丛书。这些产生、形成于实践探索中区域劳动教育成果是有助于克服目前当下一些对劳动教育的错误认识，纠正学校劳动教育中一些简单、粗暴的做法，提高劳动教育的科学性，丰富和发展我国中小学劳动教育的理论和实践经验。

目前，笔者所在的宝山区已颁发一系列加强区域劳动教育的文件，充实了以劳动教育教研员为核心的劳动教育教师队伍。正在筹划建设以宝山职业技术学校、宝山区青少年科学指导站和陶行知纪念馆为依托的劳动教育重要劳动教育基地，开发了以劳动精神教育、绿色种植、传统工艺、职业体验为主要内容区本劳动教育课程，建构了包括家务劳动、校园劳动、社会实践、科技发明制作和劳动技能竞赛为主要形式的劳动教育活动系列，涌现了70多家以创建劳动教育为特色的实验基地学校、幼儿园，形成了政府推动、社会参与、家庭支持、学校为主的可喜局面。特别鼓舞人心的是，2021年5月，宝山区70多所基地学校中，有13所学校被评为上海市劳动教育特色学校，同时宝山区也被评选为国家劳动教育试验区。2021年10月，宝山区举办了"纪念陶行知先生120周年暨宝山区劳动教育推进大会"，上海市教委主要领导、全国新劳动教育协会专家高度肯定了"区域高品质推进劳动教育"项目的做法和成绩。《现代教学·思想教育版》等媒体杂志也专门介绍了"区域高品质推进劳动教育"项目的前期研究成果。

区域高品质推进学校劳动教育，宝山的策略可以概括为，不与外区县进行龙王比宝,而是要因地制宜,做到行知引导、实验研究、教师为本、文化为纲。行知引导:学习、运用陶行知劳动教育思想,凸显"陶行知教育思想试验区"建设。实验研究:建好劳动教育基地学校,依托基地学校开展行动研究,进行校本课程开发、劳动教育清单实施等实验,为全区推进劳动教育积累经验、资源。教师为本:以促进教师专业发展为本,开展教师培训,提高教师劳动教育能力和水平。文化为纲:完善劳动教育课程、创新劳动教育活动、系统研制管理与评价制度,培养学生核心劳动素养,建构宝山区"行知行"劳动教育文化。

"潮平两岸阔,风正一帆悬",我们相信"区域高品质推进劳动教育"项目一定会有更加美好的前程、灿烂的明天。

第三章 陶行知劳动教育思想及其对区域推进劳动教育的启示

陶行知先生是我国伟大的人民教育家,毕生致力于教育、致力于国家的强盛和人民生活的幸福。他不仅创造、发展了彪炳史册、影响深远的"生活教育"理论,也为后人留下了光辉的劳动教育思想财富。宝山区作为陶行知先生的第二故乡,近30年来,一直坚持"学陶师陶"并积极地探索、实践陶行知教育思想的当代教育价值,努力把其劳动教育思想融合到学校劳动教育中,创造性地实施了"区域高品质推进劳动教育"项目。

一、陶行知的劳动教育思想的内涵

"我们需要的一种教育,是造就脑子指挥双手,双手锻炼脑子的首脑健全教育",[①] 陶行知先生非常重视劳动与劳动教育,是最早提出"教育与生产劳动相结合"的教育家。根据马克思主义劳动观,劳动就是生活,劳动就是实践,劳动就是创造;可以说,他一生的教育主张和实践都是围绕"劳动即教育"来进行的,也就是围绕着我们熟知的"生活教育"来展开的;而生活教育的目的就是培养劳力上劳心、以心御力的人。

(一)培养学生劳动意识、劳动观念

陶行知先生反对中国传统文化中"述而不作""劳心者治人,劳动者治于人"的流弊,批判当时学校"教师死教书、教死书、教书死;学生死读书、读死书、读书死"的现象,认为当时学校教育"消灭学生的生活力、创造力",[②] 主张"是劳动的生活,就是劳动的教育,是不劳动的生活,就是不劳动的教育",断言"过的是少爷生活,虽天天读劳动的书籍,不算是受着劳动教育"。在陶行知看来,劳动就是做,他这样定义"做":"'做'是在劳力上劳心。因此,'做'含有下列三种特征:①行动;②思想;③新价值之产生。"他在《怎

---

① 江苏省陶行知研究会. 陶行知文集(修订本)[M]. 南京:江苏教育出版社,2001.
② 陶行知. 传统教育与生活教育有什么区别[J]. 生活教育,1934(1):20.

样学爱迪生》一文中对学生说,"爱迪生有一句名言:'天才是劳动而有恒心',他所说的劳动含有劳力与劳心两方面"。在《莫亲看徒弟》一文中,他说道:"文明是人类用头脑和双手造成的。只会劳心而不会劳力和只会劳力而不会劳心的人都是没有希望的,何况爱用空嘴说白话的,那是更不可救药了。"陶行知先生主张学校教育要培养学生劳动意识、劳动态度和能力等;"做过学生的要做几年徒弟;做过徒弟的要做几年学生"。他为晓庄乡村师范学校书写"和马牛羊鸡犬豕做朋友,对稻粱菽麦黍稷下功夫"对联,规定晓庄乡村师范学校的培养目标是:健康的体魄、农人的身手、科学的头脑、艺术的兴味、社会改造的精神和热心,希望该校培养的学生勤动手、勤动脑,懂科学、爱艺术,有创造精神、愿意为人民服务。陶行知先生多次说道,"真正的教育,必须使学者与万物亲近",要求学生要与农民、工人交朋友,树立"造富、均富、用富、知富"为人民服务的劳动观。陶行知提出"我们要教人知道,不做工的不配吃饭,更不配坐汽车",① 在教导学生劳动观念的同时,也教育学生要热爱劳动。他赋予了劳动美的意义,他认为"烧饭是一种美术的生活。做一桩事情,画幅图画,写一张字,如能自慰慰人,就叫做美。"② "人生两个宝,双手与大脑。用脑不用手,快要被打倒!用手不用脑,饭也吃不饱。手脑都会用,才算是开天辟地的大好佬""滴自己的汗,吃自己的饭,自己的事自己干。靠人靠天靠祖上,不算好汉"。一首《手脑相长歌》《自立歌》揭示了陶行知先生是如何生动地对学生进行劳动意识和劳动观念教育:劳动创造世界,幸福生活离不开劳动;人人都应该劳动;劳动就是动脑动手、手脑并用。

(二)培养学生基本的劳动知识和技能

"教育是什么?教育是教人发明工具,制造工具,运用工具。生活教育教人发明生活工具,制作生活工具,运用生活工具",③陶行知先生理想的教育是让受教育者过上美好生活、幸福生活,是让每个受教育者具备基本的文化知识、科学知识和生存能力的教育。因此,在《答朱瑞琰之问》一文中,陶行知把"教学做合一"阐释为劳动教育,并且强调"教学做合一"要兼顾知识与技能学习:"假使中国的铁匠、木匠都做得不错,学得不错,教得不错,在劳力上劳心,各方面生活需要都顾到,那么,铁匠、木匠所应受的教育,便是人人应受的教育。王木匠要技能和知识,达尔文也要有技能与知识"。④

对于劳动知识,陶行知先生有自己独到的见解和标准。在《教学做合一下

---

①③④ 江苏省陶行知研究会. 陶行知文集(修订本)[M]. 南京:江苏教育出版社,2001.
② 陶行知. 陶行知全集·第十一卷[M]. 成都:四川教育出版社,2005.

教科书》里，他批评当时教科书以文字为中心，只是"认字的书""读文的书"，说"这些教科书不教您在利用自然上认识自然。它不教您试验，不教您创造。它们只能把您造成一个自然科学的书呆子"。他认为好的教科书要有"引导人动作的力量""引导人思想的力量""引导人产生新价值的力量"。为此，他提出，教科书编制的"生活教育与教学做合一之总要求"，教科书应是"活的书而不是死的书""真的书而不是假的书""动的书而不是死的书""用的书而不是读的书"。陶行知认为教科书是生活用书，主要内容应该包括：健康生活、劳动生活、科学生活、艺术生活、社会改造生活等，涉及做的目标、做的材料、做的方法、做的工具、做的理论等。陶行知先生在育才时期特别重视学生系统知识的学习，课程设计注重知识自身的逻辑和学生生活经验之间的整合，强调"育才学校今日之文化教育，就其内容而言，必须确定以下诸点：①约缩地反映人类历史上重要而又代表性的文化遗产。②着眼哲学科学（社会与自然）艺术之历史的发展及其在社会实践的意义。③着重人类进化史及中国历史的认识。"① 而最基本的工具知识，应该包括"语言、文字、图画、数学、逻辑"。

"好教育应当给学生一种技能，使他可以贡献社会。换言之，好的教育是养成学生技能的教育，使学生可以独立生活"。② 为了培养学生真知识、真本领、真品性，陶行知先生提出了"育才二十三常能"包括"初级十六常能"、高级七常能。其中，初级十六常能的内容有：会当书记、会说国语、会参加开会、会应对进退、会做小先生、会管图书、会查字典、会烧饭菜、会洗补衣、会种园、会布置、会修理、会游泳、会急救、会唱歌。高级七常能是：会开汽车、会打字、会速记、会接电、会担任翻译、会临时讲演、会领导工作。

"我们觉得要救中华民族，必须民族具备科学的本领，成为科学的民族，才能适应现代生活而生存于现代世界"。陶行知先生特别注重学生科学的学习，认为"科学要从小教起"，发起"科学下嫁活动"，主编了百种《儿童科学丛书》，重点对儿童进行科学教育。在《为新中国之新教育继续奋斗——致育才学校师生》一文中，他发出这样的倡议："我提出五项修养：一为博爱而学习，二为独立而学习，三为民主而学习，四为和平而学习，五为科学创造而学习。"③

（三）培养尊重普通劳动者和为人民服务等劳动情感和品质

"我们最伟大的老师是老百姓，我们最要紧的是跟老百姓学习。我们要叫

---

①②③ 江苏省陶行知研究会. 陶行知文集（修订本）[M]. 南京：江苏教育出版社，2001.

老百姓教导我们如何为他们服务"，① 尊重普通劳动者，热爱人民、服务人民是陶行知先生的崇高品质。从其推行平民教育、乡村教育的言行中，我们不难感受到这一点。同理，陶行知先生也是主张在劳动教育中培养学生崇尚劳动、艰苦奋斗、勤俭节约、尊重普通劳动者、服务人民等劳动品质和精神的。"爱满天下"是陶行知先生的座右铭，也是陶先生的重要教育主张，这种爱不仅包括老师对学生的爱，也包括爱祖国、爱劳动、爱人民等。在《生利主义之职业教育》一文中，陶行知先生提出了教育要养成学生"利群"意识和能力，在《创造一个四通八达的社会——给文渼的信》指出"平民教育的宗旨就是要叫种种人受平民化"。陶行知先生一生艰苦奋斗、勤俭节约。在《南京安徽公学办学旨趣》一文中，他提出"节省经费，不是因陋就简""用最少的经费，办理相当的教育，是我们很想彻底努力的一个实验"；在《新教育》一文中，他提出"责成效率。凡做一事，要用最简便、最省力、最省钱、最省时的法子，去收最大的效果。"他要求学生了解劳动者之甘苦进而关爱大众。陶行知认为当时学校用斋夫、听差、老妈子帮助儿童做了很多本该由儿童自己做的事，既剥夺了儿童做事的机会，又让儿童不知劳动之甘苦，成为游手好闲的懒人。为此，他主张尽可能减少斋夫、听差、老妈子，以便让儿童自己动手做事，通过劳动体会劳动的甘苦，从而获得教益。

在《学生的精神》一文中，陶行知先生把教育要培养的学生精神规定为三种：第一，学生求学须具有科学精神；第二，要改造社会必须具有委婉精神；第三，应付环境必须具有坚强人格和百折不回的精神。在《育才学校教育纲要草案》中陶行知先生则提出：育才学校办的是知情意合一的教育。现在我们要求在统一的教育中培养儿童的知情意，启发其自觉，使其人格获得完备的发展。"育才学校不仅是以智仁勇为其局部训练之目标，而是通过全部生活与课程以达到智仁勇之鹄的。我们要求每一个学生个性上滋润着智慧的心，了解社会与大众的热诚，服务社会与大众自我牺牲的精神。"②

（四）培养学生创造能力

陶行知先生是我国创造教育的先行者和引路人，除了系统地提出创造教育理论外，还进行了光耀千秋的创造教育实践。1919年陶行知明确提出"创造"一词，他在《第一流的教育家》中写道："敢探未发明的真理，即是创造精神；敢入未开化的边疆，即是开辟精神；……在教育界，有胆量创造的人，即是创造的教育家；有胆量开辟的人，即是开辟的教育家，都是第一流的人

---

①② 江苏省陶行知研究会. 陶行知文集（修订本）[M]. 南京：江苏教育出版社，2001.

物"。①他提出"天天是创造之时,人人是创造之人"的主张,并把教育目的之一规定为"发古人所未发,明今人所未明""只要有一滴汗、一滴血、一滴热情,便是创造之神所爱住的行宫,就能开创造之花,结创造之果,繁荣创造之森林。"②他曾撰文论述"教育不能创造什么,但它能启发解放儿童的创造力以从事于创造之工作。"③

在陶行知先生看来,创造能力是由科学知识、动手能力、强烈的兴趣、探求欲望、开拓精神和独立人格等组成。因此在他的教育实践中,十分重视这些创新素质培养的。他在《创造的教育》中开宗明义地指出,"创造"二字之要义就是"由行动而发生思想,由思想产生新价值",创造教育就是"行动的教育。""有行动才能得到知识,有知识才能创造,有创造才有热烈的兴趣。"④创办重庆育才学校时,陶行知规定育才学校培养目标是:团结起来,做追求真理的小学生,做自觉觉人的小先生,做手脑双全的小工人,做反侵略的小战士;但育才不培养"小专家",可是对于学生的特殊能力要加以培养,并提供科学、人文、艺术和其他文化知识的学习。"你的教鞭下有瓦特,你的冷眼里有牛顿,你的讥笑中有爱迪生。你别忙着把他们赶跑。你可要等到:坐火轮、点电灯、学微积分,才认他们是你当年的小学生?"至于如何培养学生的创造能力,陶行知也提出并实验了一系列主张和措施。如在《创造的儿童》一文中,他是这样说的:"把小孩子的头脑、双手、嘴、空间、时间都解放出来,我们就要对小孩子的创造力予以适当之培养:①需要充分的营养。小孩的体力与心理都需要适当的营养。有了适当的营养,才能发生高度的创造力,否则创造力就会被削弱,甚至于夭折。②需要建立下层的良好习惯,以解放上层的性能,便能从事于高级的思想追求。否则必定要困于日用破碎,而不能够向上飞跃。③需要因材施教。培养儿童的创造力要同园丁一样,首先要认识他们,发现他们的特点,而予以适宜之肥料、水分、太阳光,并须除害虫,这样他们才能欣欣向荣,否则不能免于枯萎。"陶行知先生教育思想的核心是培养"劳动的身手",并把这种动脑动手的能力和素质,发展为"新教育的目的",即:一方面利用天然界,一方面谋共同幸福。新教育的目的,就是要养成这种能力,再概括起来,就是要养成"自主""自立"和"自动"的共和国民。"自主的就是要做天然界之主,又要做群界之主。即如选举卖票一事,卖和不卖,到底由自己的主张。果能自主的人,富贵不淫,贫贱不移,威武不屈,人家有什么法子对付

---

① ② ④ 陶行知文集. 第一卷 [M]. 成都: 四川教育出版社,1991.
③ 江苏省陶行知研究会. 陶行知文集(修订本)[M]. 南京: 江苏教育出版社,2001.

他呢？至于自立的人，在天然界群界之中，能够自衣自食，不求靠别人。但是单讲自立，不讲自动，还是没有进步，还是不配做共和国民的资格。要晓得专制国讲服从，共和国也讲服从，不过一是被动的，一是主动的，这就是他们的分别了"。

二、陶行知劳动教育的方法和途径

正如上面所述，我们要理解陶行知先生的劳动教育及其实施方法，一定要站在陶行知先生教育思想的整体、系统的立场上，站在其"生活教育"的视角，把其"师范教育""平民教育""儿童教育""创造教育"和"科学教育"等思想和做法整合起来，才能全面把握陶行知劳动教育的方法和途径。因为，陶行知的教育思想，是培养完整人的教育思想、是全面发展的教育思想，是现代意义上的"素质教育"思想。在《学做一个人》文中，陶行知先生是这样表述他的全面发展教育思想的：每个人都应要做一个人，做一个整个的人，一个整个的人具有三种要素：健康的身体、独立的思想、独立的职业。"我们应当随着国民经济能力之改进，将他们应收之教育继续增高到养成的健全人格时，才能安心。这是我们共同的希望，也是我们今后共同努力的方向。"① 如此，我们可以把陶行知劳动教育的方法和途径归纳为：一条根本途径、两种重要方法、三条基本原则、六个必要手段。

（一）一条根本途径——行动＋体验

"行动的真理必须在真理的行动中才能追求得到。"② 从陶行知先生把自己名字改为"陶知行"，再改为"陶行知"，足见其对"行动"的重视，他发展了墨子"亲知、闻知、说知"的知识论，指出："亲知是个人其他经验和知识的'根'，闻知与说知必须安根于亲知里面方能发生效力。"陶行知先生认为亲知来源有于自己去"做"和"教学做合一"的"做"，并且解释道："只有手到、心到才是真正的做……真正之做须在劳力上劳心。"他告诉人们"你能行动，行动才生困难，想法解决了困难，才是真知识的获得"。在陶行知先生看来，有行动就有创造，就会产生体验、思想就会创造价值。陶行知先生认为"单独的行动，也是不能创造的，如中国农夫耕种的方法，几千年来，间有小小的改良外，其余都是墨守成规，毫无创造。"关键还要有体验，即他提出的

---

① 江苏省陶行知研究会. 陶行知文集（修订本）[M]. 南京：江苏教育出版社，2001.
② 陶行知. 陶行知全集·第四卷 [M]. 成都：四川教育出版社，2005.

"非你在用脑的时候，同时用手去实验；用手的时候，同时用脑去想不可。手和脑在一块儿干，是创造教育的开始；手脑双全，是创造教育的目的""我最近读了许多世界有名科学家的传记，觉得有发明的人，都是以头脑指挥他的行动，以行动的经验来充实他的头脑"。为此，陶行知先生提倡"行动的教育，要从小的时候就干起。要解放小孩子的自由，让他做有意思的活动，开展他们的天才"，① 要求革除中国传统教育中限制学生活动、忽视学生生活体验的弊端，并以富兰克林、牛顿、爱迪生等科学家的成长经历为例，说明从小开展行动教育的必要性、可能性。在晓庄、山海工学团、育才，陶行知先生从生活教育理论出发，让学生在农田、街头店铺、工厂码头跟着农民、木匠、捕蛇人、工人等学习、体验，养成生利、生事之能，做自食其力的"真人"，为了引导、促进学生在真实的劳动过程中行动、体验，陶行知提出"行动产生理论，行动发展理论"，甚至要求学生"为行动而读书，在行动上读书"，② 并以实际劳动行为评价学生，例如，在晓庄乡村师范学校他实施"学生男的以开荒挑粪、女的倒马桶作为考试"。

下面摘录陶行知先生编写的四首儿歌，印证其通过"行动"培养学生动脑动手能力。③

（一）小盘古
我是小盘古，
我不怕吃苦。
我要开辟新天地，
看我手中双斧。
（二）小孙文
我是小孙文，
我有革命精神。
我要打倒帝国主义，
像个球儿打滚。
（三）小牛顿
我是小牛顿，
让人说我笨。
我要用我的头脑，
向大自然追问。

---

①②③ 江苏省陶行知研究会. 陶行知文集（修订本）[M]. 南京：江苏教育出版社，2001.

(四) 小工人
我是小工人，
我有双手万能。
我要造富的社会，
不造富的个人。

(二) 三个基本原则

陶行知先生在探索、实践培养学生劳动知识、态度和能力的过程中，提出了一系列带有原则性的观点和做法，如"相信小孩子""民主宽容""共同生活""集体生活""在自动上培养自动"等。在《育才二周岁之前夜》一文中，陶行知先生是这样论述集体生活的："集体生活不仅仅是大家聚在一块过日常生活。我们要想丰富集体生活在教育上之意义，必须使它包含三种要素：一为集体自治；二为集体探讨；三为集体创造。"在这篇文章中，陶行知先生认为教育的成功在于培养出生活、工作与学习都能自动的人。自动是自觉的行动而不是自发的行动，这种自动能力有赖于正确的培养，而"在自动上培养自动，才是正确的培养"。但是，纵观陶行知的教育实践，指导他开展劳动教育的精神还是生活教育理论，生活教育的原理就是他劳动教育的基本原则。关于这一点陶行知先生也曾有论及，如在《仍在不辍研究中的"活的教育中"》中，他就明确指出，生活即教育、教学做合一，是晓庄的教育原则。

1. 生活即教育

"我今天所要说的，就是我们此地的教育，是生活教育，是供给人生需要的教育，不是作假的教育。人生需要什么，我们就教什么。人生需要面包，我们就得过面包生活，受面包的教育；人生需要恋爱，我们就得过恋爱生活，也受恋爱的教育。以此类推，照加上去：是那样的生活，就是那样的教育。"[①]"生活即教育"指生活本身就是教育、生活中包括教育、教育就是生活，教育与生活互相影响，教育改进生活，教育是为了美好的生活。"生活即教育"用在劳动教育，就是把劳动看成生活，让劳动教育贴近学生的日常生活，依据学生的生活来设计及确定劳动教育的目标、内容、方法和评价等；同时用劳动教育来改进学生生活的品质；最终，学生今天所受的劳动教育要服务于学生未来美好生活。"人生需要什么，我们就教什么""生活教育与生俱来，与生同去。出世便是破蒙，进棺材才算毕业"。这个原则有利于人们辩证地看待劳动与教育的关系，防止孤立地、片面地开展劳动教育，做到"是那样的劳动，就那样

---

① 江苏省陶行知研究会. 陶行知文集（修订本）[M]. 南京：江苏教育出版社，2001.

的教育"。劳动需要安全，就教会学生安全；劳动需要工具，就教会学生使用工具；劳动需要美感，就教会学生审美。

2. 社会即学校

"社会即学校"指社会本身就是学校，教育的范围不局限于学校，而是在整个社会；教育者和教育对象也不限于学校里的老师和学生。"青天为顶，大地为底，二十八宿为围墙，人人都是先生、都是学生"。陶行知先生的"社会即学校"实质是要撤除教育的藩篱，打通学校与社会的联系，使学校教育变成生活的教育，读书的教育变成"行动"的教育。执行"社会即学校"的原则，就是要把学校培养目标和内容也因而扩展为"健康的体魄、农夫的身手、科学的头脑、艺术的兴味、改造社会的精神"，使学校劳动教育与家庭劳动教育、社会劳动教育结合起来而形成整体的教育、"活"的教育，使劳动教育的场所扩展到社会和大自然，让教育对象从"小众"变为"大众"、社会上的能人、智者变成劳动教育的教师，进而合理利用劳动教育资源；劳动教育的内容也更加具有时代性。"办今日之学校，使小学生过今日之生活，受今日之教育。"[①]

3. 教学做合一

"教学做合一"是陶行知生活教育理论的方法论，也是对生活教育的具体阐释，更是具体的教育教学方法。"在生活里，对事说做，对己之长进说是学，对人之影响是教"。教学做是一件事的三个方面，而不是各不相干的过程。"教的法子根据学的法子；学的法子根据做的法子。事怎样做便怎样学，怎样学便怎样教。教与学都是以做为中心""在做上教的是先生，在做上学的是学生；先生的责任不在教，而在教学，而在教学生学"。[②] 遵循"教学做合一"的原则有利于理论与实践相结合、知识与运用相结合、教育和生产劳动相结合，有利于促进人的身体、心理、思维等和谐发展。遵循"教学做合一"的原则要求人们以"行动"为中心，让劳动教育变成"出力流汗""手脑相长"的过程。遵循"教学做合一"的原则要求人们把服务、生产、公益等纳入劳动教育的内容。遵循"教学做合一"的原则要求我们改变师生角色、关系的模式，在劳动教育中做到"亦师亦友""相教相学""师生互动""同伴互助"等。

（三）两种创新方法

陶行知先生在自己长期的教育实践中，开发、运用了很多有效的培养学生劳动素质的方法。譬如，陶行知先生极力主张在学校教育中实行"学生自治"，他认为"学生自治是学生结起团体来，大家学习自己管理自己的手续""自治

[①][②] 江苏省陶行知研究会. 陶行知文集（修订本）[M]. 南京：江苏教育出版社，2001.

可以培养我们对于公共事情上的愿力、智力、才力"；① 又如，"即知即传""以教人者教己"等。但就影响力来说，最重要的两种劳动教育方法就是艺友制和小先生制。

1. 艺友制

艺友制，是陶行知先生的一个伟大发现。它产生于当时学校教育实践中，是一种弥补师资缺乏而招收社会上有一技之长的人为师，或者由先学先会的人为师，共同学习的方法。1928年1月5日陶先生在《艺友制师范教育答客问》一文中系统地解释了这一方法，他说"艺者，艺术之谓，亦可作手艺解。友为朋友。凡以朋友之道教人艺术或手艺者，谓之艺友制教育。"陶行知先生推崇艺友制，认为它是最好"教学做合一""艺友制的根本方法是教学做合一：先行先知的在做上教后行后知的在做上学。大家共做共学，才是真正的艺友制；惟独艺友制才是彻底的教学做合一"。艺友制虽然是因师范教育而得名，但在普通教育、基础教育等领域得到了广泛应用。具有如下特征：第一，以"艺"为载体，建立亦师亦友的平等关系；第二，以"做"为手段，培养"躬亲实行"的品行；第三，以"中心学校"作为艺友制教育的主脑。②

2. 小先生制

"小先生制"诞生于1932年今上海市宝山大场地区，是陶行知先生为普及大众教育而总结、提出的一种教育策略：儿童可以一边当"学生"，一边当"先生"，以教人者教己，即知即传，即学即教。这种让读书的小学生回到家中做小先生，教自己的家人和邻居的方法，既是一种教学方式，又是一种学习方式，很好地体现了陶行知的"生活教育"理论，也推动了生活教育的发展。

陶行知先生认为小先生制是一种经济便利的传播知识和技能的手段，有利于普通教育的发展。他是这样总结小先生相比于大先生在普及教育方面的四个优点：③

一是有利于普及女子教育，小先生比起成年男子先生，在当时的世俗环境里更容易教育女子；二是"大人跟小孩学，无形中得到一种少年精神，个个变为老少年……中华民族可以因小先生而转老还童，而得到一种新兴的少年精神"；三是小先生"即知即传人"，解决知识不再被少数人私有的问题，还能节约经费；四是"小先生是一根根流动的电线，这一根根电线四方八面伸展到社会底层，构成一幅生活教育网、文化网，把学校和家庭构成一体，彼此可以来往，可以沟通。他把社会所发生的问题，所遇到的困难，带回学校，再把学

---

①③　江苏省陶行知研究会．陶行知文集（修订本）[M]．南京：江苏教育出版社，2001．
②　陈建华．论陶行知的"艺友制教育"及其启示[J]．南京晓庄师范学院学报，2009（7）．

校里的知识技能带回社会去。

艺友制和小先生制均可视为陶行知先生实施劳动教育的有效方法，阐释了人人都可以当教师的道理，把劳动教育的场所扩展到社会和大自然，让生活成为劳动教育的中心内容。它们最大的实践特点是充分承认、尊重、发挥学生的主体地位，促使为教而学，有利于培养学生的思维能力和动手能力，进而促进理论和实践的结合。

（四）六个必要手段

著名的"六大解放"，通俗易懂、形象生动地体现了陶行知教育思想对中国传统教育观念的决裂和对新型的、现代的、民主的、创新教育的追求，是其推动生活教育、培养学生创造能力的必要手段，因而也可以看成是陶行知先生实施劳动教育的必要手段。正如，刘晓波所说："先生多次讲到人的双手功能极大极广，开发无穷无尽，提出了'双手万能'的口号。手则是代表儿童们的手、足、鼻，即整个身体的广义的手。无论教与学等都要靠双手去做。做是'六大解放'思想的中心内容。这里的做不是简单地做，是要解放了脑以后，手脑联动，在劳力上劳心地做。这样去做？才能产生发明、创造和新价值。做的最高境界就是创造……'六大解放'是建立在人的主动性、能动性、独立性之上的，既是思想性，也是方法论。"①

1. 解放儿童的眼睛

陶行知认为，传统教育给儿童戴上了一副封建的有色眼镜，使儿童脱离社会实际生活，"两耳不闻窗外事，一心只读圣贤书"，成为无益于社会的"小书呆子"。由此提出解放儿童的眼睛，使之能观察社会，看清事实。陶行知先生所谓的"封建的有色眼镜"，是指封建社会里的读书人受科举制的限制，为了考取功名埋头读书，全不顾社会的实际，不顾社会发生什么以及社会需要什么样的人才，结果很多人成为只会读死书的"书呆子"。所以劳动教育要彻底摘掉儿童有色眼镜，帮助学生提升劳动观，树立劳动无差别的观念，学会尊重劳动、尊重劳动者，珍惜劳动果实，同时学会劳动、学会创造。

2. 解放儿童的头脑

"儿童的创造力被固有的迷信、成见、曲解、幻想层层裹头布包缠了起来。我们要发展儿童的创造力，先把儿童的头脑从迷信、成见、曲解、幻想中解放出来……迷信要不得，成见要不得，曲解要不得，幻想更要不得，幻想是反对现实的"，陶行知先生认为要培养学生的创新能力，就要撕掉这些"裹头"

---

① 刘晓波. 陶行知"六大解放"思想解析［J］. 中学政治教学参考，2012（10）.

布,让他们的头脑能思考、能想象。

3. 解放儿童的双手

"行动是老子,知识是儿子,创造是孙子""中国对于小孩子一直是不许动手,动手就要打手心,往往是摧残了儿童的创造力""我们希望保育员或先生跟爱迪生的母亲学,让小孩子有动手的机会"。可见,陶行知先生是倡导通过实践获得知识的,在实践中检验和发掘自己的知识。对于劳动教育来说,就是要在"做中学的实际劳动中获得知识,增长才干"。

4. 解放儿童的嘴

"小孩子有问题要准许他们问,从问题的解答里,可以增进他们的知识。孔子入太庙,每事问。我从前写过一首诗,是发挥这个道理:'发明千千万,起点是一问。禽兽不如人,过在不会问。智者问得巧,愚者问得笨。人力胜天工,只在每事问。'但中国一般习惯是不许小孩说话的。小孩子得到言论自由,特别是问的自由,才能充分发挥他的创造力"。[①] 陶行知认为,中国人一般习惯是不多说话,儿童言论自由被剥脱,小孩要按大人说的做,久而久之,使儿童养成一种盲从陋习,这就严重压抑儿童的创造力。因此,他指出:"小孩子得有言论自由,特别是问的自由,才能充分发挥他的创造力。"要求教育要解放学生的嘴,允许自由提问、言论自由,培养学生表达能力。

5. 解放儿童的空间

"我们要解放小孩子的空间,让他们去接触大自然中的花草、树木、青山、绿水、日月、星辰以及大社会中之士、农、工、商、三教九流,自由地对宇宙发问,与万物为友,并且向中外古今三百六十行学习。创造需要广博的基础。解放了空间,才能搜集丰富的资料,扩大认识的眼界,以发挥其内在之创造力。"陶行知认为:学校不应该是只有教科书的"鸟笼"学校,教育应该面向整个大自然和社会的场所。为此,他主张要解放学生的空间,拓展学习范围、扩大学生眼界,广泛地获取知识,让家庭、社会都成为学生学习、创造的场所。

6. 解放儿童的时间

陶行知认为:"一般学校把儿童全部时间占据,使儿童失去学习人生的机会,养成无意创造的倾向,到成人时,即使有时间也不知道怎样下手去发挥他的创造力了。创造的儿童教育,首先要为儿童争取时间之解放。"他批评当时一些学校考试太多、占用学生时间太多时说"日间由老师督课,晚上由家长督

[①] 江苏省陶行知研究会. 陶行知文集(修订本)[M]. 南京:江苏教育出版社,2001.

课，为的都是准备赶考，拼命赶考，还有多少时间去接受大自然和大社会的宝贵知识呢。赶考和赶路一样，赶路的人把路旁的风景赶掉了。把一路应该做的有意义的事赶掉了。赶考首先赶走了脸上的血色，赶走了健康，赶走了对父母的关怀，赶走了对民族人类的责任，甚至于连对本身生命的责任都赶走了。"所以，他反对当时的会考制度，提出"创造的考成"，让学生有时间主动健身、学习、劳动。

三、陶行知劳动教育思想对"行知行"劳动教育的启示

从以上论述中，我们可以清楚地看到，陶行知先生的劳动教育思想是深刻的、独到的、丰富的、完整的，具有超越时代的价值和强大生命力，其精神实质，与中共中央、国务院发布的《关于全面加强新时代大中小学劳动教育的意见》血脉相通，因而对现阶段我国中小学劳动教育具有很强的指导意义，尤其对宝山区"行知行"劳动教育具有启迪和指引作用。

（一）有效实施中小学劳动教育要有正确的劳动教育观

劳动教育观涉及对劳动教育性质、劳动教育目标、劳动教育内容和方法等基本的看法。陶行知说，"过什么生活便是受什么教育""过的是少爷生活，虽天天读劳动的书籍，不算是受着劳动教育""要想受什么教育，便须过什么生活"。劳动教育不同于书本知识的教育，过劳动的生活才能算是真正有效的劳动教育。当下，我们要认真贯彻执行《关于全面加强新时代大中小学劳动教育的意见》，树立劳动教育是社会主义教育的重要内容，开展劳动教育是中小学教育的重要使命等理念；坚持劳动教育的思想性、实践性和社会性，让学生出力流汗，在真实的劳动中动脑动手，获得劳动素养的提升和个性品质的和谐发展。

首先，学校应在理念上确定劳动教育的重要地位，将劳动教育纳入课表，开足开好劳动教育课程，不让劳动教育课程有名无实，被其他课程所挤占。其次，学校应根据学生的心理发展特点，确定不同阶段的劳动教育课程目标，如小学生应注重基本生活技能、劳动意识与习惯的养成，中学生应注重劳动技能、价值观与精神的培养。再次，学校应该充分利用当地和本校的特色资源，积极地开发校本劳动教育课程，大力拓展学生劳动实践基地与场所，在校内外组织各种类型的劳动实践活动。最后，学校要充分挖掘国家课程中的劳动教育元素，加强劳动教育在其他学科中的渗透，积极推动非劳动教育课程与劳动教育的密切联系，让学生在其他学科的学习中也能认识到劳动的价值、体会到劳

动的光荣与伟大，养成热爱劳动的态度和精神，掌握相关劳动知识和技能。

（二）有效实施中小学劳动教育有赖建立师生劳动教育共同体

在生活中进行劳动教育、在集体生活中进行劳动教育、在师生同甘共苦中进行劳动教育，这是陶行知先生劳动教育思想给我们的一大启发。今天，我们一方面要确立教师在劳动教育中的领导地位、主导作用，另一方面也要尊重、发挥学生的学习主体作用。建立师生劳动教育共同体，倡导师生平等、教学相长、同伴互助、共同进步。共同体的本质是共同愿景、知识共享、创制价值。依据陶行知先生劳动教育思想，"行知行"劳动教育提倡基地学校、幼儿园要积极创造性应用"小先生制""艺友制"，创建优秀劳动教育集体，打造班级劳动教育文化，推动学校劳动教育可持续发展。

（三）有效实施中小学劳动教育必须建构简便、实用、富有生活气息的劳动教育课程

从晓庄师范学生种菜做饭，到山海工学团"工以养生、学以明生、团以保生"，再到育才学生"常能"陶行知先生给我们勾画了生活教育理论指导下劳动教育课程架构，告诉我们好的课程是面向学生的、面向生活的、面向未来的；也告诉我们好的劳动课程是有精神追求的、因地制宜的、简便易行的、方便学生学习、掌握的；好的课程是以学生发展为中心的、内容丰富、形式多样，贴近现实、满足生活。劳动是在生活之中的，不是生活之外的。生活中的需要就是劳动的动因与课程内容：生活需要卫生，保持与打扫卫生就是劳动教育的内容；生活需要饮食，学会烹饪就应成为学校劳动教育的目标，等等。受陶行知先生劳动教育思想启发，"行知行"劳动教育积极从宝山区域经济文化实际出发，重点开发、实施校本劳动教育课程、区域共享劳动教育课程，满足学校劳动教育需要。

（四）"教学做合一"是中小学劳动教育的根本原则

苏霍姆林斯基认为，"劳动教育是对年轻一代参加社会生产的实际训练，同时也是德育、智育和美育的重要因素"。劳动教育的实践性，要求我们必须遵循"生活教育"理论、应用具身学习理论，贯彻、执行"教学做合一"的原则。陶行知曾对教育做出如此定义："教育是什么？教育是教人发明工具、制造工具、运用工具。生活教育教人发明生活工具、制造生活工具、运用生活工具。"这不仅阐明了陶行知生活教育的内涵，也道出了陶行知劳动教育所遵循的逻辑"行—知—行"。"教学做是一件事，不是三件事。我们要在做上教、做上学。在做上教的是先生，在做上学的是学生。从先生对学生的关系说：做

便是教;从学生对先生的关系说:做便是学。先生拿做来教,乃是真教;学生拿做来学,方是实学。不在做上用功夫,教固不成为教,学也不成为学。从广义的教育观点看,先生与学生并没有严格的分别"。① 全面、完整、深刻地理解、把握、运用教学做合一的原则,要求中小学劳动教育教师要正确认识劳动与劳动教育的本质,立足学生全面发展,相信学生、尊重学生,在真实、具体的劳动活动中,培养学生劳动素养。具体而言:第一,就是用"做中教""做中学"的方式上好国家规定的劳动课;第二,组织、指导学生参加以体力劳动为主的日常生活劳动、生产劳动和服务性劳动,在这些劳动活动作为教师要有设计和准备,做到有知识引导、理论讲解、行动示范、学生思考讨论、结果考量;第三,坚持过程评价、真实性评价和增值评价。让学生身心参与、出力流汗、手脑并用、历练品行,养成正确的劳动观、良好的劳动品质,掌握基本的劳动技能。

(五)有效开展中小学劳动教育要坚持创新和实验

尽管国家和各地区政府对加强中小学劳动教育做出了全面、科学的顶层设计,出台了配套的政府、法规,提出了基本的要求,为如何更好地开展劳动教育描绘了清晰的路线图,但是由于劳动教育的复杂性、艰难性和我国应试教育的惯性影响以及学校劳动教育基础相对薄弱性,在实际劳动教育过程中遇到师资、课程、场地设施、管理与评价等多种问题和矛盾,需要我们研究、探索,因此,只有坚持创新和实践才能克服这些问题和矛盾,促进中小学劳动教育顺利开展。《关于全面加强新时代大中小学劳动教育的意见》也提出"紧密结合经济社会发展变化和学生生活实际,积极探索具有中国特色的劳动教育模式,创新体制机制,注重教育实效,实现知行合一,促进学生形成正确的世界观、人生观、价值观",因此,我们要发扬光大陶行知先生当年兴学办教时的创新精神、实验精神,以问题为导向,创造性地为学校劳动教育建章立制、配备教师、建设劳动教育场地、开发劳动教育课程、建立适当的评价体系和机制,开展学校劳动教育实验,提高劳动教育质量和水平。

(六)家庭、学校、社会一体化,合作开展劳动教育

在陶行知看来,"到处是生活,到处是教育"。在《古庙敲钟录》中设想创办一种融"工场、学堂、社会"为一体的全新办学形式,称:"工是工作,学是科学,团是团体。……它是将工场、学校、社会打成一片,产生一个附有生活力的新细胞",他说:"马路、弄堂、乡村、工厂、店铺、监牢、战场,凡

---

① 江苏省陶行知研究会. 陶行知文集(修订本)[M]. 南京:江苏教育出版社,2001.

是生活的场所,都是我们教育自己的场所,那么,我们失掉的是鸟笼,而得到的倒是伟大无比的森林了。"陶行知先生生活教育理论的伟大实践,告诉我们不能关门开展劳动教育、不能以教科书为中心搞劳动教育,人人都可以为劳动教育教师、处处都可接受劳动教育。因此,我们要在全社会普及劳动光荣、劳动为伟大、劳动神圣,在全社会营造良好的劳动教育氛围。劳动教育不只是学校的事,也是政府、学校、家庭、社会各方应共同承担的责任。首先,政府要高度重视劳动教育,切实担负起领导劳动教育的首要责任,加大对劳动教育的政策支持,提供资金和劳动教育设施设备和场地的保障。其次,学校与家庭应密切联系与合作,加强家庭劳动与学校劳动的衔接,让家长参与到学校劳动教育的具体实践过程中,提高学校劳动教育内容生活化、家庭化程度,激发学生在家劳动的积极性。家长要言传身教,积极与学校配合,督促、引导孩子参与家务劳动、公益劳动,培养孩子热爱劳动、自觉劳动的意识和习惯,防止出现家校教育抵消、"5+2=0"的问题。再次,学校要积极与社区沟通互动,充分利用实训基地、工厂、商店、田园等社会资源,为学生提供多样化的劳动,让学生在参与服务性劳动的过程中认识劳动教育的意义,体会劳动的价值,从而热爱劳动、尊重劳动。政府、学校、家庭、社会劳动教育一体化共同促进学生全面发展。

第四章　具身学习：有效开展中小学劳动教育的理念和策略

认真贯彻、执行中共中央、国务院颁布的《关于全面加强新时代大中小学劳动教育的意见》，积极、扎实推进中小学劳动教育，是新时代中小学教育工作者义不容辞的责任。尽管从国家到地方都出台了一系列指导劳动教育开展的策略性文件，但很多劳动教育实践仍然存在"有教无劳""有劳无教"的现象，劳动教育的形式主义并未销声匿迹。在笔者看来，这种现象存在的一个重要原因是，很多中小学劳动教育工作者没有深刻理解和把握中小学劳动教育的性质和规律，缺少正确的劳动教育理念和方法。作为认知主义理论的新发展，具身学习在强调人脑内部认知和认知环境的同时，还强调身体的参与，形成大脑、环境和身体协调发展的有机整体。可见，具身学习不仅是指导知识学习的重要理论，也可以作为一种劳动教育理念和根本策略，促进劳动教育有效实施。

一、具身学习的基本内涵与特点

自近代科学革命以来，人们一直固执于知识是完全客观、普遍和静态的，是对外在世界如实表征的科学主义理念，认为理性、客观知识之外没有任何知识；认知活动被机械地理解为抽象、理性的智力操作和信息加工。这种知识观割裂了人与世界的联系，否定了人建构知识的主动性，导致知识与个体身心的分离，知识与其产生场域的分离，以及知识与应用的分离。这种强调客观、符号意义的镜像式反应知识论对中小学教育的影响是，忽视学习者的主动性和情感的培养，重视知识的获得与积累，导致机械、灌输教学的流行，培养了大批"书呆子"。

作为第二代认知科学的代表性理论，具身认知理论反对科学主义、客观主义二元的、离身的知识观，在吸收默会认知、情境化知识观等理论的基础上，认为心智寓于身体之中，身体寓于世界之中，身体是认知之源；认知是身体、心智与周遭世界相互作用的过程，认知是具身的、个性化的，身体不仅是思维的寓居场所、个人知识产生的场所，更是知识获得过程的组成部分；知识不仅是客观的，也是情境化的；不仅是外显的，也是内隐的。因此，人们在具体的历史文化情境和实践中习得知识、生成知识，乃至应用知识都具有个体性、情境性、直接性、实践性等特点。

以具身知识论为基础，个体的学习是通过感觉、听觉、触觉、动觉、统觉等方式获得知识、经验、价值和行为能力的过程，是身体在场的整全性学习。这种学习以身临性、体验性、情境性、嵌入性和生成性为重要特征，重视身体与环境的交互作用，强调身体对心智或认知的"塑形"，关注"感觉—运动"过程及其协调在高水平认知发展中的功能。

（一）身临性

有人把具身学习称为涉身学习，即知识学习和心智发展需要学习者"身临其境"。思维、认知的发生不仅涉及身体构造、神经结构、感官和运动系统等因素的参与，还涉及个体身体的感受、体验、经历等经验层面的"在场"。心理学家 E. Thelen 指出："认知源于身体与世界的相互作用，心智依赖机体的各种经验，这些经验来自具有独特知觉和运动能力的身体，而这些能力不可分离地相连在一起，共同形成一个记忆、情绪、语言和生命的其他方面编织在一起的机体"。[①]身体结构、感知与神经系统、运动系统特点决定了我们的思维方式，因此，让身体与"世界"联系、让身体亲密接触事物、让身体处于"生活与运动"当中，是个体感知、理解、获取知识不可或缺的手段。

（二）体验性

体验性和具身认知情境性（situation）是紧紧联系在一起的。"认知不是一个先验的逻辑能力，而是一个连续进化的发展的情境性过程"，[②]这赋予了认知活动的情境性，使认知过程成为与情境相互对话的过程，也使学习成为探究和创造的过程，大脑、身体以及环境三者组成一个动态的统一体，激活个体的主观感受和情绪体验，由此导致知识的学习具有个人色彩，行为的变化和新的价值意义产生。杜威指出，把经验和理性分开是行不通的，一切理性思维都是以身体经验为基础的，正所谓"耳听为虚，眼见为实，体验为真"。

（三）嵌入性

亲知和默会知识是具身学习的两个基本概念，指使个体从身体嵌入世界的角度来理解知识和运用知识。嵌入性是指知识学习、心智发展不仅需要"身临

---

① E Thelen, G Schoner, C Scheier, et al. The dynamics of embodiment: A field theory of infant preservative reaching [J]. Behavioral and Brain Sciences, 2001 (24): 1-8.
② 李恒威，盛晓明. 认知的具身化 [J]. 科学学研究，2006 (2): 184-190.

其境",更需要认知者主动作为,全身切入认知活动、行动过程,直接体验和经历"亲知"和"共情",使手、眼、耳等多种器官进入到"事物内部",与认知活动成为一个整体。

(四)生成性

智利学者瓦雷拉(F. Varela)认为:"认知不是一个预先给予的心智对预先给予的世界的表征,认知毋宁是在'在世存在'施行的多样性作用的历史的基础上的世界和心智的生成"。① 生成性是指由于大脑、身体以及环境各个因素的耦合作用,处于一定场域的人会变得更自信、更有创造性,这是因为认知过程并非一个既定不变的、机械性的、线性的发展达成过程,而是一个动态的、生成的过程,充满着变数和不确定性。"手巧心灵"生活中很多事例告诉我们,新经验、新办法、新知识都产生在我们的手、脚、眼等身体器官运动中,这也就是具身学习的生成性优势所在。

二、基于具身学习的劳动教育意义和要求

《关于全面加强新时代大中小学劳动教育的意见》强调:"劳动教育是国民教育体系的重要内容,是学生成长的必要途径,具有树德、增智、强体、育美的综合育人价值。实施劳动教育重点是在系统的文化知识学习之外,有目的、有计划地组织学生参加日常生活劳动、生产劳动和服务性劳动,让学生动手实践、出力流汗,接受锻炼、磨炼意志,培养学生正确的劳动价值观和良好的劳动品质。"教育部颁布的《义务教育劳动课程标准(2022年版)》,把劳动素养界定为劳动观念、劳动知识与技能、劳动习惯和品质、劳动精神等方面,并把多样的、开放的劳动实践作为劳动教育课程实施的主要形式。由此,我们不难看出具身学习与劳动教育的共同点和相通性,具身学习有利于拓宽劳动教育的视角,优化劳动教育的实施,提高劳动教育的效益。

(一)立足学生"身体",选择、确定劳动教育的目标和内容

自尼采发出"一切从身体出发"的呼吁之后,人们所理解的身体就不再是一个简单的生物体,而是一个寓血肉、认知、情感与行为于一身的综合生命体,形塑人的认知、营造人的情感、生成人的价值、影响人的行为。立足学生"身体"来选择、确定劳动教育的目标和内容,实质上是基于具身认知理论要

---

① [智]瓦雷拉等. 具身心智:认知科学和人类经验[M]. 李恒威等译. 杭州:浙江大学出版社,2010.

求学校教师摆脱学科教学思维，立足身体的在场性、体验性、嵌入性和生成性，克服劳动教育中"有教无劳"或"有劳无教"的弊端，把劳动和教育有机结合起来，依据中小学生身心发展规律设计，选择和确定便于学生学习、掌握和运用的劳动教育目标和内容，突出身体参与劳动教育认知、劳动行为、劳动精神、劳动价值观养成的过程。既然身体具有生理、知觉、情感体验、行为模仿等整全品质，劳动教育的目标和内容也应该是有机的、全面的、行为导向的。这就要求中小学劳动课程必须是多元的、生活的、校本化的、项目化的、学生中心的。立足"身体"选择、确定劳动教育目标和内容，是把"身体参与"置于劳动教育的核心位置，更大程度地利用身体、通过身体、彰显身体，注重身体的感知、运动、技能、体验、表达和经验，进而实现知、情、意、行的和谐统一，实现劳动素养的整体发展。

（二）利用学生"具身"，改进、优化劳动教育方法

根据具身学习的身临性、体验性、嵌入性和生成性特点，可知身体、心智与环境融合、互动是人的知识、情感、体能等发展的手段和方式，这与《关于全面加强新时代大中小学劳动教育的意见》《大中小学劳动教育指导纲要（试行）》等重要文件规定的劳动教育思想性、实践性和社会性本质上是一致的。在具身认知看来，身体活动和所处的环境本身就构成了认识和学习的一部分，而不只是通常人们所认为的中介和手段。由此，中小学劳动教育的手段、方法应该是身体的、环境的，以项目、任务等为载体，强调参与、体验和生活化。

利用学生"具身"来改进、优化劳动教育的方法，要求中小学劳动教育要以"让身体动起来"为出发点，让中小学生全身心参与劳动教育的全程，整合身体与劳动教育环境，在劳动教育过程中解放学生的大脑、眼睛、双手、嘴巴、时间和空间，彰显身体的作用，追求身心的和谐，唤醒身体的感觉，鼓励学生进行劳动身体动作、劳动身体表达、劳动身体经验等多种身体力行的活动，进而生长新的身体经验，逐渐实现劳动素养全面、个性化发展。

利用学生"具身"来改进、优化劳动教育的方法，重视中小学生劳动教育过程中身体"物理"的与"意义"的双重建构，学生涉身劳动场域，通过听、看、说、触碰、行动等与环境交互，多感官感知经验，生成价值和经验，发展思维能力、表达能力、动手能力。

说到底，利用学生"具身"来改进、优化劳动教育的方法，就是倡导"具身劳动教育"，让学生带着激情、梦想进入到真实的劳动教育情境中，全身心投入，学思结合、知行合一、动脑动手，全面发展。

(三）围绕"身体"浸润，建构劳动教育资源

让身体浸润在劳动环境中，发挥学生身体的认知、体验和价值生成的作用，并以此完善、发展学生身心，锻炼提高学生劳动能力，是具身学习理论对中小学劳动教育指导、促进的意义所在。因此，围绕身体切入、身体感知、身体表达等身体功用的发挥、放大，建构包括劳动教育基地、实训基地、专用教室、网络平台等在内的劳动教育资源，是学校扎实开展劳动教育必不可少的重要举措，拓展中小学生劳动学习时空，赋予中小学生更多主动参与、体验劳动的时间，拓展从课堂到课外、从校内到校外的劳动生活空间，改造劳动教育环境，为中小学生身体浸润提供所需的劳动教育课程、辅助性资源、探究工具、动手实践的设施设备等方面的支持。如学校可以通过校园景观设计、开辟种植区域、创新实验室建设与开放、文艺展演平台布置等方式，精心打造参与、体验劳动教育的空间，构建"让学生身体动起来"的"小农场""小工坊"餐厅、走廊、舞台等劳动物质文化，让学校劳动教育形象起来、生动起来、活泼起来、融合起来、丰富起来，营造具身劳动所需的良好生态环境。在架构多样性、开放性具身劳动教育资源中，我们必须把握的重要原则是将劳动知识、劳动能力和劳动精神等嵌入"情境"、融入环境，让学生"做中学""玩中学""表演中学"，启发学生在真实体验的基础上质疑问难、深度思考、创生经验，历炼劳动品质和能力。

（四）促进"身体"发展，实施真实性评价

适当开展学生劳动素养评价，是有效开展劳动教育的重要条件，也是中小学劳动教育的重要内容。从《大中小学劳动教育指导纲要（试行）》的精神来看，真实性评价是解决当下学生评价中重知轻德、重结果轻过程、重鉴别轻发展等弊端必要手段。

真实性评价产生于20世纪80年代末的美国，由威金斯（Wiggins）提出，旨在克服当时教育中盛行的标准化评分方法所带来的机械化、片面性等弊端。真实性评价是通过让学生在真实的生活情境或拟真的情境中，运用所学知识完成真实性的任务，以考查学生对知识技能真实掌握程度的一种评价方法或评价理念；真实性评价的最终目的在于培养高阶思维和问题解决能力。

哈特（D. Hart）把真实性评价定义为通过观察学生在现实生活中的活动表现来对他们进行评价的方法。帕里斯（Paris）和艾尔（Ayre）认为，真实性评价是形成性的评价，可以培养善于反思的学生和教师，评价是否真实取决于当地的情境，一所学校中的真实性评价未必在另一所学校也适用。他们认为真实性评价的作用有：①支持课堂教学；②从多种活动中收集证据；③促进参与者

之间的学与教；④反映当地价值观、标准和控制措施。① 阿奇博尔德（Archbald）和纽曼（Newmann）指出真实性评价要满足三个特征：①能够创造知识；②具有严谨的探究能力；③评估的作品或表现是具有超越学校成功的意义或价值。②

从真实性评价的性质、特点和作用看，真实性评价适合具身认知理论指导下的中小学劳动教育实践。或者讲，中小学劳动教育要实现育人目标，就必须开展、实施真实性劳动教育评价。为此，劳动教育教师要树立发展学生劳动思维和实践能力的评价理念，从劳动知识、劳动技能与方法、劳动值观以及劳动成果等方面确定评价内容和评价指标，尊重学生的主体地位，为学生提供多种展示自我的机会，运用观察法、档案袋法和测验法，通过观察资料、表现样本和学生行为表现等开展劳动教育评价，推动学校劳动教育教学实践，培养学生劳动素养。

三、运用具身学习理论开展劳动教育的样例分析

作为全国劳动教育实验区，上海市宝山区十分重视具身学习理论在中小学劳动教育中的实践应用，并产生了诸如"大拇指梦工厂""张庙一条街""红领巾小农场""自然触碰"等一批成功的、富有启发意义的劳动教育案例。其中，白茅岭学校的"宣纸传承"劳动教育实践很具代表性。

该校位于安徽省宣城市白茅岭农场和军天湖农场，是宝山区教育局行政管理的九年一贯制学校，是上海市劳动教育特色校。近年来，学校围绕"努力促进每一位学生健康成长"的办学理念，秉持陶行知先生劳动教育思想，致力于探索基于"教学做合一"的劳动教育实践研究。学校因地制宜，引入非遗文化"宣纸"对学生开展劳动教育。在中国宣纸股份有限公司专业技术支持下，学校定制了体验版捞纸槽、晒纸台等设备，创建了2个"泾岭宣坊"专用教室。但是，在宣纸传承的劳动教育实践中，学校遇到"为何教？教什么？怎样教？"等问题。经专家指导和帮助，学校开展具身学习理论和国家劳动教育政策的系统学习和研究，并基于宣纸"韧而能润、洁且坚贞、搓折无损、不蛀不腐、墨

---

① Paris, S. G. & Ayres, L. R. Becoming reflective students and teachers with portfolios and authentic assessment [M]. Washington, DC: American Psychological Association, 1994.

② Archbald, D. A., & Newmann, F. M. Beyond standardized testing: Assessing authentic academic achievement in the secondary school [M]. Washington, DC: Office of Educational Research and Improvement, 1988.

韵万变"的品质特性，开发了"宣纸传承"校本劳动教育课程。通过学生身体切入、嵌进"宣纸认知""宣纸制作""宣纸使用"劳动知识和劳动技能，培养学生劳动精神、劳动品质和习惯。

首先，学校依据具身学习特点，设计开发出以宣纸知识、宣纸制作、宣纸分类、工匠精神、宣纸文创为任务模块的劳动教育课程，培养学生坚韧专注、耐心细致、精益求精等劳动素质。这些知识、技能的掌握和品质的养成，前提条件是学生要全身心投入到学习场域中。其次，在教师的引导下，学生进行观察、模仿、体验、探究、亲手制作。整个学习过程主要分为宣纸的"认知""制作""应用"和"评价"四个环节组成。

宣纸认知。主要在教室和"泾岭宣坊"中进行，教师与学生合作互动，通过视频、演讲、表演等讲解宣纸的故事和历史、宣纸的品质和用途等，把学生带入生动、美好、感人的情境之中，让学生在情理交融中了解其制作工艺，感悟宣纸魅力、体会文化意蕴、提升审美内涵，初步培养学生对中华优秀文化传统、中华民族劳动美德的认同与敬仰。

宣纸制作。教师现场讲解、示范后，学生依据教师要求和工艺要求自己动手调浆、捞纸、烘纸、揭纸，经历整个制作流程，体验其中的艰辛和乐趣，反思自己的技术和手艺，增强对劳动人民的感情和对劳动成果的珍视。制作过程需要学生合作，更要求学生观察、体悟工艺，思考和积累经验。

宣纸使用。在教师的组织、指导下，学生在泾岭宣坊内使用自己制作的宣纸，书写毛笔字、描摹中国画、印刷木活字、制作纸花艺等，这个环节也可以看成是宣纸传承学习的拓展，学生身体沉浸在艺术化的环境中，通过书法、绘画、制作、表演等方式亲身进行观察、想象、创造等具身活动，培养自己的创新能力、审美能力和审美情趣。学校借助宣纸使用这个任务群，创设有色、有形、有像的劳动教育情境，引导学生进入特定的情境氛围中，帮助他们进一步体会中华文明的瑰丽和伟大，体验劳动创造知识、创造美好的价值和意义，同时养成合作、专注、坚韧、执着等良好的劳动品质，进而提高自己的劳动创造和艺术表现能力。

评价。对学生的评价贯穿于整个"宣纸传承"劳动教育过程，以教师评价、学生自评和同伴互评三种形式的评价为主，包括教师口头评价、同学活动中互评、活动结束后作品展示等，注重学生劳动能力和态度的养成，兼顾学生对宣纸特性、历史和工艺知识的习得。通过这种真实性评价、发展性评价，学生建立起劳动自信，初步掌握宣纸制作技能，养成合作劳动、科学劳动、创新劳动的品质。

我们之所以把"宣纸传承"劳动教育看成是中小学劳动教育创造性运用具

身学习的一个成功典范，是因为该校始终坚持和贯彻"心智是一种身体经验，让知识经过学生的身体"学习理念，"宣纸传承"劳动教育创造性地实施、践行具身学习理论，把"默会知识"和"亲知"渗透到课程编排和劳动实践中。在具体的劳动教育过程中，几乎每个环节都安排了学生"学一学""议一议""说一说""做一做""画一画""探一探"等。如在宣纸制作过程中，"学一学"是学生自主观看视频，初步了解宣纸制作的原料、工艺程序等；"议一议"，是让学生小组议论"捞出来的湿纸是如何一张一张地被分开的"；"做一做"是学生运用学到的工艺知识和技能，与同学一起制作若干张宣纸；"探一探"是"让我们探一探宣纸可以纸寿千年的秘密"。整个学习过程都紧扣学生的身体体验和感知，劳动教育表现为在结构性环境中学生视觉、听觉、触觉和动觉等多通道的整合过程，表现为师生之间、生生之间身体的交流互动、经验和价值生成、知识迁移、行为改变与能力提高的过程。

"宣纸传承"劳动教育课程能够得以顺利和有效实施的另一个重要原因是该校重视劳动教育环境创设，大力推行"师徒制""小先生"和学生作品展示。学校通过改造，建设了宣纸制作坊、国画学习教室、书法学习教室、木活字印刷坊、宣纸花艺制作坊、学生作品陈列室等一系列由宣纸制作、应用串联起来的劳动教育资源；聘请社会能人作为学校劳动教育教师，以师傅带徒弟的形式培养宣纸制作、手工制作技能；定期展示学生纸艺、画艺、书艺和印艺。每当有同行来校参观、考察，学校的必备"节目"是引领他们进入这些场所，近距离观看学生的劳动过程和作品，或与学生互动，体验宣纸制作、活字印刷等活动，激励、促进学生全面发展。

第五章 区域高品质劳动教育基地学校建设策略

劳动教育是中国特色社会主义学校教育的重要内容，是中小学立德树人的主要教育形式和途径。"区域高品质推进劳动教育"项目的重要举措和目标任务之一，就是把50所有一定劳动教育基础并愿意把劳动教育特色作为学校发展战略目标的中小学、幼儿园打造成区域劳动教育基地学校、幼儿园，使之成为撬动区域劳动教育整体发展的劳动教育特色学校、示范学校。《国家中长期教育改革和发展规划纲要（2010—2020）》指出："树立以提高质量为核心的教育发展观，注重教育内涵发展，鼓励学校办出特色、办出水平，出名师，育英才。"基地学校建设是世界各国解决教育发展不均衡，提高教育整体质量的成功经验，值得借鉴。下面结合两年来"区域高品质推进劳动教育"项目实施情况，简单介绍基地学校建设情况及其成效。

一、学校定向，认真开展初态调研

早在2019年11月"城乡一体化地区整体推进劳动教育实践"课题组成立不久，我们就采取区教育局职能科室负责人、教研员推荐，学校自荐等办法初步拟出了40多所中小学、幼儿园劳动教育基地建设意向名单，然后制订调研计划，开始初态调研。课题变更为"区域高品质推进劳动教育"项目之后，初态调研就成为一个推动基地学校建设重要措施，其主要目的是了解学校劳动教育基础条件和实际状况，确认学校或幼儿园成为基地学校的动机和打算，指导编制学校作为劳动基地学校、幼儿园的劳动教育发展规划。从2020年10月开始到2021年4月历时5个月，项目组走访40多所学校，行程2000千米，听取专题汇报60次，基本摸清了基地学校劳动教育发展现状和存在的问题，为编制区域劳动教育发展规划掌握了一手材料，也为指导基地学校未来建设做了必要的准备。

在调研过程中，项目组感觉到：①基地学校领导普遍认真学习过《关于全面加强新时代大中小学劳动教育的意见》，重视劳动教育；80%的学校成立了学校劳动领导小组，或指定了专门负责劳动教育学校领导人员。②基地学校按照国家要求在劳动教育方面做了很多努力和尝试，取得了一定的成效，大部分学校都有自己的拳头"产品"或亮点项目，积累了自己的经验。③70%以上的学校，特别是一些高级中学对学校劳动教育未来发展有所思考和安排，大部分学校有了系统的规划。但是，我们也发现了一些共性问题：①学校榜样示范角色意识不强烈，大部分学校只满足于自己贯彻执行《关于全面加强新时代大中小学劳动教育的意见》，做好自己学校的劳动教育，忽视了作为基地学校引领、辐射的责任；②有半数以上基地学校把学校劳动教育未来发展规划等同于学校劳动教育基地建设规划，因此在规划中缺少实验项目、攻关课题或者未找准学校劳动教育"最近发展区"；③经费不足，劳动场所和设施欠缺，学校急需的劳动教育设施设备等缺少资金保障。

调研过程中，项目组成员积极、热情、耐心地与基地学校互动研讨，提出了近300多条诊断性意见。如：建议重视陶行知"生活教育"理论的学习和运用，全面把握劳动素养的内涵；提醒学校不能用站在德育角度思考劳动教育，不能把劳动教育当成学科教育；要树立劳动教育是实践性、思想性、社会性、综合性很强的教育；学校劳动教育基地建设规划一定要有系统性、整体性，要注意发挥学校的优势等。

二、研制管理制度与机制，规范基地学校建设

2010年，为推动新课程实施，提高课堂教学质量，上海市教研室推出了"学科基地学校"建设的计划；2014年，国家教委在年度工作重点中，教育部在2014年工作要点中就明确提出了"遴选建立中小学学科教育教学研究基地"的工作的要求。可见，学科基地学校对于促进教学改革的作用。《关于全面加强新时代大中小学劳动教育的意见》和《大中小学劳动教育纲要（试行）》把劳动教育规定为一个类型的"教育"，具体实践时势必会遇到一些问题，需要教育科研人员和基层学校加强沟通与合作，需要一线教师在教科研人员的指导下开展有关政策、方案的实验；需要基层学校提供实验场所和问题实践来源；更需要学校总结、应用成功的经验并加以推广、辐射等。正是基于这些考量，"区域高品质推进劳动教育"项目十分重视劳动教育基地学校、幼儿园的建设。其重要抓手之一就是，联合开展了"基地学校管理办法"研究、编制，并初步制定了《宝山劳动教育基地学校管理》，主要精神是：

第一，明确定位和职责。建设"基地学校"，是"区域高品质推进学校劳动教育"项目的要素，是持续推动学校劳动改革发展的长远之策。"基地学校"要成为模范执行国家、市和区域劳动教育方针、政策，规范实施劳动教育

的组织，成为项目组和区域劳动教育教研员定点开展教研、教学、调研、指导、培训、服务等活动的重要据点。基地学校、幼儿园要承担"劳动教育课程与教学""劳动教育校本课程""学生劳动素养评价""教师专业发展""家、校、社区劳动教育合作""劳动教育经验与成果转播"等方面实践和探索的职责。为此，要求基地学校、幼儿园要认真学习、贯彻、执行党和国家发布的《关于全面加强新时代大中小学劳动教育的意见》和《大中小学劳动教育指导纲要（试行）》和上海市颁布的《中共上海市委、上海市人民政府关于全面加强新时代大中小学劳动教育的实施意见》，高度重视劳动教育的实施，确立"先行先试"，创造性地上好国家规定的课程，完成"区域高品质推进学校劳动教育"项目布置的任务，率先成为劳动教育"达标校"、争作区域劳动教育"示范校"。

第二，科学规划学校劳动教育，做好基地学校建设顶层设计。各基地学校要从五育融合，立德树人，培养德智体美劳全面发展的社会主义接班人和建设者的高度，科学地编制学校、幼儿园劳动教育发展规划，从课程建设、师资队伍建设、设施设备、学校劳动教育管理与评价、学校家庭社会合作育人等几个方面，做好学校基地建设的顶层设计；特别强调基地学校、幼儿园要从自己学校、幼儿园的实际和优势出发，精心谋划、培养自己的劳动教育特色项目和课程，找准自己的实验项目，加以研究、探索和攻关，打造劳动教育亮点，整体提高学校劳动教育的水平和质量。

第三，做"实"研究，做"强"项目。基地学校、幼儿园要在项目计划的指导下，与项目组研究人员紧密合作，开展劳动教育校本课程建设、有效劳动教育方法手段研究和实践，做"实"劳动教育课程与教学研究，做"强"学校特色项目或优势项目。同时，项目组研究成员要找准基地学校建设的重点、难点和"痛点"精准施策，组织教师培训、课题研究，推动基地学校、幼儿园劳动教育优质发展。

第四，加强课程和师资队伍建设，提高学校劳动教育能力和水平。基地学校、幼儿园要以科研为先导，软硬兼顾，抓住课程和教师队伍建设等重点，综合施策：完善学校劳动教育必修课、选修课及其配套管理制度，重点开发2到3门校本课程，为项目贡献一门区域共享课程；做好家庭劳动教育清单、校园劳动教育清单工作，搞好服务性劳动，创新劳动实践活动，积极开展家校社会合作育人，打造学校劳动文化，提高学校劳动教育实效；基地学校、幼儿园要重视自己的劳动教育教师队伍建设，做好专职劳动教育教师和兼职教师队伍的管理、录用工作；主动与项目组联系，加强校本培训，改进劳动教育教师工作条件和学校待遇，促进教师专业发展。

第五，鼓励基地校及时总结、传播成功经验，发挥示范和辐射作用。劳动教育基地学校和幼儿园是"区域高品质推进劳动教育"项目的先行者、排头兵和实验田。我们建议区域教育行政部门要从资金投入、教师配备、场地设施建设、课程开发等几个方面给予政策支持与保障，使每个基地学校、幼儿园成为模范执行党和国家劳动教育政策、实施劳动教育的榜样，发挥示范、辐射作用。基地学校要有担当和作为，在学校劳动教育课程落实、方法与活动创新、管理与评价实验等方面积极开展课题研究、项目攻关，建构自己的劳动教育管理体系，及时总结、提炼自己成功的做法和经验；做到每年面向全区举办一次劳动教育成果展示、举办一次校本研修经验交流，每学期承办一次教师专题培训活动，在整体提自己劳动教育效益的同时，为区域中小学劳动品牌建设作出应有的贡献。上海市宝山区的成功做法之一，就是开通了"行知行"劳动教育微信公众号，并有专人负责，现实规定每个基地校、幼儿园都必须在公众号宣传、介绍自己的劳动教育特色、成效等；轮流发布后，不定期推优介绍基地校实施劳动教育的情况。仅 2022 年 4 月、5 月，就有杨行中心校、通河新村幼儿园等 10 多基地学校、幼儿园上了"行知行"劳动教育微信公众号，传播了建设劳动教育特色的经验和信心。

三、规划先行，引领基地学校统筹发展

在《辞海》中规划亦作规划，是谋划、筹划的意思，后来亦指较全面或较长远的计划。在现代管理学看来，组织规划是为了组织的发展、管理变化而采取的必要行动，是对组织发展过程进行描述且更为规范化的一种解释，是施加给组织的一种具有创造性的革新方式。楚江亭先生在其发表于《教育理论与实践》2006 年第 6 期的《关于制定学校发展规划有关问题的思考》一文中，指出"学校发展规划在一个学校的发展过程中是具有方向性、引导性的，好的发展规划能够充分调动各方面的积极因素并获得广泛的认同，并使一个学校的师生员工在实施发展规划的过程中，能自觉围绕其所要达到的目标开展各项工作，并通过定期讨论、反思和评价来完善发展规划，改善学校的管理工作，同时促进社区关注并支持其健康发展"。可见，规划对学校工作的重要性和必要性。2021 年 4 月，为了推动基地学校、幼儿园建设，"区域高品质推进劳动教育"项目组发出通知，要求各基地学校、幼儿园必需编制自己的基地建设 5 年发展规划，凸显自己的劳动教育特色和改革计划。项目组还用书面的形式，提出了规划的文本要求，即规划内容的组成部分：第一，要有学校劳动教育情况的总结和分析，梳理出成绩和经验，找准存在的问题和不足；第二，要设计确

定出自己的可行性、激励性的建设与发展目标，目标中必须有学校劳动教育特色发展内容和要求；第三，要开齐开足市规定的劳动教育课程；有家庭劳动、校内劳动和社会劳动等教育内容的安排和活动落实；第四，要有课程开发计划和重点实验项目；第五，要有组织和资源保障。

通知发出以后，基地学校、幼儿园积极行动起来；期间，一些基地学校还主动与项目组理论研究人员联系，要求给予指导。项目组外聘专家和成员也积极回应，实地指导学校编制建设规划。至 2021 年 7 月，50 所基地学校和幼儿园都上交了自己的规划。现原文摘录 7 所学校、幼儿园建设规划部分内容，以示说明。

1. 行知中学的建设与发展目标

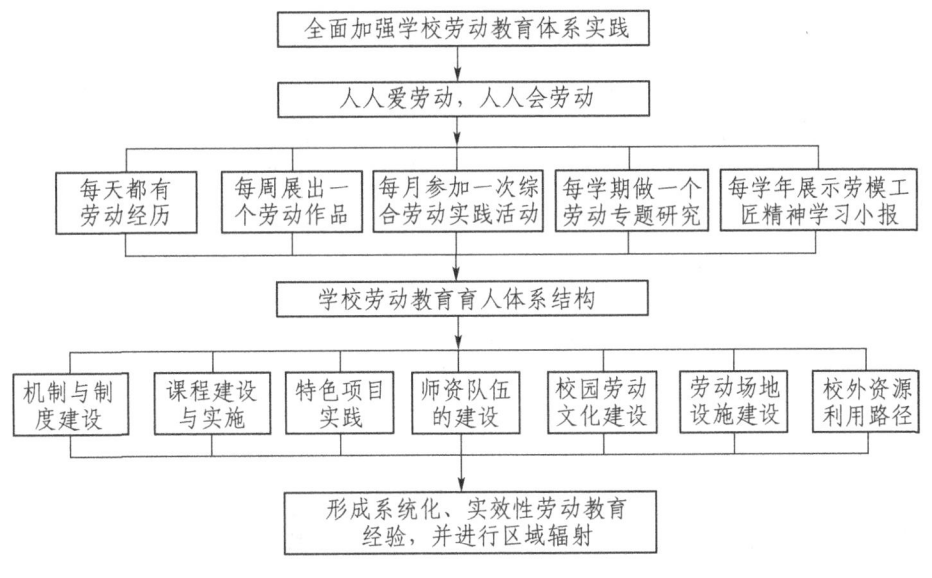

学校未来五年劳动教育的整体框架

2. 上海外国语大学附属宝山双语学校劳动教育基地学校建设与发展目标

建立起形式多样、机制健全的劳动教育体系；提高全校学生的劳动素养，形成良好的劳动习惯和积极的劳动态度；打造劳动教育品牌；初步形成学校劳动教育课程体系，形成具有北郊特色的职业体验活动，将学校打造成区内优质劳动教育基地学校，并在区域内进行经验辐射和相关资源共享。

3. 杨行中心校未来五年劳动教育重点项目与特色建设

坚持"五育并举"教育理念，以学校"尚美育人"建设为着力点，探索劳动课程整体构建，继承和发扬学校在艺术、科技、体育等方面传统特色课程的基础上，不断丰富课程内容，持续改进课程设计，完善课程结构，推进劳动课程的质量，以此彰显学校课程特色，打造精品课程。

4. 同泰路小学未来五年劳动教育重点项目与特色建设

A. 重点项目

（1）加强劳动课教学研究，提高课堂教学的实效性。

组织劳动课教师认真研究教育大纲和教材，理清劳动课的知识目标、能力目标和态度、思想观念目标，大力加强基础知识、基本技能和能力以及劳动态度观念的培养，努力探索劳动课教学新路子。积极探讨课程删减整合，并结合教学实践编制切合学生生活实际，体现时代特点的劳动课教材，不断丰富劳动课程的内容和形成。课堂教学中重视加强教与学的结合，创造条件指导学生实际操作，促进学生劳动技能的形成。

（2）制定切合学生实际的劳动教育要求，编制劳动教育校本教材。

结合新时期劳动教育的新精神，以培育劳动"小能人"作为学校劳动教育的育人目标，劳动教育课是新生入学的第一课。根据学生身心发展的特点，以及学校自身的实际资源，制定出各个年级学生争当"小能人"的劳动实践规范要求，为今后学校劳动教育的开展奠定了坚实的基础。每个年级都有劳动教育的内容，但是由于学生的年龄特点，各年级的劳动教育要求不同，呈螺旋上升的态势。

年级	学校劳动教育的要求
一年级	学会整理文具盒、作业本和书包；会扫地、排桌椅，保持桌肚整洁；会收拾、整理自己的小餐包；初步知道"小能人乐农园"（"小能人乐农园"是学校校园内特地开辟的学生劳动基地）中的植物的名称
二年级	能独立整理书包，并按课程表准备好学习用品；能保持课桌椅及其地面整洁，认真完成值日生工作；知道"小能人乐农园"中植物的种类及名称
三年级	能与同学合作完成包干区打扫工作；学会整理图书角并保持其整洁；初步知道"小能人乐农园"中植物的生长条件、营养价值

续上表

年级	学校劳动教育的要求
四年级	能照料好班级的生物角；学会图书角借阅的管理工作；参与"小能人乐农园"的管理工作；知道"小能人乐农园"中植物的属性、生长特点、生长周期等
五年级	能参与"小能人乐农园"植物的种植与日常护理，并能够帮助低年级打扫卫生和管理"小能人乐农园"

（3）家校结合开展多种形式的劳动竞赛，提高学生劳动的积极性、主动性。

新书发到学生手中后，便开展包书皮比赛。结合中国少年雏鹰行动，让孩子们进行自我服务劳动，如穿衣服、洗手帕、整理书包等。劳动竞赛不仅开展于校内，并可延伸到家庭，如配合家长制订劳动计划，放手让学生参加劳动，培养劳动兴趣。通过多种劳动竞赛，不但培养了学生的劳动能力，而且使他们懂得劳动是为人民服务，为社会做贡献的道理。

年级	家庭劳动教育的要求
一年级	在家能垃圾分类，学洗袜子、红领巾，会剥豆，学习用扫把扫地、会用畚箕，会洗水果，当客人来访时，学会泡茶招待客人等
二年级	用拖把拖地，饭前帮家人盛饭、摆碗筷，饭后收拾、擦桌子、并学习洗碗筷，会淘米并能用电饭煲烧出软硬适中的米饭
三年级	会洗自己的鞋子，帮家人擦皮鞋，会用水果刀削瓜类或水果的皮，会打死结、活结、蝴蝶结，认识、洗切葱、姜、蒜
四年级	整理自己的衣橱衣物，自己养一种小动物，独立上超市购物，熟练系鞋带，学会烧一个蔬菜
五年级	学会整理换季衣服，照顾小弟弟、小妹妹，坚持每周至少洗一次碗及清理灶台

（4）健全评价机制，巩固教育效果，让他们自觉劳动。

健全小能人劳动教育的评价机制，引导学生主动参与评价，不断激励学生的劳动热情，自觉端正劳动态度，是取得良好的劳动效果的重要保证。采用多元化的评价方式如：①学生自评；②学生互评；③家长参与评价；④教师评价。

B. 特色项目

（1）祖辈话劳动。

同泰路小学是一个有着悠久历史的学校，建校62年以来，培养了一批又一批的同泰小能人，在吴淞地区享有盛誉。我们学生的父母甚至爷爷奶奶辈都是毕业于同泰路小学。利用这样的资源，我们将以时间为线索，发掘出这样一批家长以校外辅导员的身份进入学校，为学生现身说法，谈他们那个时代的劳动项目、劳动体会，并指导学生劳动。

（2）校友说劳动。

同泰路小学毕业的学生走向了社会，他们服务于不同的岗位，为社会创造了不同的价值。我们将汇聚不同岗位的校友们，以微课堂的形式为学生讲述自己的劳动经历，实现大手牵小手的目的，在小学阶段为学生的职业规划埋下种子。

5. 上海世外教育附属宝山中环实验小学"区域高品质推进学校劳动教育"劳动教育五年发展目标

构建以学校为主导、家庭为基础、社会全方位支持的贯通一体、开放协同的劳动教育工作格局，引导学生辛勤劳动、诚实劳动、创造性劳动，努力培养担当民族复兴大任的时代新人，培养德智体美劳全面发展的社会主义建设者和接班人。

6. 红星幼儿园基地建设性与发展目标

（1）基于幼儿生活教育，注重劳动意识启蒙，构建幼儿园"行知行"食育课程，从"食知""食趣""食操""食礼""食情"五个方面开展食育教育。

（2）从理论上和实践上探索幼儿食育进课堂的方式、教学内容，逐步精细化地规范幼儿"食育"内容。

（3）运用多方平台如掌通、掌上慧学App积极推动优质食育资源的共享。

（4）通过课题引领等方式，打造幼儿园食育课程、梳理形成以食育为载体的劳动教育渗透方案、节假日劳动教育模式等系列内容并辐射全区教师。

7. 馨佳苑幼儿园未来五年劳动教育重点项目与特色建设

时间	重点项目与特色建设——"布言布语"劳艺活动
2021年	1. 邀请专家面向全体教师、各班家长代表进行布艺相关的讲座宣传，并指导教师、家长现场体验 2. 设立"布艺劳动日"，由劳动社团设计组织，让幼儿实践体验布艺劳动活动 3. 将布艺成品纳入幼儿园环境之中，由环境组领衔规划布置 4. 探索布艺劳动与主题下的个别化学习活动的整合。如：借助布艺绘本，感受手工艺品特有的艺术美感，萌发想要制作各类布艺手工艺品的兴趣，并在实践的过程中体验、积累相关文化认知经验
2022年	1. 开展教师技能培训，例如布的织染系列、布的精剪系列、布的缝制系列等，为提升教师对幼儿活动中的指导提供专业支持 2. 建立"布艺工坊"，逐步完善工坊内的相关设备及材料提供，以保障布艺劳动活动的开展，并组织LOGO征集活动，为布艺工坊挂牌 3. 通过"养蚕行动"的推广，拓展布艺劳动的外延 4. 继续探索推进布艺劳动与主题下的个别化学习活动的整合
2023年	1. 组织开展教师布艺技能大比拼，提高教师的专业技能 2. 搭建平台，组织幼儿实地参观、感受布艺劳动生产的不易；开展系列化体验活动，提升动手实践能力 3. 逐步形成以布艺产品为载体的"为弟弟妹妹送见面礼""毕业季爱心义卖""重阳节关爱老人""新年礼物分享"等以"特定日"为主题的既定主题活动，通过活动让幼儿感受劳动的价值

续上表

时间	重点项目与特色建设——"布言布语"劳艺活动
2024 年	1. 继续完善围绕"特定日"开展的主题系列活动，从定时、定点、定内容出发，不断完善布艺劳动课程，并邀请专家进行指导 2. 积极开展家庭布创行动，并借助微信、晓黑板等多媒体工具进行线上评比、推广
2025 年	1. 打造具有班级特色的布艺劳动活动 2. 梳理积累的劳动教育案例，形成布艺劳动案例集

从以上 5 所学校、2 所幼儿园的劳动教育发展规划中部分内容来看，基地学校、幼儿园都很重视规划编制，每个规划基本做到了，与学校办学愿景相融，基地建设有理念、有目标、有内容、有重点、有措施，具有激励性和可操作性，能够统一思想、凝集力量，引导学校劳动教育有质量、有特色地发展。

四、引导基地学校结合实际开展劳动教育实验或课题研究

开展劳动教育实验，这为"区域高品质推进劳动教育"项目基地学校的性质所决定；而课题研究则是提升教师专业水平，促进劳动教育发展的现实需要。因此，结合学校改革发展实际，开展教育实验，或者课题研究，或者将两者有机结合，是切实加强"区域高品质推进劳动教育"项目基地学校建设的首要之举。作为"区域高品质推进劳动教育"项目基地学校教育实验或课题研究，项目组认为应该突出以下两点：

其一，突出"区域高品质推进劳动教育"的特点。在调研过程中，我们发现自觉把自己学校劳动教育的改革、创新与"区域高品质推进劳动教育"项目联系起来的学校不多；如果说有实验或课题研究，也是站在改进学校德育的视角，"区域高品质推进学校劳动教育"项目勾连不紧，也没有体现项目的整体要求和特点。因此，项目组要求学校在设计、确立劳动教育实验或课题研究主题时，要以陶行知"生活教育"理论作为劳动教育实验或课题研究的指导思想，并将学习、研究陶行知教育思想贯穿于劳动教育实验或课题研究；劳动教育实验或课

题研究要具备"真实性、生活性、实践性",通过解决学校劳动教育中存在的真问题,促进学校劳动教育基地建设,发展学生劳动素养。以沙浦路幼儿园"生活小能手培养"劳动教育实验为例。该园遵循陶行知先生"在生活中教育,用生活来进行教育,为改善生活而教育"的思想,针对幼儿发展特点,以《生活活动》课程为基础,进行"生活小能手"家园共育实验,丰富幼儿生活体验,对幼儿实施劳动启蒙教育。

其二,实验或研究的主题,既要与学校劳动教育特色相关,又要促进学校劳动教育的发展,还必须具有新意,最好能给人眼睛一亮的感觉。例如,白茅岭农场学校的2021年上海市学校德育"德尚"课题"皖南农场学校基于中草药文化传承背景下的劳动教育综合实践课程研究",就是这样一个课题,紧扣学校主打的劳动教育特色——中草药种植,又从课程实践的角度求解问题,能够促进学校劳动教育实施。

大场中学是上海市初中强校工程建设学校,2019年学校立项了区级重点课题《"支点式"劳育课程促进家长学校建设的实践研究》,2020年开题时,专家给出的意见是:

本课题研究方案建立在对学校劳动教育与家庭教育现实困境和文献研究基础上,既回应了党和国家加强大中小学劳动教育方针政策,又关注了学校劳动教育中家校合作的难点和痛点;课题以"'支点式'劳育课程促进家长学校建设的实践研究"选题的角度和名称都契合当下中小学教育发展的趋势和热点,具有一定的前瞻性、先进性。课题重点阐释了"支点式"教学、家长学校和"创意饭团"劳育课程,把研究重点放在鼓励家长参与、促进家长学校建设,帮助家长提高家庭教育能力与效果上,并把研究难点界定为:探究劳育课程与家长学校建设效果之间的相关性。应该讲课题研究方案思路清晰,把握了课题研究的重点和关键。课题研究采用了文献研究、行动研究、准实验研究等多种方法,分筹备阶段、实施阶段与总结反思三个阶段,由校长领衔的课题组负责实施;具备了课题研究的充足条件,可以预见,研究会有效、顺利进行,取得理想的结果。当然,如果开课报告对研究目标能进一步做明确、具体地设计,对研究内容能进一步聚焦到"支点式"劳动教育课程的内容与在家庭学校中使用,那么就更能让人相信课题值得研究、研究结果值得期待。

为了推动基地学校开展教育实验和课题研究,"区域高品质推进劳动教育"项目组还提出以下课题指南:

(1)"区域高品质推进劳动教育"项目实施策略研究(劳动教育课程有效

实施策略、学科劳动教育策略、学校团队活动中的劳动教育）。

（2）"区域高品质推进劳动教育"项目校本课程开发实践研究。

（3）基于学校劳动教育特色建设的学校隐蔽课程建设研究。

（4）学生劳动素养评价研究。

（5）"区域高品质推进学校劳动教育"项目管理机制研究。

（6）"区域高品质推进学校劳动教育"项目家校合作策略研究。

（7）学校劳动周意义、内容与运行管理研究。

（8）学科劳动教育的策略与评价研究。

（9）服务性劳动教育课程化实施研究。

（10）小学生劳动精神培养的目标、内容和方法途径。

上海大学附属宝山双语学校是一个建于2008年的9年一贯制公立学校，十分重视劳动教育。学校围绕"为了每一个孩子的美好未来"积极开展学生生活劳动教育、职业体验和校园种植劳动教育实验。他们与上海农科院合作，以"香草种植与加工"为实验项目，把劳动教育、探究性学习和项目化学习结合起来，开着以培养学生观察能力、动手能力、探究兴趣和良好劳动习惯的劳动教育实验，让学生"手脑并用、出力流汗"。到笔者撰稿时间为止，学校已开发校本劳动教育课程近20门，涵盖家务劳动、校园劳动和社会劳动，形成了从小学低年段到高年段到初三的劳动教育课程体系，开展了丰富多彩的劳动教育主题活动。学校劳动教育实现了跨越式发展，现已成为上海市劳动教育特色学校。

五、分类指导、重点推进

在新形势下如何有效开展劳动教育，是当前中小学共同探索的课题。作为"区域高品质推进劳动教育"项目基地学校，遇到的困难与问题可能比一般学校还要多。在走访基地学校时，很多校长都表达了希望得到更多的智力支持。为此，宝山区劳动教育研究与指导中心协同"区域高品质推进劳动教育"项目组采取了"分类指导、重点推进""区域高品质推进劳动教育"劳动教育基地学校建设的行动。

所谓"分类指导"，就是对幼儿园、小学、初中和高中区别对待，指定区教育学院学前教育教研员、小学教研员、初中教研员和高中教研员全程跟踪指导；同时把实验项目、课题研究内容相似，培植特色相近的学校划分为一类，进行指导。例如，杨行中心小学、泗塘二中、大丰农场学校、上海市宝山区第三中心小学等学校都具有开展基于"绿色种植"的劳动教育需要，宝山区劳动教育研究与指导中心就专门聘请上海市农科院高级农艺师、马坤博士不定期到这些学校指导。

所谓"重点推进"就是"区域高品质推进劳动教育"项目组在统筹安排、全面考察的基础上，对基地学校重要实验项目、重大课题或重要课程进行支持，帮助尽快尽早完成，以带动整个"区域高品质推进学校劳动教育"项目。以上海市宝山区第二中心小学的"大拇指梦工厂"劳动教育课程开发与实施为例。"大拇指梦工厂"是以小学阶段学生能够胜任的生产劳动为核心，集设计、制作、宣传、销售为一体的跨学科综合课程群。其主要目标是帮助学生获得有积极意义的劳动价值体验，培养学生热爱劳动、尊重劳动的观念，掌握基本的劳动技能，学会创新。该课程包含"职业体验"与"生产劳动"两个模块内容，涉及校园岗位劳动和生活自理劳动。区劳动教育研究与指导中心认为该课程群蕴含着"生活教育"理念，能够体现"区域高品质推进劳动教育"项目劳动教育的宗旨，值得发展和推广。所以，"区域高品质推进劳动教育"项目组给予大力支持，多次组织专家到学校诊断、指导。目前正在帮助学校整理、提炼，计划在2022年开发出完整、成套的校本教材，试用一段时间后，在其他同类"区域高品质推进劳动教育"项目劳动教育基地学校中推广、应用。

2022年5月，教育部发布了《义务教育劳动课程标准（2022年版）》，为了帮助基地学校做好劳动教育清单，同时也是促进学校利用劳动教育清单贯彻执行课程标准，笔者作为"区域高品质推进劳动教育"项目项目负责人先后在5月23日、6月8日和25日为基地幼儿园、基地小学、基地中学做"幼儿劳动教育清单的编制与实施"。

"义务教育劳动教育清单的编制与实施"和"中学劳动教育清单的编制与实施"专题辅导讲座，指导基地学校依据不同学段学生特点和教育目标，有效编制、实施恰当的劳动教育清单。

六、加强交流和宣传，激发学校的主动性和创造性

为推动基地学校、幼儿园建设，在"区域高品质推进劳动教育"项目组建议下，宝山区开设并运行了"行知行"劳动教育公众号，不定期推介基地学校、幼儿园劳动教育实施情况。迄今为止，先后宣传介绍了行知中学、吴淞二

中、三湘海尚幼儿园等20多所学校、幼儿园的劳动教育特色和主要亮点。《宝山教育》也开辟了"区域高品质推进劳动教育"项目劳动教育专栏，每期固定刊发3到5篇教师劳动教育科研论文与案例，现已登载了30多篇包括基地学校经验介绍等30多篇文章；2021年10月推出了《宝山教育·"区域高品质推进学校劳动教育"劳动教育专刊》。2022年4月《现代教学·思想教育》还推出一组"区域高品质推进劳动教育"项目劳动教育专稿，介绍宝山中学等6所劳动教育基地学校、幼儿园劳动教育。

"区域高品质推进劳动教育"项目组正在组织策划建立基地学校、幼儿园交流机制，不日将推出幼儿园、小学、初中和高中校长和劳动教育项目负责人联席会议制度、沙龙与论坛制度，加强基地建设经验交流与问题研讨，分享智慧，激发基地学校、幼儿园的主动性和创造性，推动基地学校、幼儿园建设；同时，借助各种"区域高品质推进学校劳动教育"项目劳动教育技能大赛、作品展示、同课异构等活动来促进教师的发展成长，进而发挥基地的辐射引领作用。

当然，"区域高品质推进劳动教育"项目组成员也经常走出去参观学习。笔者于2021年5月就带着5位基地学校劳动教育负责人赴河南郑州艾瑞德国际学校参加首届"中原教育论坛"，倾听了北京师范大学檀传宝、国家督学成尚荣等名家大咖的精彩报告、参观了艾瑞德的"四园联动"劳动教育（校园责任劳动、田园生产劳动、家庭生活劳动、社会公益劳动），学习了其他省市学校劳动教育经验。我们期望通过一系列外出培训、参观打开"区域高品质推进劳动教育"项目基地学校的视野、启迪他们的智慧、激发他们的信心，建设好自己的劳动教育基地。

七、建立长效评价机制，促进基地学校、幼儿园劳动文化建设

早在2003年，宝山区教育局在基本完成了全区中小学标准化建设工程之后，为全面推行素质教育，提出"用文化的方式发展有灵魂的教育"的基础教育发展战略。重视学校文化建设，发挥文化综合与人、全面育人的作用，一直是宝山区教育发展的策略。《关于全面加强新时代大中小学劳动教育的意见》也倡导营造劳动文化，要求"营造全社会关心和支持劳动教育的良好氛围"。"区域高品质推进劳动教育"项目组积极支持学校劳动教育文化建设，指导基地学校、幼儿园提炼自己的劳动教育理念，建构包括劳动教育学科课程、活动

课程和隐蔽课程在内的学校劳动教育课程体系，完善学校劳动教育管理与评价机制、树立学校劳动典型人物、积累学校劳动教育成功案例，打造让学生动手实践、出力流汗、接受锻炼、磨炼意志，培养学生正确劳动价值观和良好劳动品质的劳动教育文化。

2023年是宝山区学校劳动教育文化年，项目组将与宝山区劳动教育研究和指导中心合作，编制、出台《宝山区学校劳动教育文化建设指导意见》、推出《宝山区劳动教育基地学校、幼儿园管理办法》，推动基地学校、幼儿园从劳动教育精神文化、课程文化、制度文化和物质文化等几个方面建构自己的学校劳动教育文化。

合理的评价、适度的奖惩有利于调动基地学校、幼儿园工作的积极性、创造性，进而推动学校、幼儿园劳动教育研究和实践。迄今为止，"区域高品质推进劳动教育"项目组已初步研究、制订了包括学校劳动教育实践、劳动教育教师和学生劳动素养的评价指标体系；宝山区劳动教育研究和指导中心正在与区教育督导室合作，编制学校劳动教育督导评估体系，开展劳动教育专项督导，试行"基地学校、幼儿园"奖励和淘汰机制，建立长效评价制度，促进基地学校、幼儿园劳动文化建设，保障劳动教育高品质、可持续发展。

"率先而为，充当模范"外因是变化的条件，内因是变化的根本和依据。如果以上所述七项措施，是从外部要求、支持、促进基地学校、幼儿园发展的话，那么，"率先而为，充当模范"则是从内部、基地学校和幼儿园内部动因方面，激发其积极性、创造性、坚持性等方面，开展劳动教育实验和特色建设，成为宝山区劳动教育的先锋和榜样。

"率先而为，充当模范"意为基地学校、幼儿园依据"区域高品质推进学校劳动教育"项目统一部署，积极主动地参与"区域高品质推进劳动教育"项目实验任务，组织学校教师率先行动，积累经验；或推广某些做法，为其他学校跟进"试水""探路"；最终成为劳动教育课程建设、教育教学方法、管理评价等方面的成功者、领路人。2022年4月，宝山区教育局组织全区中小学开展"学生劳动教育清单的编制和实施"。理想的劳动教育清单应该具有什么要素？在实施运用过程中要注意哪些问题、有什么要求等，"区域高品质推进劳动教育"项目内部没有统一的认识，也拿不出具体模板。于是，基地学校、幼儿园就站出来"先行先试"，经过近一个月的实验、打磨，项目组认识到劳动教育清单相当于劳动教育活动课程，有利于把学校劳动教育目标和内容的实现，能促进学校劳动教育生活化、行动化；同时要基本掌握劳动教育清单编制和实施的要求。目前，基地学校、幼儿园相较于其他学校在编制和实施劳动教育清单等领域更具经验和信心。又如，在义务教育阶段如何开展生产性劳动教育，是一个引起普遍关注的课题。为此，基地学校白茅岭农场学校，以区重点课题"基于非遗文化资源的学校劳动教育实践研究"为抓手，通过宣纸制作及其衍生品制作，让学生在生产性劳动实践中动脑动手，学习有关宣纸生产、宣纸工艺品设计制作等知识和能力，涵养其民族自豪感、自尊心等。学校领导班子表示，他们计划建构一种新型生产性劳动教育模式，愿意做义务教育阶段生产性劳动教育的"标兵"。

2021年5月，宝山区行知中学、吴淞二中、上海市宝山区第二中心小学、宝山区鸿文职业学校等9所学校被评为上海市劳动教育特色学校，这些学校是"区域高品质推进劳动教育"项目基地学校的代表，他们极大地鼓励其他基地学校的建设和发展，进而发挥基地作用，促进宝山区劳动教育高效实施。

第六章 "区域高品质推进劳动教育"的教师队伍建设

教师的质量决定着教育的质量。没有一支结构合理、素质精良的教师队伍，提高教育质量，无异于缘木求鱼；没有教师的积极参与和能力适应，无论是教育改革的推进，还是课堂教学质量的提高，都将是一句空话。因此，《关于全面加强新时代大中小学劳动教育的意见》明确规定："多举措加强人才队伍建设"，要求各级政府"采取多种措施，建立专兼职相结合的劳动教育师资队伍""区域高品质推进劳动教育"作为宝山区学习、实践陶行知教育思想，高品质推进中小学劳动教育的一个区域行动，自然也把加强劳动教育师资队伍建设，做好人才保障作为全区中小学有效开展劳动教育的一个重要的关键举措。为此，《宝山区关于全面加强新时代中小学劳动教育的意见》提出了造就100名优秀劳动教育教师，打造一支师德合格、技能过关、结构合理的劳动教育教师队伍的目标和要求。

一、"区域高品质推进劳动教育"教师形象

2019年9月至2020年4月，为实施开展"城乡一体化地区整体推进劳动教育"课题研究，课题组对所在区域中小学劳动教育教师进行了一次访谈式摸底调查，结果显示，区域内劳动教育教师存在着明显的"短板"：拥有专职劳动教育教师的学校不到30%，70%以上学校"劳技课"教师由其他学科教师或非教学人员兼任；在重点访谈的40所学校劳动教育教师中，以中青年为主，从事劳动教育5年以上的教师占比为60%。在访谈中，课题组发现，奋斗在课堂一线的劳动教育教师大都为中小学二级教师或三级教师，一级教师占比20%，高级教师占仅5%；同时80%的劳技教师为女性。在这些教师中能真正全面、深刻理解劳动教育的性质、意义和特点的也是"凤毛麟角"，70%以上的教师都是站在德育的视角看待劳动教育，认为劳动教育是"小学科"，劳技课就是让学生在课堂上"剪剪、粘粘、绣绣、刻刻、种种"，主要目的就是培养学生的动手能力和良好的行为习惯。访谈结果显示，劳动教育教师专门培训机会少、课题研究少、外出学习机会少，职称晋升难，在学校处在边缘状态，

因而，教学水平相对来说，普遍不高。访谈时，他们都表示，党和国家现在很重视劳动教育，说明"劳动教育的春天已来"，要抓住机会，努力提升自己的专业能力，也希望上级教育行政要优化劳动教育教师的管理，给他们提供发展的条件和机会。

基于访谈调查所得出的结论和中小学劳动教育发展的实际需要，结合"区域高品质推进劳动教育"项目目标与内容，项目组提出了"区域高品质推进劳动教育"教师形象。教师形象是教师特定姿态和风貌的一种表征，是社会对教师的角色期待及教师职业行为的外化表现，主要体现教师良好的知识、道德、能力和仪表等特征。在"区域高品质推进劳动教育"项目组看来，理想的劳动教育教师是一个劳动者、是一个好教师、是一个研究者、是一个能工巧匠。

（1）劳动教育教师是一个劳动者。即作为一名劳动教育的教师，必须深刻、全面理解劳动的价值和意义，热爱劳动、尊重劳动、珍惜劳动成果，具有一定的劳动能力和良好的劳动习惯，在实际生活中能诚实劳动、辛勤劳动和创造性劳动。

（2）劳动教育教师是一个合格教师。熟悉、认同《关于全面加强新时代大中小学劳动教育的意见》和《大中小学劳动教育纲要（试行）》精神，全面理解、把握中小学劳动教育的性质和特点，热爱学生、尊重学生，具有劳动教育专业知识和能力，能有效指导和评价学生。

（3）劳动教育教师是一个研究者。陶行知先生在《教学合一》一文中曾经指出"那好先生就不是这样，他必一方面指导学生，一方面研究学问"；[①]另外他又在《第一流教育家》中提出，要成为一流教育家必须"敢探未发明新理""敢入未开化的边疆"。[②] 10多年前，为了实施素质教育、推动新课程实施，我国教育理论界就提出了教师要成为"研究者"的呼吁，目前这一思想已成为我国中小学教师专业发展的趋势，很多教师因为主动参与教育科研、积极对自己的教育教学开展反思而成为特级教师或"名师"。劳动教育是一个综合性、实践性很强的复杂教育，更要求中小学劳动教育教师具备一定的教育理论和文字表达能力、能独立开展劳动教育研究，成为一个实践取向的研究者。

（4）能工巧匠。劳动，是人类运用智力和体力获取物质财富、精神财富的社会实践活动；劳动教育是借助劳动或者在劳动中进行的教育，需要教育者拥有能示范、能传授的劳动技能和本领。劳动教育教师的劳动"绝活"或精湛技

[①②] 江苏省陶行知研究会. 陶行知文集（修订本）[M]. 南京：江苏教育出版社，2001.

能既是劳动教育的手段,也是劳动教育的内容;既有利于建立教师威信,又有利于建立良好教师关系。《关于全面加强新时代大中小学劳动教育的意见》要求:设立劳模工作室、技能大师工作室、荣誉教师岗位等,聘请相关行业专业人士担任劳动实践指导教师。所以,劳动教育教师成为能工巧匠是"区域高品质推进劳动教育"的渴求。

人类所有的管理活动,都是为了实现一定的目标,也是围绕一定的目标展开的。提出教师形象,其价值和意义在于,为劳动教师发展提供方向和坐标,使教师个人和学校组织在教师专业化发展方面有理想、有标准;同时也是为编制教师评价指标提供依据和基础。正是从这个维度,我们说,劳动教师形象是对劳动教育教师素质的概括,是劳动教师专业发展的品格画像:

——教师职业生涯发展的目标;
——教师管理与培训的目标;
——教师评价的出发点和归宿。

二、"区域高品质推进劳动教育"教师的配备与管理

振兴民族的希望在教育,振兴教育的希望在教师,加强教师队伍建设,始终是教育事业发展的基石和重要手段。对于全区中小学劳动教育教师配备与管理,我们一方面在研制"区域中小学劳动教育专职教师录用与管理办法""区域中小学劳动教育外聘教师与专家管理细则"。另一方面在积极建议区教育局设置劳动教育骨干教师评聘与管理制度。

项目组认为,区域教师配备与管理的目标是,以"劳动教育教师形象"和学校实际需要为根本依据,采取正式录用、社会聘用、自愿荐用的办法,配置足够数量的劳动教师,并加以管理,使之承担、完成学校劳动教育任务。

(一)教师任用依据

教师形象和学校劳动教师需要,是"区域高品质推进劳动教育"项目任用劳动教育教师的基本依据和重要标准。教师形象,是劳动教育教师质的规定,也是其专业发展的目标;学校需要对劳动教育教师数量和质量的要求,也包括学校对劳动教育教师学历、工龄的诉求。由于劳动教育的复杂性和艰巨性,教师任用不管是专职的还是兼职的都应该有"门槛"。

(二)专兼结合,以专为主

正式录用,是指经过国家规定人事录用程序正式进入教师编制的专职劳动教育教师;社会聘用,是指学校依据劳动市场用人要求,面向社会招聘的非编

制社会人员，包括民间艺人、企业能工巧匠、劳动模范等；自愿荐用，是自己自愿担负学校劳动教育任务的公益性人员，包括学生家长等。劳动教育内容多，空间广，任务复杂，需要一专多能、数量充足的教师，但是短时间又难以一下子配备到位。所以，教育行政机关和学校要从满足劳动教育任务需要的目的出发，采用多途径、多形式，建立"专兼结合，以专为主"的区域劳动教育教师队伍，整体推动教师专业发展。

（三）目标激励，助力发展

为了建立一支素质精良、结构稳定的教师队伍，实现区域劳动教育的优质发展，项目组认为，区域教育行政应该出台劳动教师管理办法，用制度的形式，规定劳动教师荣誉系列、骨干教师称号、职称晋级评聘条件，为教师专业发展树立目标、设计线路、提供帮助。在当前的条件下，从区域整体来看，就是要想方设法帮助教师提供学习机会，改善教育教学条件，为教师才艺展示脱颖而出创造平台。如，可设置"陶行知劳动教师奖励基金"，规定教学效果好、指导学生劳动技能竞赛或区（县）级以上奖励、主动参加"区域高品质推进学校劳动教育"项目活动并保持每学年公开发表一篇劳动教育论文的劳动教育教师，可以获得"陶行知式的教师"称号并予以奖励1万元以上人民币。

2021年4月，宝山区教育局召开了宝山区教育系统人才工作会议，颁布了《宝山区教育系统骨干教师管理办法》《宝山区教育系统骨干校长（书记）管理办法》《宝山区教育系统骨干团队建设方案》等文件，规定骨干教师的职责和任务是：

（1）模范履行教师师德规范和《上海市中小学教师守则》。

（2）认真学习教育理论，积极投入教育改革，为加强学科建设、提高教育教学质量做出应有贡献。

（3）服从组织选派，积极参与农村学校、强校工程实验校或薄弱学校支教工作。

其中，对首席教师（首席教研员）和领军人才的要求是：①带教指导。主持区"十四五"重点项目团队，有计划地带教3～5名中青年骨干教师，培养1到2名在全市教育系统有一定知名度的中青年骨干教师。②示范辐射。在区级及以上范围内开设1堂示范课或组织1次展示活动。③教育科研。主持1项课题研究，完成课题论文，个人代表作在市级及以上核心刊物上发表。④课程开发。开发1门市级教师培训课程。⑤承担培训。承担1次市级教师培训或2次区级教师培训。

对学科带头人（骨干教研员）与青年尖子的要求是：①带教指导。主持或参与区"十四五"重点项目团队，有计划地带教 2 到 3 名中青年骨干教师，至少培养 1 名在全区教育系统有一定知名度的中青年骨干教师。②示范辐射。在区级范围内开设 1 堂示范课或组织 1 次展示活动。③教育科研。主持 1 项课题研究，完成课题论文，并在区级刊物或学术会议上发表交流。④课程开发。开发 1 门区级教师培训课程。⑤承担培训。承担 1 次区级教师培训。

对教学能手的要求是：①带教指导。带教 2 名校内外青年教师，在学科教学等方面给予指导和关心。②示范辐射。在全校范围内开设 1 堂展示课或组织 1 次展示活动。③教育科研。参与 1 项区级课题研究，与课题组成员共同完成课题论文。④课程开发。参与开发 1 门区级教师培训课程或带领成员开发 1 门校本课程。

这些文件精神是适合"区域高品质推进劳动教育"教师队伍管理的，也就是说这些文件基本为"区域高品质推进劳动教育"教师管理提供了工具和依据。同时《宝山区中小学劳动教育"十四五"发展规划》也提出了以下思路：

明确劳动教育教师的专业化要求，按比例配置劳动教育教师编制，重视劳动教育的区域招聘和培养。完善区劳动教育教师培训体系，抓好劳技教师的区级培训，强化教研员的职责，实施好劳动教育教师"十四五专项规划"，提升全区中小学劳动教育教师的专业能力与水平。设立劳动教育名师基地，培育劳动教育骨干团队，让他们成为"区域高品质推进劳动教育"理念的传播者、全新的劳动教育课堂形态的示范者、投身"区域高品质推进劳动教育"研究与实践的引领者。加强劳动教育教师绩效考核、职称评聘、评优选先、骨干教师培养等方面的有效措施，保障劳动教育专任教师队伍的稳定和发展。

时下"区域高品质推进劳动教育"项目组和宝山区劳动教育研究与指导中心正在研究制订学校劳动教育教师配备、外聘教师津贴、专任教师考核与职称评定等制度与办法，希望区教育局实施鼓励性政策，帮助学校配齐配区劳动教育教师，推动劳动教育教师专业发展。项目组还提出了劳动教育教师心理保健方面的建议，目的是让劳动教育教师带着自信、愉快、积极的情绪走进劳动教育。

三、"区域高品质推进劳动教育"项目教师培训策略

联合国教科文组织在其发布《教育——财富蕴藏其中》的报告中指出："今天，世界整体上的演变如此迅速，以至教师和大部分其他职业的成员从此不得不接受这一事实，即他们的入门培训对他们的余生来说是不够用的，他们必须在整个生存期间更新和改进自己的知识和技术。"《基础教育课程改革规划

纲要（试行）》也明言："师资培训工作是课程改革实验工作成败的关键。搞好基础教育新课程的师资培训工作，是进行基础教育新课程实验工作的重要组成部分，也是一项系统工程。""区域高品质推进劳动教育"项目组为了完成造就 50 名优秀劳动教育教师的任务，推动宝山区中小学劳动教育有效实施，十分重视劳动教育教师的培训，推出了一系列培训举措。

（一）"区域高品质推进劳动教育"教师培训理念

教学做合一，是陶行知教育思想的精髓，也是我们"区域高品质推进劳动教育"教师培训的核心理念。陶行知先生对"教学做合一"的解释是"在生活里，对事说做，对己之长进说是学，对人之影响是教育。教学做是一件事的三个方面，而不是各不相干的过程。教的方法根据学的方法，学的方法根据做的方法。事怎样做便怎样学，怎样学便怎样教。教与学都以做为中心。在做上教的是先生，在做上学的是学生。"[1] 他把三者统一在"做"上，以此将理论与实践统一起来。我们认为这种以"做"为中心的教学思想是完全适合指导中小学劳动教育教师的培训的。就宝山区来讲，中小学劳动教育教师，基本情况是：第一，学历达标，多专业背景，具备一定的劳动技术教育的经验；第二，年富力强处于职业上升期，有较强的学习欲望；第三，知识能力结构不完整，缺乏系统的教育科学知识和能力，劳动教育课程领导力弱。基于此，"区域高品质推进劳动教育"项目组，把"教学做合一"作为教师培训的核心理念，建构了"需要导向、研训一体、专家引领、自主发展"的培训模式。

（1）需要导向。培训目标、培训内容、培训方式尽量满足学员的需要和学校劳动教育的实践需要，如在设置培训课程时可听取劳动教师的意见，然后再决定具体课程和学习时间。

（2）研训一体。把教学研究与培训有机结合起来，劳动教育教师参加了区教研部门的有关劳动教育研究活动，可以视为参与了"区域高品质推进劳动教育"教师培训；同样劳动教育教师参加了"区域高品质推进劳动教育"培训可以视为参与了区有关劳动教育研究活动。其关键前提是，教研与培训目标一致，内容协调、衔接。

（3）专家引领。项目组出面，聘请大学教授、省市教科院所专家以及区县劳动教育特级教师作为"区域高品质推进劳动教育"教师培训项目的专家和指导教师，为区域劳动教育教师讲课、指导课题研究和项目实施，引领区域受训劳动教育教师专业发展。

---

① 江苏省陶行知研究会．陶行知文集（修订本）[M]．南京：江苏教育出版社，2001．

（4）自主发展。激发区域劳动教育教师内驱力，提倡、鼓励教师自学，在自己的教学岗位自我主动发展。

（二）编制培训规划，明确培训目标和路径

培训，是提高教师能力和水平的基本手段。"区域高品质推进劳动教育"项目组重点研究、编制区域培训规划和相关落实策略。2021年4月，项目组研制了《"区域高品质推进劳动教育"教师2021—2025年培训规划》。规划劳动教育教师培训以打造"区域高品质推进劳动教育"教师形象为宗旨，以成就50名优秀劳动教育教师为核心目标，采用"自主学习""集中培训""线上教育""小组研讨""外出学习""课题研究"等办法，分期分批对全区劳动教育教师进行教育理论、教学技能、教育科研、劳动教育文件法规的培训，整体提高全区中小学劳动教育教师专业素质。在规划中，特别强调要尊重教师需要，遵循成人教育规律，以教师发展为本，做到：自主学习、知行合一、德艺双馨、共同发展。项目组寄希望通过系统的培训，使整个区域劳动教育教师具备上文提到"教师形象"。

（三）开展专题培训，提高教师理论素养

依据"区域高品质推进劳动教育"教师培训规划，我们设计了"劳动教育政策法规""劳动教育理论""劳动教育校本课程开发""陶行知'生活教育理论'与劳动教育实践""中小学劳动教育课题研究""教育信息技术""劳动与经济"等课程模块，采用集中培训、网上学习等办法，由宝山区劳动教育研究与指导中心组织开展学习培训。集中培训以专家讲座为主、小组讨论为辅，主要教学目标是提高劳动教育理论素养。目前，我们先后邀请了华东师大李正涛、宁本涛教授，上海市教科院普教所专家杨四根为劳动教育教师做了"如何做到五育融合""劳动教育的价值和意义""怎样选题""劳动教育校本课程的编制"等专题培训。每次专题培训活动都由笔者和教研员策划、组织，进行严格管理。我们要求学员若非特殊原因不能缺席，要积极参与教学过程，完成规定的学习任务。对于未经批准请假的教师，或没有按要求听课与完成作业的教师不给予学分，并通报所在学校。2021年11月15日，我们通过腾讯会议的形式对全区劳动教育骨干教师进行了"水仙花雕刻培训"；2021年12月15日，宝山区劳动教育研究与指导中心又邀请上海市劳动技术正高级教师、特级教师吴强为全区中小学教师做了主题为"怎样把现有项目和活动变成劳动教育课程"的专题讲座。

（四）进行课例研究，提高教师教学技能

课例研究是促进教师教学技能提高和研究能力提高的有效方式。课例研究分别由中学劳动技术教育研究员和小学劳技课教研员组织、安排，中学、小学分别进行，每学期四次，以公开课或观摩课形式呈现。劳动教育项目组要求，每次课例研究或是上公开课都要围绕一个问题或一个主要目标进行，重点探索在课堂教育教学中如何贯彻"生活教育"理论、"做中学"走出"课堂上教劳动"的桎梏，培养学生劳动观念、劳动知识、劳动能力和劳动精神。2021年10月21号，我们在宝山区实验小学的一次主题为"技术支持劳动教育，融合教研探索——小学劳技区级公开课"的公开课，探讨的问题是如何利用网上资源为教学赋能，公开课由实验小学黄晔华教师执教，课题名称是"救护车的设计与制作"。2021年2月9日，项目组又在庙行实验学校以"定量茶叶盒制作"为课题内容开展了课例研讨活动。每次课例研究都做到：合作备课、多次磨课、正式实施、教师说课、同伴评课、专家点评。如2021年10月21号的课例，市教研室劳动教育研究员官文川老师就到现场点评、指导。

（五）组织课题研究，提升教师教育科研能力

教育科研是教师专业发展的必由之路。苏联教育家苏霍姆林斯基说过，让教师走上幸福之路的办法就是科研。"区域高品质推进劳动教育"要求每个劳动教育教师都要重视劳动教育研究，鼓励教师积极主动申报劳动教育科研课题，在研究中提高自己劳动教育的能力和水平，在研究中提高学校劳动教育质量。2021年，由笔者领衔的"区域一体化地区中小学劳动教育区域推进的实践研究"被立项为区重点课题，吴虹、徐宇洲等老师成为课题核心成员，还有广育小学、上海市宝山区第三中心小学等12所学校的劳动教育教师也积极参加到此课题研究中来。现在劳动教育骨干团队教师的科研积极性被调动起来，很多教师正在准备课题，有的在申报中，如红星幼儿园王薇薇教师就申报了区一般课题，课题名称为"育美价值导向下幼儿园劳动教育课程实施研究——以'享劳动慧生活为例'"。2022年5月，刘行新华实验学校陆利峰老师申报的区教育科研一般课题"基于新农村'小能人'培养的劳动教育课程模块化设计与实施的研究"开题。目前，笔者作为"区域高品质推进劳动教育"项目负责人正在带领骨干团队成员开展"中小学服务性劳动教育课程化实施研究"锻炼教师科研能力，推动学校服务性劳动教育有效实施。

（六）外出参观学习，开阔教师视野

针对劳动教育教师外出学习机会少而他们又迫切希望到一些劳动教育做得好的学校、地区去看看的心态，"区域高品质推进劳动教育"项目为全区中小学劳动教育专职教师创造、提供外出参观学习的机会，以此开阔劳动教育教师的视野，学习新思路、新方法，吸收成功的经验，促进劳动教育教师快速成

长。2020年12月，项目组一行参加了在上海金山举办的全国第二届"五育融合"研究论坛——五育并举　融合育人，参观了金山区学校劳动教育成果展示，闻听了金山区朱泾第二小学、海棠小学、朱行中学等学校的劳动教育经验介绍，很受启发，收获很大。2021年5月，区教育学院又组织"行知行"项目组老师和基地校劳动教育的教师参加了在河南郑州举办的"首届中原教育论坛"。论坛期间，宝山与会的教师聆听了檀传宝、成尚荣、柳夕浪等大家的劳动教育的报告，又参观了艾瑞德国际学校的"校园、家园、社园和菜园"的四园联动劳动教育。这次中原地区之行对"区域高品质推进劳动教育"教师触动很大，纷纷表示不虚此行，回到学校后一定要把在郑州听到的、看到的、想到的积淀于内心，外化于行动，创造性地把学校劳动教育搞上去。

（七）举办沙龙、论坛和展示，分享智慧与经验

为了帮助劳动教育教师交流学习体会、工作经验，传递学校劳动教育的智慧，"区域高品质推进劳动教育"项目组不定期举办教师沙龙、论坛和基地学校劳动教育展示。2020年5月至今，我们就"区域高品质推进劳动教育"课程建设目标、课程内容、劳动教育评价等组织了9次沙龙、2次研讨会；行知中学、上海市宝山区第二中心小学等学校也陆续利用公众号展示了自己学校劳动情况；2021年12月，在白茅岭学校举办"长三角联合教育集团劳动教育展示"。2022年5月28日，"区域高品质推进劳动教育"项目组织举办了"校内劳动教育清单的设计与实施"专题研讨，有6位劳动教育骨干教师介绍了自己是如何设计学校岗位劳动、自愿服务的清单，探讨了如何有效组织实施，取得了良好反响。如果说每一次沙龙都是以此观点的碰撞，那么每一次论坛都是思想的交锋，而每一次展示则是一次精神的交流。我们的劳动教育教师就是这样通过一次次沙龙、论坛和展示成熟起来、发展起来，从而改革劳动教育，提高劳动教育成效。

（八）举办技能竞赛，展示教师风采

舒尔曼在《教学的实践与智慧》中提出，要开展"开发型、展示型、竞争型和督导型"教学活动，形成教师专业发展共同体，共同推进教师专业发展。"以赛促教"是"区域高品质推进劳动教育"项目用来培训、提高教师的一个基本策略。由于劳动教育的实践性、社会性，决定了劳动教育的教师不能"述而不作""纸上谈兵"，要求劳动教育教师应该有一技之长。举办劳动教育教师技能大赛，一方面可以检测教师的专业技能发展情况，进而了解教师的培训效果；另一方面，也为教师展示自己的才艺提供了平台和机会，有利于教师之间交流、切磋，共同提高。所以，"区域高品质推进劳动教育"项目组计

每学年分别举办一次小学劳动教育教师和中学劳动教育教师的技能竞赛，每两年举办一次全区的中小学学生劳动作品评比、展示活动。

为了促进劳动教育教师专业发展，《宝山教育》连续2年举办面向全区中小学教师的，以"劳动教育"为主题的征文评比活动。2020年的主题是"我与劳动教育"，2021年的征文主题是"劳动教育的主题班会与主题活动"。从2020年评选情况来看，大部分劳动教育教师都参与了这一活动并成为获奖主要人员。2021年5月，举行了颁奖大会。有意思的是，一等奖获奖老师都来自"区域高品质推进劳动教育"项目基地校劳动教育教师或管理者，在颁奖大会上交流发言的也都来自基地校。

（九）个别辅导与特别支持，助推劳动教育职初教师快速成长

通过调研和平时工作接触，我们发现现阶段宝山区中小学劳动教育的教师大部分为职初教师，从事劳动教育的教龄多为5年以下，有的入职不到一个月就被推到了劳动教育的岗位上；有的刚从其他学科转过来。根据经验和学习理论，我们认为集体培训、通识性培训对他们的作用有限，要想他们快速成长起来，就必须因材施教，采取个别辅导与特别支持的措施。于是，"区域高品质推进劳动教育"项目组把全区中小学劳动教育有1~5年教龄的青年教师拎出来，替他们量身定做生涯发展规划，实行个别辅导与特别支持。如，上海市宝山区第二中心小学的孙琦老师，原来是教数学的，前年开始兼职学校劳动教育教师，他做事认真，为人谦和，得到了学校领导的肯定。劳动教育研究与指导中心就委托劳技教研员给他吃"小灶"：请市劳动教育研究员指导他上公开课，请区科研员辅导他写案例和科研论文；带他外出参观学习等，目前，孙琦老师已成为区劳动教育研究中心组成员。又如，刘老师去年大学毕业，到潜溪学校上班后，主动承担了学校劳动课的教学；凭着自己是纺织大学出来的自信，设计、实施了学校布艺课。她工作热情高、钻研精神强，立志成为一个好教师，但是缺少教育理论和教学经验。为此，教研员吴虹就把她收为自己的"徒弟"，每月至少听她一节课，指导她备课，鼓励她编制布艺课程。她进步很快，所开发的"布艺"课程入选区劳动教育共享课程，即将投入使用。

当然，特别支持，也包括对劳动教育教师开展劳动教育教学的"特别支持"，由于劳动教育与其他学科教育相比，对场地、仪器设备、耗材、时间和经费的需要更多、更大、更频繁，所以"行知行"项目组盼望学校和教育局能对劳动教育教师给予特别理解和特别支持。"士为知己者死"，只要我们理解、支持，我们有理由相信，一批劳动教育教师会成为我们理想的"名师"。

（十）打造学科团队，培养品牌教师

为了快速提高劳动教育教师整体素质，提高全区中小学劳动教育效益，宝山区教育局还成立了以笔者为首的"基础教育阶段劳动教育体系建设"教师骨干团队，成员为区中小学、幼儿园区级教育尖子、教学能手、学科带头人。劳动教育研究团队是一个承担"宝山区基础教育阶段劳动教育体系建设研究"任务的教师学习共同体，也是一个中小学劳动教育骨干教师共同学习、合作探究的教师教育团队。"我们的使命是，用智慧推动学校劳动教育高品质发展。我们的目标是，让我们更优秀，让我们更幸福"，这是团队建设的宗旨。两年多来，团队采用"任务驱动 以终为始、研教一体"策略，提高全体成员有效开展中小学劳动教育的使命感、责任感和能力，为每个变得更为优秀创造机会和条件，使整个团队成为高品质实施"行知行"劳动教育的先锋。

1. 任务驱动

要求每个教师编制以"做一个好老师"为核心任务编制自己的生涯发展目标和任务，五年内要有自己在区内产生效应的"课题、项目、课例、团队、论文、专著"等，做到会说、会教、会写，进而形成"自己的教学理念、自己的教学风格、自己的影响力"。

2. 以终为始

团队每个成员都要依据自己的实际情况每学年制订写一本专著、研究一个课题、开发一个项目、撰写一个优秀课例、发表一篇论文、分享一套经验等具体目标，依据此目标设计、实施自己的教学与研究工作，以终为始，不断推进。

3. 研教一体

笔者呼吁每个团队成员要从教育科研"功利""短视""虚伪"真桎梏中解放出来，效仿陶行知先生，进行研究、真教学、研训一体，做到"真研为真教、真教促真研、真研中有真教、真教中寓真研、真研真教一体"。另外团队还推出了下列管理办法：

（1）每个人都要心中有"组织"，发自内心接纳、爱护"行知行"劳动教育骨干教师团队，并以成为其中一分子为荣；

（2）积极、认真参加团队组织的各项学习、培训和研究活动：①及时回应团队活动各项通知、倡议、分享等信息；②不故意缺席团队集体性培训、研讨活动；③用心完成主持人或团队管理者布置的各项学习、研究等任务；遵守学术规范，不弄虚作假。

（3）树立合作、共享的可持续发展理念，在团队研训活动中，倾听同伴的知见、贡献自己的智慧。

（4）自觉遵守团队学习与管理办法：不做不利于团队建设的事。每个学期读一本有关劳动教育的专著，发表一篇劳动教育论文，撰写一份优秀教学案例或设计一份教案。对于无故不参与研训活动、不完成作业或任务的教师，主持人或团队管理者将告知其所在学校，取消其当年优秀骨干队员评选资格。

四、"区域高品质推进劳动教育"教师评价

教师评价是教师管理的重要环节，也是促进教师专业发展的重要手段。2020年10月中共中央印发的《深化新时代教育评价改革总体方案》提出的重要目标和任务之一就是"改革教师评价，推进教师践行教书育人的使命"，2021年1月上海市教委等部门联合发布的《关于进一步加强上海市中小学教师人事管理制度建设的指导意见》则明确提出"创新考核评价机制"的任务。"区域高品质推进劳动教育"项目十分重视劳动教育教师评价，主张用科学、公正、适当、有效的评价手段助推教师专业发展，提高全区中小学劳动教育绩效。

（一）"区域高品质推进劳动教育"教师评价的理念

人是理念的动物，人的行为受理念影响和制约。教育评价理念是人们对评价性质、作用的稳定看法，涉及人们对于"谁来评、评什么、怎样评"持有的观点和信念。如20世纪80年代以前，我国教育界基本把教育评价看成鉴定、选拔的工具，认为教育评价就是衡量结果好坏，判断是否达标、合格。在这种教育评价理念指导下，评价就是以他评为主的结果性评价，评价的方式方法，就是拿着一把尺子、一个标准去量、去看，最后一锤定音，做出评价结论。随着社会的发展、教育改革的深入，我国教育评价也越来越科学、越来越进步。形成性评价、发展性评价、增值评价逐渐进入中小学教育评价实践，评价主体多样性、评价手段多样化、评价标准科学化已成为常态。"区域高品质推进劳动教育"项目认为教师评价是在收集教师教育教学、参加培训与教育科研资料基础上，对教师专业发展总体情况做出的价值判断，其目的是把握教师专业发展状态、反馈教师专业发展情形、促进教师专业发展。在"区域高品质推进劳动教育"看来，劳动教育教师评价不是计件计量式地机械管理，不是鉴别劳动教育教师教学水平的高低，也不是判定教师师德是否合格或过关；而是诊断教

师展业发展状况、发现教师劳动教育教学亮点与不足,帮助教师成为专业发展,成为一个劳动者、一个好教师、一个研究者、一个能工巧匠。因此,"区域高品质推进劳动教育"项目教师评价的基本理念就是,以劳动教育教师发展为核心,尊重教师专业发展需要,民主协商、分层分类,多主体、多形式、多纬度评价教师,助力、成全每一位劳动教育教师的专业发展和人生幸福,进而助推劳动教育教师高效实施劳动教育,培养学生良好的劳动素养。归结起来,就是:①教师立场。评价标准与方法要得到的教师认同,消解教师对劳动教育的"无限责任";评价要帮助教师改进、发展,获得职业成功。②强调能力。教师评价的重点在教师学习能力和劳动教育实操能力,发展教师的劳动教育能力和水平。③突出情境。教师评价要以教育评价和表现性评价为主,注重教师所处学校文化和生活方式,注意观察教师平常教学过程、教育细节。④关注作品。采用作品评价方法,在获取教师评价信息时,重视教师高光时刻、教学成效。⑤走向幸福。教师评价不能以鉴定和排名为主,评价结果不能造成教师之间互相猜忌、排斥、批评,而是要促进教师关系和谐,帮助教师生活充实、安泰。

(二)"区域高品质推进劳动教育"教师评价指标体系

"区域高品质推进劳动教育"项目着力打造一支集"劳动者""合格教师""研究者""能工巧匠"于一身的教师群体,并按照这个教师形象来设计、实施劳动教育教师评价。因此"区域高品质推进劳动教育"项目评价从自己的"发展性"评价理念出发,扬弃了传统教师评价从"德""能""绩""效"制订评价标准的方法,而是基于自己的理想教师形象和让更多的教师"优秀"等理念和学校劳动的特点和易于操作实施的目标出发,建构"区域高品质推进劳动教育"教师形象评价体系。1989年马普萨拉德(Arkalguanud Ramaprasad)提出了为促进学习与发展三个教育评价策略:①我知道将要去哪里;②我知道现在在哪里;③我知道在哪里以及如何去改善。我们在前面已介绍劳动教师形象,劳动教师形象是对劳动教育教师素质的概括,是劳动教师专业发展的品格画像:

——教师职业生涯发展的目标;

——教师管理与培训的目标;

——教师评价的出发点和归宿。

"区域高品质推进劳动教育"教师评价指标体系

一级指标	二级指标	三级指标
劳动教育理念（10分）	劳动教育性质（2分）	1. 理解、认同《关于全面加强新时代大中小学劳动教育的意见》和《大中小学劳动教育指导纲要（试行）》精神，并用于指导自己的劳动教育实践（1分） 2. 知道中小学劳动教育的内涵和性质，在教育教学中注重让学生手脑并用、出力流汗，培养学生良好的劳动品质（1分）
	劳动素养把握（3分）	3. 熟悉《义务教育劳动课程标准（2022年版）》，全面、正确把握劳动素养的内涵，知道不同学段学生劳动素养的培养重点和学习内容（2分） 4. 认同、理解通用技术课程理念和标准，能自觉贯彻、运用在校本课程开发、教学目标设计和内容选择等教育教学活动中（1分）
	学生观（2分）	5. 把学生看成一个鲜活的生命体，其有着自己的个性、发展需求、生活经验、学习基础和学习方式（1分） 6. 了解所教学生年龄特点和身心发展规律，尊重、爱护学生，发挥其劳动教育教学主体作用（1分）
	教学观（3分）	7. 认识到劳动教育的关键在于为学生提供真实的劳动情境，知道教学过程是师生互动交往过程（1分） 8. 知道劳动教育教学的目的不仅仅是培养学生劳动知识、劳动技能，更主要的是培养学生的劳动态度、劳动习惯和劳动品质（1分） 9. 能让学生积极参与到教育教学过程，做到"教学做合一"（1分）
劳教专业知识（10分）	劳技专业知识（5分）	10. 熟悉自己专业领域知识和发展动态（2分） 11. 对不同类型的劳动有系统的了解，掌握进行劳动技术或通用技术教学的基本专业知识（3分）
	项目专业知识（5分）	12. 熟悉学校劳动教育项目和特色及其要求（2） 13. 对自己负责劳动教育，有一定的践经验和知识（3分）

续上表

一级指标	二级指标	三级指标
劳动教育条件知识（8）分	文化基础知识（2分）	14. 具备从事劳动教育的人文社科与自然科学知识，在具体劳动教育过程中不会犯常识性错误（2分）
	教心知识（4分）	15. 具备基本的教育学原理、教学论和教育心理学知识，基本掌握中小学劳动知识、劳动技能和劳动品德养成的规律（4分）
	表达能力（2分）	16. 语言表达：用词准确、叙述清晰，逻辑性强，语言富有感染力（1分） 17. 书面表达：字迹工整、条理分明、书写规范，设计合理（1分）
劳动教育实践能力（40分）	教育教学设计与实施能力（12分）	18. 具有现代教学设计意识和能力，能运用具身学习、"生活教育"原理进行劳动教育教学设计（1分） 19. 能依据课程标准多维度设计明确、具体、可测的劳动教育教学目标（2分） 20. 能依据自己设计的教学目标、选择适合学生的教育教学内容，做到主题集中、结构完整、呈现多样、有效（3分） 21. 能围绕教学目标和内容创设能激发学生学习动机教育教学情境，并营造让学生感到舒适、安全的场域环境（1分） 22. 在教育教学中能运用"六部"教学法、"三三制"教学、项目学习等多种教育教学方法进行教育教学，做到"教学做合一"达成教学目标（2分） 23. 组织、指导学生家庭劳动、校园劳动和社会劳动目标明确、措施合理、有成效，得到学生和相关参与者的肯定和配合（3分）
	评价能力（8分）	24. 具备发展性评价的理念，知道学生劳动素养的评价重在诊断评价、过程评价和增值评价（1分） 25. 能依据课程标准或项目要求设计适合自己学生的指标体系，并能选取适当的方式、工具对学生进行日常评价、学期总结评价等（3分） 26. 在实际劳动教育活动中，能运用多种评价手段，以激励学生为主，客观、及时、正向地评价学生（2分） 27. 能根据学生评价结果，及时调整教育教学安排与策略（2分）

续上表

一级指标	二级指标	三级指标
劳动教育实践能力（40分）	反思能力（4）	28. 能及时对自己的课堂教学、劳动教育主题活动等劳动教育行为与效果进行自我诊断、自我反思（2）
		29. 能根据自己的反思适时调整自己的劳动教育计划和实施进程，改进教育教学方法，做到自我激励、自我提高（2分）
	组织管理能力（7分）	30. 能依据课程标准、学校工作计划和劳动特色追求等，制订自己的劳动教育计划或自己的带教计划，计划具有激励性、可操作性（2分）
		31. 规范、有序地组织开展劳动教育教学，充分调动、发挥学生的学习积极性，让学生在劳动教育过程中有动力、有精力、有活力，处在团结、互助、共享的气氛中（2）
		32. 对于突发事件能随机应变、灵活、妥善处理，照顾好学生，不影响课堂正常秩序（1分）
		33. 在一些职业体验和生产性劳动教育中能有在周密、严谨的计划和安全风险防控措施，有效组织学生活动（2分）
	科技辅导能力（4分）	34. 能指导学生发明、设计、制作，有关成绩在区级以上获得好评（2分）
		35. 指导学生研究性学习、撰写科研论文能力（1分）
		36. 操作演示实验，给学生进行有效示范和科学讲解的能力（1分）
	信息技术融合能力（5分）	37. 充分掌握现代信息技术，能运用现代网络与信息技术有效开展劳动教育线上与线下教学（3.5分）
		38. 能够利用有关数字化平台提供的信息对学生参与劳动的状态以及由此体现出的劳动态度、习惯等方面进行评定，并提出适当的建议（1.5分）
劳动教育研究能力（12分）	课程开发能力（7分）	39. 了解学校劳动教育课程的类型和特点，具备课程化实施学校劳动教育的意识（2分）
		40. 能依据学校劳动教育需要和学生特点，开发出满足学生需要的可行性课程或项目（3分）
		41. 能依据课程标准，为学生设计、制作个性化的劳动学习计划或劳动清单（2分）
	课题研究能力（5分）	42. 有一定的科研意识和能力，能写出规范的教育科研论文和教育案例（3分）
		43. 能独立开展课题研究，并基本实现课题研究目标（2分）

续上表

一级指标	二级指标	三级指标
劳动教育效能（20分）	教学任务完成（8分）	44. 严格遵守学校统一的教学安排，在规定的时间内完成劳动教育课堂教学任务与课外劳动教学任务（5分）
		45. 有节约和安全意识，最大限度地节约学校劳动教育教学资源，安全完成预定各种劳动教育计划（3分）
	学生素养发展（12分）	46. 学生积极地参与到劳动教育教学过程，并在过程中认真观察、思考、体验、探究（2分）
		47. 学生学会了课程或计划中规定的知识、技能，发展了自己的劳动兴趣和特长（3分）
		48. 通过一定时间的学习，学生的劳动观念、劳动态度、劳动技能有了明显的改善和提高（2分）
		49. 学生在校级以上有关劳动技能竞赛、作品展示中有不俗的表现（2分）
		50. 学生养成了良好的劳动习惯，具有坚韧、合作、勤奋、诚实、守信、奉献、进取、勇敢等劳动品质（3分）

教师评价是促进教师专业发展，提高教育质量的重要举措。2001年教育部印发的《基础教育课程改革纲要（试行）》明确提出，要"建立促进教师不断提高的评价体系"。《深化新时代教育评价改革总体方案》更是特别要求"改革教师评价，推进践行教书育人使命""区域高品质推进劳动教育"。教师评价是对区域内中小学劳动教育教师的专门评价，是对宝山区专门从事中小学劳动教育的教师的评价，是促进劳动教育教师专业发展的评价。

我们秉承"发展性原则""情境性原则""整体性""可行性原则"，在充分研讨、协商的基础上编制了由6个一级指标、19个二级指标、50个三级指标组成的"区域高品质推进劳动教育"教师评价指标体系，其中一级指标包括"劳动教育理念""劳动教育专业知识""劳动教育条件知识""劳动教育实践能力""劳动教育研究能力""劳动教育效能"六个板块，基本涵盖了一个劳动教育胜任中小学劳动教育的素质要求，也蕴含着"区域高品质推进劳动教育"项目的"教师形象"；二级指标是这6大素质的拓展、细化和说明，阐释了一个专职劳动教育教师有效开展劳动教育必要个人条件和能力；三级指标则是二级指标的细化和具化，也是我们观察和评判劳动教育教师劳动教育实践的量表。

（三）"区域高品质推进劳动教育"教师评价的实施

"区域高品质推进劳动教育"教师评价是对区域中小学教师劳动教育实践的评价，是运用有效的评价技术和手段，通过系统地收集信息和分析整理，对中小学教师劳动教育活动的社会价值做出测量和判断的过程，其根本目的是促进中小学教师的专业的发展。我们期望利用上述指标，采用包括"定量评价和定性评价"相结合、"他人评价和自主评价"相结合、"过程评价和结果评价"相结合、"诊断评价和增值评价"相结合的办法，对劳动教育教师进行综合性评价，深度挖掘教师的潜能，积极提升其实践性知识与创造性智激励教师发展，提高自己的专业能力和教育教学效益。

在具体评价过程中，我们要求评价的组织者和实施者注意以下五点：

1. 坚持劳动教育教师评价个性化

每年年终对劳动教师考核评估时，我们既有统一的要求和标准，但是对于不同学校、不同发展程度、不同专业背景的劳动教师，我们会有所变通，允许教师经过协商选择评价的时间、方式和评价标准，以满足教师特殊需要，体现评价的"个性化"。如，有的教师擅长"手工制作"而不擅长写科研论文，"区域高品质推进劳动教育"项目组就建议，加大"科技辅导"的权重，降低"论文写作"的要求。

2. 强调劳动教育教师评价情境性

这是由劳动教育特点决定的。情境性原则强调教师评价要与教育教学实际联系起来，与教师的工作环境联系起来、与教师的具体教育教学行为联系起来；无论是评价标准的设计，还是评价数据的采取，都要体现真实的劳动教育场景，关注教师具体教育教学过程、教师解决问题能力和师生互动生成。这也就是说，"区域高品质推进劳动教育"的教师评价是重视教师实践能力的评价，是关注教师实际劳动教育教学过程的评价，是由教师、学生和评价专家或人员多种主体参与的评价。因此，坚持教师评价的情境性，实际上就是按照情境性评价的理念，既重视教师的教育准备情况、教学的结果，但更关注教师的投入、教学的过程。多主体评价，就是把学生，乃至家长也纳入教师评价主体中，注重专家与领导对教师的评价，但也重视教师自主评价、同伴评价，其主要目的，就是帮助教师发现专业发展中的问题，提出改进建议，实现专业发展。

3. 实现劳动教育教师评价多元化

多元化原则，要求劳动教师评价要遵循现代教育评价人本、开放、民主等理念，评价指标要全面、多样、合理；评价主体要发挥被评对象的主体性，让

"利益相关者"参与评价,评价主体多样化;评价方法和手段多样化,做到定量评价和定性评价相结合、自评与他评相结合等。这样做的目的就是,要保证评价公平、合理、有效,让教师评价真正成为教师专业发展的工具。以2021年宝山区劳动教育项目团队"教学能手"年终考核为例,项目组在参照区教育局设计的教学能手考核指标,重点考察教师的教育教学情况、劳动教育科研情况、学生家长满意度、带教指导及示范辐射、课程开发情况等,采用听课、学生访谈、查阅教师提供的自评资料等办法开展多形式的评价,整个评价团队负责人评价、成员自主评价和学校评价,体现了评价的多元性。教师评价多元化还意味着整合内评外评、正式与非正式评价。内部评价主要指以激发教师潜能、内在工作动机,满足教师精神需要的评价,而外部评价是以判断教师外显教学成果,评定教师排名、奖金的物质性评价。教师评价过程中要内隐外现,整合内评外评。教师评价要走日常化、生活化、细节化的道路,不能"毕其功于一役"只靠年终一次性评价或一场教师专项评价,而是要把家常课、公开课等教师日常活动表现纳入教师评价,把正式评价和非正式评价结合起来,提高教师评价的亲和性。

4. 保证劳动教育教师评价的激励性

"促进、改善、发展"是当代教师教育评价的基本价值取向,为此,"区域高品质推进劳动教育"项目把"激励性"作为宝山区劳动教育评价教师评价最重要的原则。为此,特别要求,无论是对教师的单项、专项评价,如公开课还是综合评价,都要立足深度挖掘教师的潜能,积极提升其实践性知识与创造性智慧,进而强化促进教师全面进步。说到底,"区域高品质推进劳动教育"教师评价,不是发现、剔除"不行"的教师,而是让更多的教师"行",让大部分劳动教师具备"区域高品质推进劳动教育"教师风貌,让所有的"区域高品质推进劳动教育"教师都"优秀"起来。"区域高品质推进劳动教育"教师评价,立足帮助教师树立信心、发现不足、反思改进、提供保障,从而调动教师专业发展的主动性、积极性,激励教师自我实现。

第七章 "区域高品质推进劳动教育"课程的开发

课程是学校教育的重要内容和路径,是实现学校教育目标的载体。结合实际,开发劳动教育课程,丰富劳动教育内容,既是贯彻执行中共中央、国务院发布的《关于全面加强新时代大中小学劳动教育的意见》、教育部印发的《大中小学劳动教育指导纲要(试行)》等文件精神的必要措施,也是提高中小学劳动教育成效的主要手段。依据《中共上海市委、上海市人民政府关于全面加强新时代大中小学劳动教育的实施意见》和"区域高品质推进劳动教育"项目开发、实施50门区域劳动教育精品课程和共享课程的计划,项目组和基地学校精诚合作,进行了卓有成效的区域劳动教育课程开发工作。

一、"区域高品质推进劳动教育"项目课程开发的理念

"区域高品质推进劳动教育"项目是以陶行知教育思想为指导,以培养学生劳动素养为宗旨,以打造区域劳动教育特色为目标,通过区域劳动教育课程发展、学校劳动教育"一校一品"建设和区域劳动教育管理创新,五育融合,整体性推进劳动教育实施的活动。建构区域劳动教育课程体系是其核心内容、主要行动。理念是行动的指南,是"区域高品质推进劳动教育"项目课程开发的灵魂。"区域高品质推进劳动教育"项目课程开发理念,涉及"区域高品质推进劳动教育"项目对劳动教育本质的看法、对劳动教育课程的理解和劳动教育课程编制的方法论。

1. 劳动的本质

"有劳动无教育""有教育无劳动"是一段时间以来我国中小学劳动教育的两大诟病。所以谈到劳动教育,需要我们对劳动教育有一个全面深刻的认识。"区域高品质推进劳动教育"项目认为,劳动创造世界、劳动创造人,劳动是幸福之源、美好之基、发展之本;劳动是人的本质属性,是人的存在方式;作为人、作为一个完整的人就必须劳动,每个人都有劳动义务和社会责任。顾名思义,劳动,是人改变外部世界和自身内部世界的实践活动,是主体的人从一定的目的出发,运用自身体力、智力、情感和工具等进行的生产、服

务与创造的对象性实践活动。一般来讲,劳动分体力劳动、脑力劳动、简单劳动、复杂劳动,一般劳动、创造性劳动。在新时代,劳动的智力成分、审美成分增加了学校劳动要更多地关注服务性劳动、智能劳动或数字劳动等。"区域高品质推进劳动教育"项目把学习也看成一种劳动,是需要学生付出一定努力的一般劳动、创造性劳动。随着社会的发展和分工的变化,劳动形态、劳动要求、劳动内容也在不断变化、拓展。在人工智能技术飞速发展的今天,劳动再也不能囿于家务劳动、农业劳动和工业劳动,而必须拓展到服务、金融、研发、设计等多种领域。"区域高品质推进劳动教育"项目认为,中小学、幼儿园为学生组织、安排的劳动应该具有生活性、社会性、实践性、发展性、价值性等特征,是学生力所能及的"生活劳动、生产劳动、服务性劳动",是职业体验性劳动、社会服务性劳动,是教育者设计开发与实施的精神性、审美性、创造性劳动,主要劳动领域包括家庭、学校、工农商卫场所或实习基地、社区等。

2. 中小学劳动教育的性质

从以上所述劳动观出发,"区域高品质推进劳动教育"项目认为,中小学劳动教育(含学前劳动教育)是社会主义教育的重要内容、是学校综合性重要的育人途径,是有目的、有计划运用劳动实践或创设受教育必须投身其中的劳动情境,培养、提升学生劳动素养的教育活动。劳动素养包括劳动观念、劳动知识、劳动能力、劳动精神、劳动习惯与品质等。"区域高品质推进劳动教育"项目强调学校劳动教育要努力帮助中小学学生确立正确的劳动观点,形成尊重劳动、热爱劳动、珍惜劳动成果等价值态度,掌握一定劳动知识与技能,具备勤奋劳动、诚实劳动和创新劳动习惯以及坚持、合作、勇敢、创造、精益求精等品质,成为"流自己的汗、吃自己的饭"的有尊严、有教养的现代公民。因此,中小学学校劳动教育一定是基础性、普通性、教育性、融合性的教育活动,是基于学生生活的手脑结合的劳动,是有教育意义的劳动,是有一定的劳动目的,有一定的劳动对象、劳动方式、劳动过程、劳动关系、劳动成果的教育活动。中小学劳动教育的性质决定了作为其核心内容的课程要以中小学教育目标作为自己选择目标和内容的依据,也即劳动教育课程目标就是培养学生的核心素养,劳动内容要契合学生的生活和身心发展特点,具有开放性、实践性、基础性和通识性等。

3. 课程的理解

对课程的理解直接影响人们课程开发的目标确立、课程内容的选择、课程编制的技术和课程管理。如果我们认为课程就是教学计划,或政府颁发的教学大纲、规定的教学内容,那么课程就是一个静态的、固定的学科知识体系,开发者主要是政府官员、课程专家、学科领域的专家，采用科学的、技术的、线性的、注重投入与产出比的方式开发课程；课本、教材就是当然的课程主要形式，学校、教师和学生也就处在"执行者"的地位，课程内容也就限定在政府官员、专家选择知识范围内或更多地视为学科知识；教师只管教教材、学生只管学教材就行了。如果我们把课程看成学校为学生提供的经验，课程是学生学习的履历，则课程就不仅是学校组织的实体性知识和学科领域，而是一个多功能、开放的、动态性的关系过程，是一个共同学习体。这样一来课程开发、使用就是另一番景象：人本化、情境化、多样化的开发、编制方式；学校、教师和学生也就参与到课程开发中来；文本教材、学校活动、文化环境也就都成为课程形式，课堂教学也就不再是课程实施的唯一方式，教师的责任是用好教材，学生的责任是建构知识、能力和品质，编制和开发校本课程也是学校的重要教育教学活动。

"区域高品质推进劳动教育"项目认为课程是学生在教师指导下或学校提供的环境、场域中的历程和经验。主张教师、学生甚至包括家长也是课程开发者；课程应该由课程目标、课程内容、教学方法、课程评价等组成；课程的形式或呈现方式是多样的，有显性课程，也有隐形课程；有活动课程，也有学科课程；有纸质的，也有电子版等等。课程开发注重技术，也强调经验、非理性因素的运用。决定课程发展因素主要有社会因素，包括科技发展、经济文化等。不同的时代，课程的内容和形式是不一样，教学方法也是各领风骚。当下，我们正处在大数据、智能社会来临的前夕，人类社会发展的不确定性从来没有如此强烈。作为课程要回应时代的变化，从课程就是"教什么"和"怎样教"的角度看，就要求中小学劳动教育课程要重视学生思维能力、动手能力的培养，重视"做中学"，而网上课程、录播课程、直播课程等课程形态也必然大行其道。《义务教育课程标准规定（2022年版）》规定："义务教育劳动课程以丰富开放的劳动项目为载体，重点是有目的、有计划地组织学生参加日常生活劳动、生产劳动和服务性劳动，让学生动手实践、出力流汗，接受锻炼、磨炼意志，培养学生正确的劳动价值观和良好的劳动品质。"

4. 素质教育、生活教育和具身学习

统摄"区域高品质推进劳动教育"项目课程开发的教育思想或理论，是素质教育思想和生活教育理论。素质教育是我国中小学教育的基本要求、实践方式和追求目标。其基本理念就是以学生发展为本、五育融合、学校社区家庭一体，培养学生的核心素养。生活教育理论的主要内涵是以培养具有科学头脑、农夫身手、健康体魄、艺术兴味和社会改造精神的"真人"为目标，实现"教育即生活、社会即学校、教学做合一"。素质教育和生活教育本质上是相同的，它们给我们的启迪就是："区域高品质推进劳动教育"项目课程开发，要注重培养学生的劳动素质，要发挥学校、家庭和社会的作用，让教师、学生和家长参与课程开发；"区域高品质推进劳动教育"项目的课程无论是目标确定，还是内容选择都必须契合宝山的区情、学校的实情，劳动教育要培养适应宝山经济发展的人，为区域文明进步服务；"区域高品质推进劳动教育"项目的课程开发要联通学生的生活，面向实践、面向真实劳动场景、面向未来产业发展，为学生提供"劳动生活"。从具身学习理论来看，课程是一个过程，而不仅仅是知识的传递；课程是师生的对话，是知识生成。因此，劳动教育课程应该重视学生的经验，为学生全身投入学习提供时间和空间机会，课程目标和内容要便于学生理解、体验，教学方式需要学生手、脑、耳、眼等多种感知器官参与，学思结合、知行合一，发展学生多元智力。

二、"区域高品质推进劳动教育"项目课程开发的目标与内容

博比特认为，课程开发的首要任务是"发现能构成学生的活动，借以培养其能力和个人品质，使之有得体的表现"。[①] 基于区域发展情况与学校劳动教育的现实，"区域高品质推进劳动教育"项目课程开发的目标是：建构以"知行合一、得道修能；具身学习、幸福生活"为培养目标，体现区域特点的系统化、多样化、可选择、重实践、完整的区域劳动教育课程体系，培养学生的劳动素养，为学生成为合格公民和区域社会文明发展的促进者奠定良好的基础。

（一）三横课程——三面劳动教育课程群

中小学、幼儿园属于基础教育、普通教育，学生生活与学习的主要场域主就在家庭、学校和社区；从劳动教育的角度看，便于其安全、简易实施的劳动也主要是家庭劳动、学校劳动和社会公益劳动。因此，相应地开发三类课程，自然是"区域高品质推进劳动教育"项目课程开发的首选。

1. 家庭劳动课程、学校劳动课程、社会劳动课程

家庭劳动、学校劳动和社会性劳动是中小学劳动教育的基本劳动形式和内容。《中共上海市委、上海市人民政府关于全面加强新时代大中小学劳动教育的实施意见》重点指出，要创新校内劳动实践、重视日常家庭劳动教育、开展多样化社会劳动实践。与此相应，"区域高品质推进劳动教育"项目组织开发

---

① 艾伦.C.奥恩斯坦，费郎西斯.P.汉金斯.课程：基础、原理和问题[M].柯森，译.南京：江苏教育出版社，2002.

了家庭劳动课程、学校劳动课程、社会劳动课程。

（1）家庭劳动课程。以学校教师和家长为主要开发主体，课程主要以"学生家庭劳动清单"为主要形式出现，通过让学生收纳整理衣物、打扫家庭卫生、帮厨烹饪、侍候老人、家电护理等劳动，培养学生良好生活习惯、自理能力、责任担当和服务他人的意识与能力；涉及学生生活自理、家务承担、家庭美化、侍奉父母等内容；主要实施方式是父母言教、身教和督促等，拟通过在创建的"宝山区中小学劳动教育家校合作平台"进行家校互动评价。课程建议，家长要树立正确的孩子成长观和成才观，当好孩子劳动教育的"第一任教师"，鼓励并"手把手"教会孩子家务劳动，每年学会1到2项生活技能；注重言传身教，培育优良家风，培养孩子生活自理意识和能力，主动承担家务劳动，参与家庭事务管理；引导孩子开展孝亲敬老爱幼劳动。

（2）校内劳动课程。2015年教育部、共青团中央、全国少工委联合发布的《关于加强中小学劳动教育的意见》指出："要在学校日常运行中渗透劳动教育，积极组织学生参与校园卫生保洁和绿化美化，普及校园种植。开辟专门区域种植花草树木或农作物，让班级、学生认领绿植或'责任田'，予以精心呵护，有条件的学校可适当开展养殖。大力开展与劳动有关的兴趣小组、社团、俱乐部活动，进行手工制作、电器维修、班务整理、室内装饰、勤工俭学等实践活动。广泛组织以劳动教育为主题的班团队会、劳模报告会、手工技能展演，提高学生劳动意识。""区域高品质推进劳动教育"项目组织、动员基地学校重点开发实施了涵盖学具整理、班级事务管理、校园清洁绿化、校内岗位劳动、校园种植与养殖、主题班会、主题活动课程，表现为"校园劳动清单"和学校校本劳动课程，目的是培养学生热爱劳动的态度与掌握劳动基础知识和基本技能，做到手脑并用、知行合一，具备与年龄相适应的生存生活、团队合作、综合应用、创新创造能力，养成主动劳动、坚持劳动的良好习惯。如，宝山区实验小学的"巧手收纳坊"课程、上海市宝山区第三中心小学的"'竹篾清心'竹编特色课程"校本课程、吴淞中学梅影创艺——微视频制作、行知中学附属实验学校校园小菜农、月浦实验学校的"头脑奥林匹克'变废为宝'入门"课程等为校园劳动课程。

（3）社会劳动课程。社会性劳动，也可以理解为校外劳动，是校内劳动的补充和延伸。教育部、共青团中央、全国少工委联合发布的《关于加强中小学劳动教育的意见》规定："要将校外劳动纳入学校的教育工作计划，小学、初中、高中每个学段都要安排一定时间的农业生产、工业体验、商业和服务业实习等劳动实践。充分利用劳动教育实践基地、综合实践基地和其他社会资源，结合研学旅行、团日队日活动和社会实践活动，加强城乡学生交流，组织学生学工学农。城镇学校可结合实际情况组织学生参加公益劳动与志愿服务,农村学校可结合实际情况在农忙时节组织学生帮助家长进行适当的农业生产劳动。"上海市发布《中共上海市委、上海市人民政府关于全面加强新时代大中小学劳动教育的实施意见》也要求:"各区、各有关部门和单位要协调有关劳动教育资源,支持学校组织学生深入田间、工厂等,参加力所能及的生产劳动和服务性劳动,与普通劳动者一起经历劳动过程,体认劳动创造价值。鼓励高新企业、科研院所、新兴工业园区等履行社会责任,为学生体验现代科技条件下劳动实践新形态、新方式提供支持。学校要统筹利用各方资源,组织学生深入城乡社区、福利院和公共场所等开展公益劳动和志愿服务。"目前,"区域高品质推进劳动教育"项目已开发出包括"农业劳动体验""工业生产体验""商业和服务业体验"等社会劳动教育课程,如上海市宝山区顾村中心校开发的"自然触碰 & 创意物化",该课程面向小学中高年级学生,以生产劳动为切入口,将自然物进行创意物化为主要学习内容的综合实践课程。以"种植养护→采集识别→艺术创意→打造品牌→成果呈现"为劳动流程,形成具有"品牌特色"的劳动成果,从而让学生正确认识劳动创造价值、创造美好生活的道理,初步体验生产劳动的产品成果意识和成就感,树立劳动最光荣、劳动很美好的观念。上海市宝山区第二中心小学"大拇指梦工厂"课程也是一门融木工设计、木工制作,产品宣传与推广等一系列内容的综合型课程,培养学生动手实践、创意思维、专注能力、善于交际、统筹管理等五大能力。上海市陈伯吹中学的"食用菌栽培技术"、上海市通河中学的"仿生机器人与智能硬件"也属于此类课程。

2. 劳动情意课程、劳动技能课程、职业体验课程

在 2018 年全国教育大会上习近平总书记强调,"要在学生中弘扬劳动精神,教育引导学生崇尚劳动、尊重劳动,懂得劳动最光荣、劳动最崇高、劳动最伟大、劳动最美丽的道理,长大后能够辛勤劳动、诚实劳动、创造性劳动"。中小学劳动教育的主要目标和内容是培养学生劳动价值观、劳动知识、劳动技能,让学生感知职业,具备一定生涯发展基础。据此,"区域高品质推进劳动教育"项目组提出并组织开发劳动情意课程、劳动技能课程、职业体验课程。

(1) 劳动情意课程。这是一类能体现"区域高品质推进劳动教育"项目课程特色的课程,以区劳动教育研究与指导中心为开发主体,主要以马克思主义劳动价值观、社会主义劳动精神、中华民族优秀传统、劳模精神、工匠精神和积极劳动心理为课程内容,培养学生劳动精神、劳动态度、劳动品质。以《劳动伴我幸福成长——劳动精神教育丛书》为例,是一门带有宝山区特点的"学生劳动精神培养"课程,现已开发了"学前版""小学 1—3 年级低年段

版"和"4—5级高年段版",该课程重在培养学生马克思主义劳动观、中华民族优秀传统劳动美德和现代劳动品质,让学生体认劳动不分贵贱,具有服务他人与合作劳动意识,养成崇尚劳动、热爱劳动、尊重普通劳动者、珍惜劳动成果的情感。下面是小学高年级版的《劳动伴我幸福成长》目录。

（2）劳动技能课程。莫尔提出"每一个青年人至少要学习一种手工业""体力劳动是每一个人必须参加的",[①] 劳动教育的独特功能在于"劳动技能的培养"。"区域高品质推进劳动教育"劳动技能课程以手工制作、烹饪、植物种植、金工、木工、信息技术等为主,重在培养生活自理能力、家政服务能力、设计制作、技术加工、现代信息技术应用能力。劳动基地学校是这类课程的主要开发者,"做中学"是主要教学方法,探索进行情境评价和档案袋评价。迄今为止,"区域高品质推进劳动教育"项目基地学校已开发出包括厨艺、布艺、雕刻、木工、版画、手工制作、剪纸、非遗传承等20多门校本课程。其中,上海市泗塘二中的"核桃雕刻"、上海市潜溪上学校的"布·艺"、上海市宝山区广育小学的"育彩花艺"、通河中学的"茶研瓷语"、宝山中学的"锯瓷创新"课程等都小有名气,受到学生的欢迎。

---

① 曾天山,顾建军. 劳动教育论[M]. 北京:教育科学出版社,2020.

（3）职业体验课程。教育部印发的《大中小学劳动教育指导纲要（试行）》提出，"初中要开展职业启蒙"，高中要进行"职业体验"教育。2020年8月颁发的《中共上海市委、上海市人民政府关于全面加强新时代大中小学劳动教育的实施意见》规定："初中要注重职业劳动体验……普通高中要适当开展职业训练，具备应对和处置常见劳动安全事故的基本技能，增强生涯规划的意识和能力，具有劳动自立意识和主动服务他人、服务社会的责任感。""区域高品质推进劳动教育"项目认为职业体验是有效的劳动教育途径和方式，大力推动初中基地学校和高中开发"职业体验课程"和"生涯教育课程"。"区域高品质推进劳动教育"项目初中基地学校、高中基地学校和部分小学、幼儿园都开发了职业体验劳动课程。以宝山区高境四中为例，该校多年来在六至九年级学生中开展职业理解教育，开发了"职业理解"课程，编制了《高境四中职业预备教育》学生读本，帮助学生了解职业、认识自己、体验劳动、规划生涯，让学生通过了解、参观、动手参与等了解自己、认识自己、发现自己。新民实验学校的职业体验教育课程是：组织学生到职业院校等场所参观、学习、体验等，引导学生认识职业角色，了解职业特点，体验岗位实践，感悟体验过程，培养职业兴趣，初步形成生涯规划的意识和能力。该校分别以月浦城管中队和月浦邮电支局等单位为基地，常态化开展职业体验劳动，让学生更好地走向社会、了解社会，体验不同行业劳动的辛苦。通过职业体验，使学生感悟自身的变化与成长，理解辛勤劳动对于丰富和发展自我的重要性，激发学生在未来学习生活中努力奋进、自主追求与实现梦想的勇气，为以后融入社会打下扎实的基础。上海市宝山区淞南中心幼儿园2020年开始建构"美丽与伟大——幼儿职业感知课程"，通过幼儿劳动教育清单引导幼儿走进劳动世界、走近普通劳动者，感知劳动的创造美好、劳动者的可爱与伟大。

3. 服务性课程、能工巧匠课程、创新实验课程

劳动是人的生活方式，劳动创造文化，文化造就人。为了全面推进劳动教育，使劳动教育弥漫在学生周围，"区域高品质推进劳动教育"项目还从文化的视角、劳动形态发展的视角，开发出服务性课程、能工巧匠课程、创新实验课程。

（1）服务性课程。《关于全面加强新时代大中小学劳动教育的意见》明确提出了开展"服务性劳动教育"的要求；《大中小学劳动教育指导纲要（试行）》重申了这一要求，并规定了服务性劳动教育在中小学劳动教育中的一般作用、目标和内容。这两份文件的颁布，足见中小学开展服务性劳动教育的重要性、必要性和紧迫性。

"区域高品质推进劳动教育"项目花大力气组织开发中小学服务性课程。

该系列课程也是一种跨学科、广域性、综合性劳动教育课程，是一种以家政服务、公益劳动、志愿服务为主要内容，以学科渗透、活动体验、项目学习、研究性学习等为主要实施方式，着重培养学生服务能力、服务意识和社会主义核心价值观。以宝山区泗塘新村小学为例，其"张庙一条街"课程就是这种课程。目前，各基地学校正在努力结合综合实践活动，开发自己的服务性劳动教育。如，泗塘新村小学的"张庙一条街课程"就是这样一种多次见诸报端的服务性劳动教育课程。该校校长周萍在介绍时这样说道："'张庙一条街'是以服务性劳动为主要内容的，具有地域生活风情的综合实践活动课程，包括餐饮服务、手工制作、商业销售、观光旅游等课程模块。学校利用得天独厚的位置条件，在校园内改造场地用于空间打造，由学生探索主导、老师协同辅助重现地区经典，挖掘劳动教育的内涵。我们希望在这堂极具亲和力和创新性的'项目'中，努力让学生在参与过程中一步步发现，一点点进步，获得劳动素养的提升。"从区域层面讲，"区域高品质推进劳动教育"项目组正在指导学校建构"行知行"学校将志愿服务课程，要求各基地学校，从学校实际出发，以志愿服务为载体，通过体验式教育，引导学生理解劳动精神与志愿精神的内核，从空间的限制中跳脱出来，自己动手操作、感受生活。当前，上海市淞谊中学、上海大学附属中学都基本建成了自己的以学校内"义工"岗位为主体，配有测评体系的融合劳动志愿者服务课程。

（2）能工巧匠课程。杜威指出，"学校课程的主要内容应该是不同形式的主动作业，如园艺、纺织、木工、烹饪等。"①能工巧匠该系列课程是以培养学生动手操作、设计制作、技术加工、现代信息技术应用能力为主要目标的课程，主要包括学校劳技类课程、非遗传承类课程和生活劳动类课程。目前，项目组正在考虑引进外区域一些成熟的传统手工艺制作课程，如苏绣、陶艺等。罗店中学开发的《龙船制作》、杨行中心校的吹塑版画、吴淞二中"蔡氏剪纸"均以培养学生劳动技能为主，属于能工巧匠课程。鞠玉翠教授认为，付出体力劳动和脑力劳动不一定便可称之为美，只要劳动的过程与结果不合目的、不合规律便无法称之为美，或者其过程与结果合规律、合目的，但二者并没有达到统一，那也不能称之为美。只有当劳动者在合目的性与合规律性统一的劳动中获得自我确证，才是美。②这类课程的特点都是基于学校传统和地区教育资源，通过选修课与社团活动进行，贯彻执行"教学做"合一的原则，着力培养学生动脑动手能力和审美能力。

---

① 曾天山，顾建军. 劳动教育论[M]. 北京：教育科学出版社，2020.
② 鞠玉翠. 追寻劳动的教育美学意蕴[J]. 教育学报，2018，14（5）：55-62.

(3) 劳动创新实验室课程。创造性劳动是劳动的最高境界，也是社会劳动发展的趋势。为了培养学生创新能力，使之能适应科学技术发展的需要，进行创造性劳动，"区域高品质推进劳动教育"项目十分重视"劳动创新实验室课程"开发，区劳动教育研究与指导中心大力支持基地学校开发、应用劳动教育创新课程。迄今为止，项目组已初步发展了10门这类课程。如：上海市行知中学工程结构、无人机、智能制造、智能机器人、数字工坊5个工程类的创新实验室，通河中学的"茶研瓷语"，松浦高级中学的"模拟自动化工厂"课程，上海月浦实验学校的"OM"课程，刘行新华实验学校的"未来工程师、少年科学社等科技创新劳动"课程，吴淞中学的"道尔顿工坊"课程。其中，"道尔顿工坊"课程已成为区级共享课程。道尔顿工坊现有学生自主创新实验室22间，涉及机电机械、电子技术、生物、化学、物理、精密光学、现代机械加工、文创、影视制作等，通过该校"网上观澜书院"平台、道尔顿工坊公众开放日活动，实现全区共享。

（二）一纵课程——三级劳动教育课程群

完整的课程体系应该是纵横结合、经纬交织的有宽度、有高度的课程结构。"区域高品质推进劳动教育"项目"一纵课程"是依据课程实施对象、开发主体以及在区域课程体系中的地位而设计开发的课程。大多数情况下，它不是撇开以上"三横"课程去另外开发，而是对"三横"课程进行定位，规定其教育对象和使用范围，使之在目标、内容和难度上体现级别等差，保证劳动教育的连贯性、一体性、阶梯性和特色性，进而实现"区域高品质推进劳动教育"项目高阶的目标。

(1) 基地学校校本课程。这是各"区域高品质推进劳动教育"项目基地学校依据自己的校情、学情和基地建设规划而开发的校本劳动教育课程。"区域高品质推进劳动教育"项目要求所用基地学校依据"区域高品质推进劳动教育"项目区域课程建设的需要，从落实国家《义务教育劳动课程标准（2022年版）》和上海市劳动教育课程要求、培植学校劳动特色，提高学校劳动教育实效的目标出发，积极稳妥地开发校本劳动教育课程。开发目标有两个：一是完善整个"区域高品质推进劳动教育"项目课程架构，细化、支撑"区域高品质推进劳动教育"项目课程整体目标和内容；二是充实本校劳动教育内容，彰显学校劳动特色，重点培养学生选择性劳动能力和品质，即基于学校办学条件和师资而选择的学生劳动素养。以白茅岭农场学校为例，该校地处皖南农村，学校土地面积达180亩，学生人数少，主打劳动教育特色是"绿色种植"；我们就建议它重点开发中草药种植课程，培养学生动脑动手能力和中药知识，既丰富区域劳动教育课程，彰显自己学校劳动特色，同时又可以弥补宝山区中医教育的不足。同样，上海大学附属中学的"一城一地一非遗"——跨学科融合课程，其对"区域高品质推进劳动教育"项目课程的贡献是弥补区域跨学科课程的不足，其对学生的培养目标是培养学生动手能力，增强学生审美素养与能力。实际上，校本课程是"区域高品质推进劳动教育"项目课程的基础，也是占比最大的课程内容。前面所提及的课程绝大部分是校本劳动教育课程。

（2）区域劳动教育共享课程。区域劳动教育共享课程，是指由项目组组织开发，可供全区中小学、幼儿园选用的区本劳动教育课程。从内容维度看，主要包括家务劳动课程、校园劳动课程和社会劳动课程；从课程实施方式看，包括劳动情意课程、劳动技能课程、职业体验课程、创新实验课程。开发区域共享课程，目的是弥补国家课程不足，增加学校课程的选择性，造就区域劳动教育特色。"区域高品质推进劳动教育"项目所开发的区域共享课程目标指向未来区域区劳动市场需要的、指向学生特定的劳动素养，也即如果国家或校本课程完全有能力产生这方面影响，基本可以满足学生劳动教育需要的"区域高品质推进劳动教育"项目不做重复性开发；所开发的课程一定是弥补国家或校本课程无法兼顾的，影响力难以到达，但作为宝山区中小学学生又必须具备的劳动素养课程，目的是增益学生劳动能力或品质，或者培养学生某个方面的特别能力，如，我们"区域高品质推进劳动教育"项目重点开发的《中小学学劳动精神培养读本》出发点是，劳动精神培养容易受到忽视，国家没有专门课程，但劳动精神又是学生劳动素养的重要部分，所以"区域高品质推进劳动教育"项目特别关注，大力开发。另外，鉴于目前我国中小学服务性劳动教育处于经验化、碎片化、无序化、表面化实施的状态，项目组准备花两年时间，开发"中小学服务性劳动教育"理论课程、活动课程和隐性课程，建构区域共享性中小学服务性劳动教育课程。

"区域高品质推进劳动教育"项目的区域共享课程一部分是宝山区项目组组织开发的，如"宝山区小学生收纳整理""宝山区中学生家庭电器维修"课程；一部分是基地学校开发打磨的"好的""校本课程"，如"宝山区中小学布艺"课程就是潜溪学校开发、实验后经专家评定后的"好"课程。2022年7月，"区域高品质推进劳动教育"项目将组织杨行中心校、上海市宝山区第二中心小学、月浦实验学校总结各自经验，合作开发"变废为宝"系列共享课程，培养学生的设计、动手能力和审美素质。

（3）区域劳动教育精品活动课程。这是面向一些劳动素养出类拔萃的学生专门设计开发的研究性、竞赛性的课程，主要以技能比赛、研究与设计、创造发明等活动课程为主，目的是开发学生潜能，培养学生兴趣、发展学生特长和天赋能力。如，项目组即将推出的"美学劳动——美育融创"课程、"中华美食"制作、"智能办公"课程等是对烹调、职能办公有一定基础和兴趣的学生专门开发的选择性精品课程。区域精品课程还有以技能竞赛、才艺比拼和劳动成果展示活动类课程。宝山区中学生"行知杯"机器人大赛就是这样一类精品活动课程。目前，由宝山区劳动教育研究和指导中心与盛桥中学联合开发的《影领劳动——劳动题材电影赏析》快要杀青，疫情结束后可投放学校使用，组织对影视传媒有特别兴趣的学生学习。

精品价值课程的来源有三：一是有的来自区域共享课程，如"美学劳动——美育融创课程"课程，就是总结、提炼布艺、针织、剪纸、扎染、十字绣、雕刻等共享手工课程经验后的集大成者，它吸收、保留了原先作为共享课程的精华，删除了其中不合理和冗余部分，增加了新内容、新要求；二是项目组主导开发的课程，如"中小学服务性课程指南"课程包括服务性劳动理论、志愿服务、护理与生命求援、厨艺精选等内容；三是直接引进，如果域外有好的劳动教育课程，类似生涯指导、计算机语言与软件开发等，适合本区域而自己又难以开发的好课程，我们就发挥"拿来主义"直接引进、使用。

《关于全面加强新时代大中小学劳动教育的意见》指出："各地和学校要注重围绕劳动教育的目标和内容要求，从提高劳动教育的效果出发，把握劳动教育任务的特点，抓住关键环节，选择适宜的劳动教育方式。"精品价值课程严格贯彻执行这一精神，注重讲解说明、淬炼操作、项目实践、反思交流、榜样激励。

如果说区域共享课程、学校校本课程是基础性、通识性、成长性课程，那么精品活动课程就是专门性、特长性、发展性课程，是突出培养学生"劳动思维、劳动韧性、统筹设计能力、创新实践能力"的课程，是用来检测区域共享课程、学校校本课程实施成效的结果性课程。这也就是说，"区域高品质推进劳动教育"项目开发的课程具有层级性、进阶性和系统性，即校本课程是基础性课程、共享课程是发展性课程、精品价值课程是卓越性课程；校本课程注重"应知能行"，共享课程突出"善知善行"，精品价值课程强调"乐知创行"，目标和内容叠加递进，循环上升、逻辑延展。

综上所述，"区域高品质推进劳动教育"项目课程体系，是一个"三横一纵"的"王"字形结构。"三横"课程则是由一系列互相渗透、相互支持的学科类、项目类、活动类的课程组成，主要包括劳动情境课程、劳动技能课程、服务性课程、创新实验室课程、职业体验劳动课程。"一纵"即由区域共享课程、校本课程、精品活动课程构成一个阶梯晋升的纵向课程；"三横一纵"课程包括必修课程、选修课程、活动课程、隐性课程、纸质课程、电子课程。"三横一纵"课程的主要内容和目标如下表所示：

"区域高品质推进劳动教育"课程目标与内容

学段	年级	培养目标	主要内容
幼儿园		一、低阶目标 1. 初步了解常见职业的分类与特点 2. 学会基本生活技能和生存技能 3. 感知劳动美好 二、高阶目标 1. 对不同职业劳动者的尊重 2. 养成良好个人卫生的好习惯 3. 有初步的合作意识，能与伙伴一起共同完成一定的任务 三、情境目标 1. 懂得尊重他人的劳动、珍惜劳动成果 2. 初步培养安全和自救意识 3. 对自己和自己的劳动能力有一定的自信 4. 能与同伴合作和分享劳动果实	通过劳动意识启蒙教育，培养学生基本生活技能和劳动自信，对职业有初步感知 1. 卫生习惯教育 （1）个人卫生教育：学习洗手、洗脸、洗头、洗脚、洗澡、刷牙、上厕所、剪指甲、穿衣等要求和技能 （2）公共卫生教育：学习在公共场合卫生要求，做到不随地吐痰、大小便、不乱扔果皮纸屑等 2. 生活习惯教育 （1）良好饮食习惯教育：学习吃饭、喝水等要求和技能，做到不挑食、不偏食、不吃不干净食物等 （2）遵守时间习惯教育：学会按时就餐、学习和游戏 （3）良好睡眠和起床习惯教育：学会独自上床，能按时睡眠和起床 3. 生活自理技能教育。学习自己洗刷、穿脱衣物、系鞋带，帮助父母洗碗、扫地、拣菜，珍惜粮食，爱护物品 4. 学习安全知识，初步学会自救的技能 5. 学会照顾植物、饲养动物 6. 介绍行业工作，初步感知劳动分工和职业

续上表

学段	年级	培养目标	主要内容
小学	低年段	一、低阶目标 1. 知道劳动的价值；感知劳动创造之美 2. 了解一些简单手工工具的使用知识，了解植物栽培、动物饲养等简单知识，初步学会一些简单的日常生活劳动、服务性劳动知识 3. 学会使用、清洁、整理和保管生活用品、学习用品，形成良好的生活、卫生习惯；掌握生活自理的一些技能 4. 掌握简单手工制作的一些技能 二、高阶目标 1. 注重生活能力的培养，树立自己的事情自己做的意识 2. 能认识简单的劳动工具，初步学会一些简单的家务劳动、校内和校外劳动；能根据自己的劳动能力，尝试参与简单的社会服务活动，学习服务他人 3. 培养劳动意识和劳动安全意识，懂得人人都要劳动 三、情境目标 1. 获得"生活自理我能行"的劳动体验 2. 初步体认劳动过程的不易，感知劳动乐趣，爱惜劳动成果，愿意与他人分享劳动成果 3. 培养集体荣誉感	以个人生活起居为主要内容，开展劳动教育 1. 接受自我服务教育，完成个人物品整理、清洗，进行简单的家庭清扫和垃圾分类等，养成自己的事情自己做的意识和生活自理能力 2. 进行家庭服务教育，学习家政知识，参与家居生活劳动 3. 参与适当的班级集体劳动，主动维护教室内外环境卫生等 4. 进行简单手工制作，初步掌握简单的饲养和种植知识 5. 认知职业，理解普通劳动者；照顾身边的动植物，了解生命和自然 6. 学习、阅读《劳动伴我幸福成长》区本教材

续上表

学段	年级	培养目标	主要内容
小学	高年段	一、低阶目标 1. 知道劳动的意义；懂得人人要劳动，幸福靠奋斗 2. 了解我国优秀劳动教育传统劳模的先进事迹 3. 初步学会家居清洁、收纳整理，制作简单的家常餐生活技能；了解一些常用劳动工具的结构和用途方面的知识，能识读一些简单的图样 4. 初步学会种植、养殖、手工制作等简单的生产劳动技能 5. 初步学会卫生保洁、垃圾分类处理、绿化美化等技能 6. 初步学会与他人合作劳动 二、高阶目标 1. 增强生活自理能力和勤俭节约意识，培养家庭责任感 2. 培养与他人合作的意识 3. 增强公共服务意识；初步培养发现问题、解决问题的能力以及与他人协作的能力；能运用常见、简单的信息技术解决实际问题，服务学习和生活初步树立技术意识、实践创新精神，培养动手能力和审美情趣 三、情境目标 1. 懂得生活用品、食品来之不易，珍惜劳动成果 2. 体会劳动光荣，尊重普通劳动者 3. 初步养成热爱劳动、热爱生活的态度 4. 获得初步的职业体验	以校园劳动和家庭劳动为主要内容开展劳动教育 1. 参与家居清洁、收纳整理，制作简单的家常餐等，每年学会1到2项生活技能；参与设计早餐食谱、改造玩具、学会钉纽扣等自我服务 2. 学习家庭交往礼仪，包括起身迎、引入座、敬茶水、摆座椅、备饭菜等尊重、友好的行为规范 3. 参加校园学校校门轮值、卫生保洁、垃圾分类处理、绿化美化等 4. 学习扎、结、剪、折、粘贴等小技能，使用一些简单的劳动工具和材料，进行简单的创意手工制作，如纸艺、小玩具制作等 5 学习使用与维护家用电器的知识，利用工具安全有效地设计与制作一些物品、模型，正确认知劳动的价值 6. 适当参加社区环保、公共卫生等力所能及的公益劳动 7. 学习简单的生产技术，参加职业体验活动，理解职业劳动的意义 学习、阅读《劳动伴我幸福成长》区本教材

续上表

学段	年级	培养目标	主要内容
初中	六、七年级	一、低阶目标 1. 知道劳动的意义与价值；体认劳动崇高、劳动伟大、劳动美丽的道理 2. 了解劳模的先进事迹 3. 掌握家庭日常生活知识和劳动技能 4. 学会安全使用常见劳动工具 5. 掌握传统工艺制作流程 6. 学会种植、养殖等相关技术 二、高阶目标 1. 进一步培养生活自理能力和习惯，增强家庭责任意识 2. 掌握一些现代生产必备的技术基础知识，知道常见工具和材料的特性，学会较复杂的加工工具和设施的使用 3. 初步形成对自己和家人负责任的态度和社会公德意识 4. 形式职业意识 三、情境目标 1. 体会劳动创造美好生活 2. 养成认真负责、吃苦耐劳的劳动品质和安全意识 3. 增强公共服务意识和担当精神	兼顾家政学习、校内外生产劳动，安排劳动教育内容，开展劳动教育 1. 承担一定的家庭日常清洁、整理、烹饪等家务、进一步学习待客接人之道 2. 定期开展校园包干区域保洁和美化；参加校内服务性劳动 3. 适当体验包括木工、陶艺、布艺等项目在内的劳动及传统工艺制作过程 4. 参与种植、养殖等生产活动，学习相关技术 5. 组织开展社会劳动，掌握公益劳动与志愿服务知识和能力 6. 开展职业启蒙教育，帮助学生职业定向 7. 学习、阅读《劳动伴我幸福成长》区本教材，养成认真负责、吃苦耐劳的劳动品质和安全意识

续上表

学段	年级	培养目标	主要内容
初中	八、九年级	一、低阶目标 1. 知道劳动的意义与价值 2. 了解劳模的先进事迹 3. 进一步培养生活自理能力和习惯，增强家庭责任意识 4. 学会学校校内劳动、社会劳动一些劳动技能 5. 知道常见工具和材料的特性，掌握一些现代生产必备的技术基础知识，学会安全使用工具 6. 初步学会家电器具等保养与维修等相关技术 二、高阶目标 1. 初步形成对自我、学校、社区负责任的态度和社会公德意识及法制观念 2. 通过相关技术的学习，获得初步的职业体验，形成初步的生涯规划意识 3. 掌握开展社会服务和社会劳动的方法；具有与他人进行技术合作、技术交流的态度与能力 三、情境目标 1. 体会劳动创造美好生活 2. 养成认真负责、吃苦耐劳的劳动品质和安全意识 3. 增强公共服务意识和担当精神 4. 能主动和别人分享劳动的体验和感受，养成勤奋、安全劳动的习惯	兼顾家政学习、校内外生产劳动、服务性劳动，开展职业启蒙教育 1. 系统学习劳动价值观、劳动精神；养成诚实、安全、刻苦等劳动品质和习惯 2. 承担一定的家居美化等劳动 3. 开展助残、敬老、扶弱等服务性劳动 4. 学习木工、金工电工技术、电子技术等相关技术，尝试家用器具、家具的简单修理，培养和提高探究、设计、统筹等意识和能力 5. 服务性劳动教育课程化实施，对学生进行服务性劳动策划、实施和反思能力教育 6. 学军、学农、学工，进行职业体验 7. 学习运用一定的操作性技能解决生活中的问题，将一定的想法或创意付诸实践，通过设计、制作或装配等，不断改进较为复杂的制品或用品 8. 开展传承非遗、雕刻、中草药种植等特色教育，提高学生动手能力和文化认同

续上表

学段	年级	培养目标	主要内容
高中	高一年级	一、低阶目标 1. 知道劳动的意义与价值；体认劳模精神和工匠精神 2. 了解劳模的先进事迹 3. 掌握日常生活劳动技能 4. 掌握常见劳动安全事故的基本技能 5. 了解、掌握现代农业、工业、服务业的一些知识，掌握相关技术 二、高阶目标 1. 通过参加公益活动、志愿服务，强化社会责任意识和奉献精神 2. 提高创意物化能力，养成吃苦耐劳、精益求精的品质 3. 具备探究、解决一般劳动问题能力 三、情境目标 1. 接受锻炼、磨炼意志 2. 巩固劳动习惯，深化热爱劳动、热爱劳动者、尊重劳动成果和艰苦奋斗的情感和精神 3. 具有劳动自立意识和主动服务他人、服务社会的情怀	注重开展服务性劳动和生产劳动 1. 持续开展日常生活劳动，增强生活自理能力，固化勤奋、坚持、创新等良好劳动品质习惯 2. 积极参加校内劳动，养成效率意识，提高沟通合作能力 3. 积极参加社区建设、志愿服务 4. 开展通用技术课程教育，掌握工业、农业、现代服务业以及中华优秀传统文化特色项目知识和能力 5. 设置传统工艺与科技实践创新劳动教育项目，增加技术解决的要求，使学生能用所学知识解决生活中遇到的问题 6. 加强职业教育，掌握基本的职业道德和技能要求，规划自己的职业生涯 7. 组织开展多种形式的面向未来的劳动项目学习，形成技术意识和创新精神 8. 结合政治思想课，普及现代法律意识、规范劳动意识；开展劳模精神、工匠精神教育，进一步树立马克思主义劳动观

续上表

学段	年级	培养目标	主要内容
高中	高二、高三年级	一、低阶目标 1. 知道劳动的意义与价值；体认社会主义核心价值观 2. 了解劳模的先进事迹 3. 掌握日常生活劳动技能 4. 掌握常见劳动安全事故的基本技能 5. 具备利用信息技术进行分析和解决问题的能力以及数字化产品的设计与制作能力 二、高阶目标 1. 获得真切的职业体验，培养职业兴趣 2. 强化社会责任意识和奉献精神 3. 增强生涯规划的意识和能力 4. 具备与人沟通、合作的能力 5. 了解现代金融、人工智能基础知识，掌握现代信息及其他生产领域相关技术 三、情境目标 1. 获得"劳动最光荣、劳动最崇高、劳动最伟大、劳动最美丽"的劳动价值体验，形成正确、稳定和开放的劳动价值观 2. 初步体悟到个人成长与职业世界、社会进步、国家发展的关系，主动和别人分享劳动的体验和感受，培养不怕挫折、勇于克服困难的意志和良好劳动习惯 3. 具有劳动自立意识和主动服务他人、服务社会的情怀	注重围绕丰富职业体验，开展服务性劳动和生产劳动 1. 学习美食、营养、救护等知识，选择服务性岗位，经历真实的岗位工作过程，提升生活劳动能力 2. 积极参加大型赛事、社区建设、环境保护等公益活动、志愿服务 3. 参加生产劳动，强化学生劳动技能 4. 开展劳动教育探究学习和时间，具备应对和处置常见劳动安全事故的基本技能 5. 开设经济学课程，学会理性消费和理财 6. 学习当代科技知识和高新技术，掌握现代信息及其他生产领域相关知识和技术 7. 创新政治思想教育，学习劳模精神、工匠精神，养成艰苦奋斗、精益求精、坚持不懈的劳动品质，进一步树立马克思主义劳动观

(三) 三横一纵"王"字形劳动教育课程目标与内容特点

三横一纵"王"字形劳动教育课程体系，是一个幼儿园、中小学14年一贯制劳动教育课程体系，涉及日常生活劳动、生产劳动、服务性劳动等劳动领域，包括50门共享课程、精品价值课程。其中，幼儿园7门课程，含有为劳动游戏、幼儿种养、幼儿手工、幼儿生活自理、职业感知、幼儿志愿活动、幼儿劳动精神教育启蒙等10种教材；小学阶段16门课程，含有手工制作、校园岗位劳动、劳动精神培养、校园种植、收纳整理、家政服务、电子小制作、家用电器、职业了解、志愿服务、非物质文化遗产传承等20种教材；初中阶段共19门课程，表现为劳动精神教育、布艺、雕刻、结艺、营养与烹饪、工艺制作、养殖、金工、木工、食用菌、园艺、蔬菜、农作物、电子电工、现代办公技术、职业指导、公益劳动与志愿等20种教材；高中8门课程，表现为社会主义劳动观与劳动精神教育、通用技术、职业体验、生涯教育、园艺、计算机语言与编程、环境保护、科技制作与发明、研学旅游、勤工俭学等10种教材。这些课程与教材难度不一，内容各有侧重，但基本都紧紧围绕中小学劳动教育目标，体现"区域高品质推进劳动教育"项目重劳动精神、劳动习惯、劳动技能、劳动品质培养的特征。

从以上论述中，不难看出"区域高品质推进劳动教育"项目课程体系目标与内容的特点：

(1) 突出学生劳动精神、劳动态度和情感的养成。"区域高品质推进劳动教育"项目特别重视学生劳动意识、劳动精神、劳动态度和情感的养成，着重开发、编制了区本课程劳动情意课程——"劳动伴我幸福成长"，设计、确定了从幼儿园到高中的劳动精神教育内容，要求全区中小学特别是基地学校每周至少有一个课时，以必修课的形式，对学生进行劳动观念和态度的教育，使每个学生都能认识劳动与人类生活、劳动与社会发展之间的关系、劳动对自己幸福人生的价值，懂得人人要劳动、劳动创造价值、劳动创造美好生活等基本道理；体验劳动的艰辛、愉悦和快乐；知道劳动成果的来之不易，能够珍惜劳动成果；具有热爱劳动、热爱劳动人民、尊重普通劳动者的积极情感；树立劳动最光荣、劳动最崇高、劳动最伟大、劳动最美丽的观念。通过持续性劳动实践，培养勤劳、奋斗、合作、创新、奉献的劳动精神；具有继承中华民族勤俭节约、敬业奉献优良传统的强烈愿望；牢固树立不断追求品质、精益求精、勇于创新的工匠精神；具有不畏艰辛、锐意进取、为社会发展和国家建设付出辛勤劳动的新时代奋斗精神。

(2) 强调培养学生的基础劳动知识和劳动技能。从中小学劳动教育的意义和性质出发,"区域高品质推进劳动教育"项目的课程与教学强调培养学生的基础劳动知识和劳动技能。"三横一纵"课程中,无论是专门的"劳动技能""能工巧匠"等课程,还是"服务性劳动"课程,抑或职业体验课程,都要求教师要扎实引导学生掌握基本的劳动知识、基本能力:识记、理解劳动对象、材料和项目所必需的基本知识、原理和历史,具备完成劳动任务的读、写、算、画能力,了解现代农业和工业新技术,有一定的现代信息素养,知晓相关劳动的程序、工艺和技术要点,会使用常用的劳动工具和设备,进而能从一定的目的和需求出发,运用一定的价值理念,选择合适的工具、材料与物质装置,采用一定的工艺和技术方法,进行问题解决和需求实现;在学习使用项目管理与经营方法,并尝试技术改革创新,最终生产出物化产品或为对象提供劳动服务。劳动过程中养成安全、守法意识,学会自我管理、时间管理,形成劳动效率意识。

(3)注重发展学生劳动兴趣和特长。德国教育家凯兴斯泰纳明确提出:"劳动教育的本质在于根据广大中小学生的兴趣和能力倾向去拓展他们的劳动与职业技能。"① 基于多元智力理论,我们认为学生的劳动兴趣、禀赋能力也是多种多样的。为此,"区域高品质推进劳动教育"项目把校本课程开发的目标和内容聚焦在校本课程、聚焦在满足学生劳动特殊的、个别需要的"校园劳动"课程、聚焦在能培养学生一技之长的"能工巧匠课程""职业体验课程""创新实验课程",发展学生劳动兴趣和特长。以宝山区淞滨路小学的"小墨童的5G世界"为例,该课程从学校"书道育人,文化立校"的办学理念出发,围绕学校书法特色,着力培养学生的书法特长。课程重点是让学生掌握书法的基本书写技能,做到熟练书写的基础上不断创新书写形式、提升书写品质,在实践探索中培养团队合作能力,养成主动劳动、坚持劳动的良好习惯。根据课程内容,设计"小墨童的5G世界"评价手册,根据不同模块单元设计过程评价的学习单、学习成果等评价内容,同时配以每个模块的评价单,从自评、互评、教师评价等不同主体来评价学生劳动情况,记录学生成长过程。

(4)重视批判性思维与创新能力培养。批判性思维与创新能力是未来合格劳动者的必备素质。"区域高品质推进劳动教育"项目课程既重视社会主义劳动观念和劳动精神的培养,也重视基本劳动能力的培养,但更重视学生批判性思维和创新能力的培养。为此,"区域高品质推进劳动教育"项目除了有意开发培养学生积极人格的"劳动情意课程"外,还专门开发以培养学生创新能力

---

① 林凌. 学校情境中的劳动:为何与何为?——凯兴斯泰纳及其《劳作学校要义》的贡献[J]. 苏州大学学报(教育科学版),2020(1):98-106,4.

的创新实验课程。"区域高品质推进劳动教育"项目中,每门具体课程都设有"思考与探究"这一环节,目的是为学生思维能力培养提供时间和载体。特别要指出的是,"区域高品质推进劳动教育"项目课程都以"教学做"为根本的实施方法,把擅长培养学生思维能力、合作能力的"三三制"教学、项目学习引进其课程体系中;能在劳动实践中发现问题,并加以深入地探究,并提出新的见解、拿出解决办法;能在解决问题的过程中,综合运用多学科知识和多方面经验,形成解决问题新路径或新创意;能够基于一定方案,加以方案实现和优化改进,发展创造性思维。让学生能从劳动的任务和目标出发,系统分析可利用的劳动资源与受到的约束条件等,并形成整体劳动规划方案;在劳动过程中,能对各信息加以辨别、合理选择做出有利于完成劳动任务的决定,发展批判性思维;能在劳动过程中对劳动规划方案进行试验、反思并做出必要的优化调整,发展必备的设计能力。

(5)让学生学会生活、学会处事。通过劳动教育,让学生懂劳动、会劳动、善劳动,其最终目的还是让学生过自立、幸福的生活,也即"区域高品质推进劳动教育"项目的核心理念"手脑并用,得道修能,幸福生活"。因此,"王"字形劳动教育课程认为,每门劳动课程都必须具有这种价值和追求,或明显或隐含,或直接或简接,或独立或合作,但最终都要让学生具有自立自觉的劳动和生活态度,形成专心致志、安全规范、有始有终、勤俭节约的劳动习惯;但最终都要让学生具有辛勤劳动、诚实劳动、合法劳动、与他人协作劳动以及创造性劳动的内在品格;关心社区、社会发展现状,主动参与当地生产劳动和社会建设,具有将来投身社会建设的积极愿望。"区域高品质劳动教育"课程体系从教学的角度看,把合作学习、集体学习、探究学习置于核心地位,通过一个个项目、多种任务群让学生热心公益劳动和志愿服务,具有服务他人和服务社会的劳动意识与能力;在劳动实践活动中形成作为合格公民社会成员应有的社会责任。

三、"区域高品质推进劳动教育"项目课程开发的策略

"区域高品质推进劳动教育"秉持素质教育、生活教育理论,坚持学校劳动教育的"思想性、社会性和实践性",以整合的观点、发展的视角、多元化的立场、文化的思维和可行性的立场来看待课程与课程开发。在实际开发宝山区中小学劳动教育课程过程中,坚持一个模式、两个主体、三个原则、四个方法。

1. "区域高品质推进劳动教育"项目课程开发模式

"区域高品质推进劳动教育"项目组认为,"泰勒模式"作为课程开发的经典模式依然没有过时,其提出的课程开发的四个问题或原则"学校教育目标""学习经验""课程实施""课程评价"依然对区域课程开发、校本课程开发具有指导意义。"区域高品质推进劳动教育"项目组也认为,"草根式"课程改革的假设也值得借鉴和应用。"草根式"课程校本课程开发主张自下而上进行课程改革,认为教师和学生都是课程开发的主要力量,并提出:只要在土壤中播下一颗改革的种子,给予适当的养分,这颗种子就会发芽、生长。如果我们再在其周围培养适当的土壤,这颗种子就会如顽强的草根一样遍布原野。校本课程开发试图通过在单个学校播下课程改革的种子,然后让它们自由蔓延而产生"草根"效应,从而带动、促进实现所有学校的课程改革。另外"草根式"课程改革还相信,通过各个学校的渐进的、小型的"课程改革"可以逐步地实现整体的、大范围的学校课程发展改革。据此,"区域高品质推进劳动教育"项目提出了自己的开发模式,即基于过程的"综合模式":

(1) 课程资源分析:认真调查、研究区域内、学校周边的劳动教育资源、学校师资力量、劳动教育硬件设施等条件,然后编制劳动教育课程开发计划,决定开发具体课程。例如,"区域高品质推进劳动教育"项目基地学校多为新建学校,且处在城乡结合部,有的学校就是农村学校,所有为校园种植提供了上海市中心城区学校无法企及的优越条件。所以,"区域高品质推进劳动教育"项目课程开发重点在此。项目组积极指导各基地学习开发自己的校园种植课程。同时,依据区情和未来劳动形态变化,我们认为服务性劳动是劳动发展的主要趋势之一,所以我们大力推动学校开发服务性劳动课程。

(2) 课程目标选择:开发主体研究确定特点课程的目标,也即选择适合自己学情、校情的课程目标。以校园种植为例,"区域高品质推进劳动教育"项目课程开发的目标是架构区域中小学劳动教育校园种植课程体系,形成区域校园种植课程的特色;而具体落实到学校则要求各有侧重,体现学校优势和特色。如,大丰农场学校的校园种植课程,以蔬菜种植、花卉栽培为主,体现农场特点,主要培养学生劳动意识、劳动习惯和基本的蔬菜与花卉种养技能;而上海大学附属外国语学校则以香草种植与加工为主,重在培养学生劳动习惯、探究能力。

(3) 课程实施:课程目标和内容确定后,就必须研究与它们匹配的教学方法,确定基本的实施条件包括场地、教学设施,提出课时数量。"区域高品质推进劳动教育"项目组提议基地学校设置劳动日、劳动周,采用"必修+选修""线上+线下""校内+校外"三种形式,每学期分类实施校本课程、共享课程与精品课程,做到"理论与实践相结合""兼顾年龄特征与个体差异""接受学习与发现学习兼顾""探究与创新并重",发挥学生主体性,"教学做合一"提高教育实效。"区域高品质推进劳动教育"项目组也建议各开发、实施校园种植的基地学校要配建阳光房,种植区域均要有喷淋设施,按功能划分、营建,便于学生劳作、观察、学习讨论。同时提倡教师运用行为导向法、项目学习法、探究性学习等,做到"教学做合一"。

(4) **课程评价**:课程评价是课程开发的重要活动,是课程开发者收集资料以决定是否采纳、修正或删除总体课程或某一特定教科书的过程或一系列过程。其主要目标是判断课程实施之前的优点与不足,以及实施之后的效果。在这里主要是指宝山区劳动教育研究与指导中心对"区域高品质推进劳动教育"项目课程的目标、具体内容、编排方式、教学方法、教学材料等进行观察、测量与判断,进而确定其优缺点,为其投入使用和改善提出诊断意见。目前,已对上海外国语大学宝山双语学校、上海市宝山区第三中心小学、杨行中心学校等10所基地学校所开发的校园种植课程进行了第一轮现场评估并为其改进提出了意见。

(5) **课程精进**:课程精进是指课程的修改、完善和发展。对于基地学校开发的校本课程来说,精进就是成为区域"共享课程"、区域"精品课程"。为此,"区域高品质推进劳动教育"项目组引进第三方评价机制,每年对基地学校校本课程进行认证性评估,对能校本化实施国家课程标准、体现区域特色的校本劳动教育课程,给予成为区域"共享课程"的机会。项目对于进入精品阶段的每门课程或教材要跟踪指导,使之修改、充实、完善,发展成为区级共享课程或精品课程。

在"区域高品质推进劳动教育"项目课程体系中,大部分课程并不像国家编制、使用的课程一样,具备完整的课程标准、严密的知识体系;为了便于应用,它们多以劳动项目或者"任务群"形式出现,也即多数课程是微型的、开放的、活动的课程。下面结合家庭劳动教育课程之"我是妈妈小帮手"劳动项目设计为例,对"区域高品质推进劳动教育"项目课程开发略作说明。

中小学阶段劳动教育与劳动技术、综合实践活动以及通用技术等学科的区别,体现在课程目标和内容上就是《大中小学劳动教育指导纲要(试行)》中所表述四条:树立正确的劳动观、具备必备的劳动能力、培育积极的劳动精神和养成良好的劳动习惯和品质。因此,如何有效体现与落实这条目标要求,就成为具体设计与实施劳动项目首先要解决的问题。

为了突出实践与过程,我们在劳动前、劳动中及劳动后三个阶段进行具体劳动项目设计。"劳动前"首先创设情境,以问题或任务为驱动,创设劳动需求,触发学生对劳动观念、劳动方法、劳动精神等进行思考。以"剥毛豆"这一小学阶段较为常见的家务劳动为例,这一劳动项目开篇首先设计了妈妈在厨房做孩子喜欢吃的毛豆炒肉这道菜的场景,一方面引导孩子思考自己可以帮忙做些什么,从而参与到劳动过程之中;另一方面通过强调妈妈工作一天之后还要忙着炒菜做饭,将孩子对妈妈的情感、对妈妈劳动的态度加以强化、提炼。将劳动精神的培养寓于具体的情境中,避免空洞说教。在学生感悟与思考的基础上,教材将劳动项目本身涉及的几个不同维度的目标与内容以专栏的形式显性体现。例如,"剥毛豆"这一劳动项目在学习与实践的过程中会涉及培养学生自觉参与家务劳动的劳动意识、剥毛豆的劳动技能,以及体谅家人辛苦的劳动品质等。这样的设计使学生在劳动实践之前即经历了一个由感性到理性的思维过程,更能深化学生对劳动的认识、对劳动及劳动者的理解与尊重。"劳动中"以劳动项目的实施为核心,通过实操帮助学生丰富劳动知识、习得劳动技能、提升劳动能力。此阶段劳动项目的设计与实施主要涉及劳动知识与技能的关系问题。可先讲知识,后练技能,也可在技能练习的过程中根据需要穿插介绍相关知识。采用哪种呈现方式并非绝对,应根据学生的年龄、技能水平以及劳动项目本身的特点择宜而行。小学低年级段受到学生体力、注意力、生活经验等方面的限制,应以技能操作为主,配合技能需要增设操作提示、安全提示、方法建议等内容。而随着学生年级的升高以及劳动能力的增强、劳动项目难度的加大,可在实际操作之前,专题讲授相关知识,帮助学生做好实操准备。例如,对于初中阶段"巧手做花卷"劳动项目,教师就可以在做花卷前先介绍上海人为什么喜欢吃花卷、花卷的配料、制作工艺和蒸熟要求,在充分学习研究的基础上,使学生形成对花卷制作有全面了解,进而自己动手制作。"劳动后"阶段意味着做花卷这一劳动项目完成,劳动实践暂告一段落,但劳动教育还远未结束。此时可设计专门的评价与反思活动,引导学生回顾自己做花卷这一劳动实践的整个过程,交流体会、说说收获、谈谈不足、聊聊改进办法,从而实现"选择目标—活动落实—总结评价"的循环。最后也可依据学生学习情况、设施设备等情况增加拓展性内容,或补充相关背景知识,或扩大技能应用范围,以进一步增加劳动项目本身的灵活性与开放性。这样一来,通过劳动情境创设、劳动项目实践、劳动过程评价、劳动总结反思、劳动体验拓展等环节,将家庭劳动教育目标层层体现,逐一落实。

2. "区域高品质推进劳动教育"项目课程开发的主体

在现代学校课程开发视域中,课程开发的主体是多元化的,包括课程专家、学科专家、教育行政官员、学校校长、教师、学生、家长、社区成员等。"区域高品质推进劳动教育"项目课程开发注意发挥多方面的积极作用,但在具体开发时始终强调、尊重和发挥两个主体的作用：

（1）充分发挥项目组研究员的主体作用。

区域劳动技术教研员、区域教育科研人员是"区域高品质推进劳动教育"项目的核心成员，在区域高品质推进学校劳动教育中承担着研究、指导、培训等责任，是区域课程开发的中坚力量。一般来说，劳技教研员都熟悉中小学劳技学科知识和教学理论，具备组织中小学劳动教师进行研修活动能力，并能培养指导青年教师。成为"区域高品质推进劳动教育"项目核心成员后，增加了课程开发组织与指导的责任。所以，他们顺理成章地成为区域劳动课程开发的中流砥柱。迄今为止，中学劳动教育研究员吴虹老师组织开发了"布艺""绳结""水仙花雕刻"等5门课程，小学劳动教育研究员徐宇州指导开发了"生活小能手"等3门课程，充分发挥课程开发主体的作用。

（2）充分发挥基地校、基地幼儿园劳动教育教师的作用。

目前在"区域高品质推进劳动教育"项目50所基地学校、幼儿园中活跃着一批专职劳技教师和很多热心劳动教育的教师，他们一方面已经接受了"区域高品质推进劳动教育"项目组提供的劳动教育专题培训；另一方面具有丰富的开展劳动教育的经验，有的还是某个方面的"能工巧匠"。因此，尊重、信任他们、充分调动他们开发劳动教育课程的积极性和创造性，是"区域高品质推进劳动教育"项目课程开发的基本举措。以刘行新华实验学校陆利峰教师为例，他是该校劳技教师、学校科技总辅导员和学校劳动教育负责人，结合学校作为农村初级中学的实际，着手编写了《工艺木工》《校园小农夫》等校本课程教材，"工艺木工"已推荐成为"区域高品质推进劳动教育"项目区级共享课程。

3."区域高品质推进劳动教育"项目课程开发的四原则

原则，从词义上讲，意思是说话或行事所依据的法则或标准。"区域高品质推进劳动教育"项目课程开发原则是劳动教育课程开发过程中必须遵循的基本要求，是保证"区域高品质推进劳动教育"课程开发符合劳动教育规律、课程发展规律的手段。如果仅从课程开发的角度讲，"区域高品质推进劳动教育"课程开发应遵循科学性原则、文化性原则、符合学生需要的原则、多方合作协商性原则、可行性原则等，但在实际开发过程中，"区域高品质推进劳动教育"课程开发着重遵循的原则有以下几个：

（1）学生发展为本的原则。

学生发展为本的原则是指劳动教育课程开发，要相信学生、尊重学生、以培养学生的劳动素养为主要目标，以促进学生全面、和谐发展为根本目的；重视学生发展的需要，尊重参与劳动教育的需要，因材施教，多元发展；在重视个体学生个性发展的同时，满足社会需要，培养社会与劳动市场需要的人才或国民。"区域高品质推进劳动教育"项目课程开发坚持，以学生发展为本的原则，主张在劳动教育课程的设置及课程内容的选择和设计上要丰富多样，能满足学生选择性需要；在课程开发过程中要倾听学生的心声，尽可能地让学生参与到课程编制与实施中来，使劳动教育内容尽量与学生的生活相关联；同时也要求劳动教育教学方法，能调动学生学习的积极性，促使学生主动学习，有利于学生系统、整体地掌握劳动知识，养成积极的劳动态度，练就合格的劳动技能，具有热爱人民、奉献社会的情怀。

（2）价值管理原则。

"区域高品质推进劳动教育"项目认为，中小学教育特别是义务教育，是劳动素养养成阶段，立德树人是劳动教育的根本目的，让学生懂劳动、会劳动、爱劳动是其终极价值追求，因此，课程开发和实施一定要坚持、执行、强调这种价值管理思维。课程目标以培养学生正确的劳动价值观为取向，以课程内容本身蕴含的劳动教育价值，浸润学生；同时引导、融合德育、智育、美育和体育价值的实现、养成，达到价值共生、共长的目的。以《劳动伴我成长——中小学学生劳动精神培养读本》为例，这门区级共享课程的主要目标是培养小学生、初中生的劳动精神，突出的是劳动精神教育价值；但是在内容选择、安排上，我们除设置了主体内容"话题讨论""团队展示"外，还设有品德"妙语连珠"栏目、培养学生动脑动手的"知行合一角"，通过这些栏目，对学生进行劳动品质、劳动精神的教化。价值管理原则要求课程编制和试用时要目标明确、主题鲜明，保证课程内容与其他科目融合，便于在实际教育教学过程与德育、美育、智育融合，整体实现育人价值。价值管理另一层意义是，课程的使用与管理评价要符合教育伦理，要注重劳动安全，不伤害学生的个性和尊严。

（3）具身认知原则。

出力流汗、动脑动手；砥砺品质，磨炼意志是我国中小学劳动教育的基本要求，而要做到这一点，就必须让学生全身心投入劳动学习中，让劳动着的身体带动、激发学生的劳动认知、劳动思维和劳动情感；而学生的劳动情感、精神又促进学生身体协调、力量的增强和技能的提高。这就是"区域高品质推进劳动教育"项目课程开发的"具身认知"原则。也即在开发和实施劳动教育课程时，教师要有"生理体验和心理状态紧密联系"的意识，更加重视在真实的劳动情境中，让学生眼到、手到、心到、情到、脑到，也即具身认知，全面体验劳动、全身亲历劳动，以促进自己能力和劳动素养的发展。具身认知告诉我们，认知是大脑、身体和环境相互作用的产物，心智、情感、大脑、身体和环境（世界）交互作用，构成了一个一体的动力系统。为此，劳动课程目标的设计，要考虑到学生的劳动观念、劳动知识和劳动情感是学生身体的物理属性、结构和状态形塑的产物；而在课程内容选择、学习经验处置上要注意学生身体、行动在学生劳动认知活动中的核心作用，提供实体化的劳动环境，让学生与真实劳动世界互动；同时保证劳动教育课程的实施方式、环节身体力行，让学生心智、大脑、身体和环境是一个有机的整体。"自然触碰＆创意物化"课程的开发很好地体现了这一原则，课程开发的主旨是让小学生在观察、养殖、探究生物多样性的基础上，培养学生劳动情感、劳动知识、劳动能力，课程内容包含植物认知、种植、养护和艺术加工等，学习经历包括"种植养护→采集识别→艺术创意→打造品牌→成果呈现"等流程，促使学生用自己的眼睛、手接触自然，身心互动、物我互动，养成劳动素养。

（4）课程开发一体化原则。

一体化原则，也可以理解为系统性原则，就是把课程开发看成一个系统工作，把所开发的课程开成一个整体。"区域高品质推进劳动教育"项目课程开发系指向的是，课程开发有整体规划、有统一的目标、有紧密联系的配套措施；开发过程中，信息互通，紧密合作，形成一个"课程计划—课程编制—课程验收"封闭回路。"区域高品质推进劳动教育"项目课程开发所要求的课程一体化是指国家课程、区域共享课程、基地学校校本课程一体化，区域共享课程、基地学校校本课程起到完善、补充、拓展国家劳动教育课程的作用。区域课程系统中，幼儿园劳动教育课程、小学劳动教育课程、中学劳动教育课程，从目标到内容都要一体化设计，保证课程的进阶性、相互依赖性。坚持课程开发一体化原则，要求农村学校、城区学校一体化、课程科目设置要均衡，不能顾此失彼、厚此薄彼。

四、基本策略：任务驱动—小组合作—行动研究

联合国教科文组织在《学会生存》一书中"策略"厘定为：①把各种要素组织成为一个融会贯通的整体；②估计到事物的开展过程中会出现偶然事件；③具有面对这种偶然事件而加以控制的意志。策略的目的就是要把政策转化为一套视条件而定的决定，根据将来可能发生的不同情况，决定所需要采取的行动。可见，策略具有目标的、计划的、整体的、艺术的气质，区别于具体的方法但又与方法不能脱钩，它是"战略和战术"的统一。"区域高品质推进劳动教育"项目课程开发采用的基本策略是：任务驱动—小组合作—行动研究。

1. 任务驱动

"区域高品质推进劳动教育"项目课程开发以"学会劳动 体验成功 收获成长"为宗旨,明确"满足需要、标识特色、自成一体"的目标,围绕 50 门课程开发任务和遇到的课程资源问题而进行。我们制订了"区域高品质推进劳动教育"项目课程开发计划,每学年开发 10 门左右的区域共享课程,打造一项精品活动课程,争取 5 年之内完成 50 门区域共享课程;同时针对宝山区学生劳动教育开展稀缺的课程和基地学校已有的课程资源,以问题为中心,动员区域劳动教育教师主动建构课程。例如,为了满足全区学生劳动精神教育,我们率先开发了《劳动伴我幸福成长——劳动精神教育读本》,为区域劳动精神教育共享课程。2020 年 10 月,项目组在调研中,大部分基地学校都开展了"布艺"教育,积累了一定的布艺教育资源,但又缺少系统的、合适的教材,项目组就以潜溪学校为依托,组织编制区域共享"布艺"课程。

2. 小组合作

合作是人类社会赖以存在和发展的基石。人本主义心理学先驱阿德勒在《洞察人性》一书中指出,"共同生活的诸多法则,其实与气候规律使我们不得不采取某些措施来御寒、来修建房屋等一样,都是不言自明的"。"区域高品质推进劳动教育"项目课程开发的"小组合作"是指基地学校负责劳动教育的教师在区劳动教育教研员的引导下,为了开发一门课程,组成课程开发小组,发挥各自特长,共同完成课程的设计与编制;有时候,也可能是区劳动教育研究与指导中心联合区教科室、德育室、培训部、教研室相关人员组建课程编制项目组,进行课程设计与制订。其共同点是:①协商统一课程目标;②分工合作、各尽其力;③共同研讨;④经验分享;⑤课程共享。以《劳动伴我幸福成长——劳动精神教育读本》开发为例。2020 年 5 月,作为教发室主任,笔者提出设想,成立由教发室与德育室、基地学校劳动教育教师组成的课程编制小组,7 月正式开展课程编制计划,共同研究提出课程目标、设计内容框架、选择学习经验,然后交由团队成员编辑撰写文案。2021 年 11 月,课程初稿成型。2021 年 12 月—2022 年 5 月,项目组与开发制作人员、基层教师代表就章节内容、文字表达、图画样式等研讨了 8 次,最后交付印制、使用。

3. 行动研究

郑蕴铮、郑金洲在《教育行动研究:成效、问题与改进》一文中指出,"今天来看,教育行动研究不再只是一种理念,而是一种切切实实的教育实践,在我国中小学教育改革发展中发挥着越来越重要的作用"。教育行动研究是把行动和研究两者有机结合在一起的,是为了行动的研究、在行动中研究、行动者的研究。虽然目前,我们还不能给出统一的、精确的行动研究的概念,但我们可以大略说出其主要特征或要求：①教师是主要研究者；②所研究的问题来自学校教育教学实践，是被教师体验到的自然情境中的问题；③研究的目的是解决具体问题，改进教育实践；④专家（教育理论研究者）和教师（教师）密切合作；⑤在真实自然的情境中研究，注重从经验中学习；⑥辩证分析批判与反思贯穿研究过程；⑦理论与实践互相结合、循环转化，以质性研究为主。

"区域高品质推进劳动教育"项目课程基本上都是遵循行动研究的特征或要求来开发的。我们以白茅岭农场学校的校本课程"宣纸传承"开发为例。该校位于安徽宣城，是宝山区九年一贯制学校。近年来，学校围绕"努力促进每一位学生健康成长"的办学理念，秉持陶行知先生劳动教育思想，致力于探索基于"教学做合一"的劳动教育实践研究。经多方调研、不断论证与实地考察，学校因地制宜，引入非遗文化"宣纸"这个劳动载体，对学生进行劳动教育。但是遇到的具体问题是，"为何教？教什么？怎样教"，于是该校校长和教师依据学校劳动基地建设规划和教师的提议，决定开发"宣纸传承"课程。学校成立了课程开发小组。在中国宣纸股份有限公司专业技术支持下，学校定制了体验版捞纸槽、晒纸台等设备，创建2个"泾岭宣坊"专用教室，分派4名教师跟从宣纸文化园工匠师傅学习宣纸工艺制作流程。在此基础上，他们研究制订了该课程大纲，内容如下：

目录

第一章　认识宣纸

第一节　纸从哪里来

第二节　认识宣纸

第三节　宣纸历史

第四节　宣纸的生产与发展

第五节　宣纸的特性、品藏与收藏

第六节　宣纸的种类

第二章　宣纸的制作

第一节　认识原材料

第二节　制作工艺与过程

第三节　人类非遗代表作——宣纸制作技艺

第三章　走近大国工匠

第一节　捞纸传承人周东红

第二节　晒纸传授人毛胜利

第四章　非物质文化遗产"宣纸"的传承
第一节　泾岭宣由来
第二节　泾岭宣的制作

第五章　泾岭宣拓展活动
第一节　泾岭宣书画
第二节　泾岭宣拓印
第三节　泾岭宣纸艺制作

　　依据这个大纲开发出来的课程，是不是符合"区域高品质推进劳动教育"课程要求？这个课程方案还存在哪些问题和不足？于是校长吴昌利求助项目组。项目组以最快的速度，邀请上海市教科院、品质课程开发专家杨四根进行会诊，然后在 2021 年 12 月 18 号上午开腾讯会议，该学校所有参与课程开发的人员参加，围绕"课程理念""课程目标""内容设置""教学方法""编写体例"等进行了研讨；后续笔者跟进指导，经过学校反思、修改，形成如下方案：

前　言

　　"宣纸课程"，皖南校园绽放的"行知之花"。
　　上海市白茅岭学校是一所隶属宝山教育"飞地校"，地处域外皖南农场，毗邻非遗文化宣纸之乡——宣城泾县。几年来，学校坚持"五育并举"原则，力践陶行知"教学做合一"劳动教育思想，不断挖掘本土劳动教育资源，致力探索具有地域特色的劳动教育校本课程。经长期调研、考察与论证，终而发掘非遗文化瑰宝"宣纸"所承载的劳动育人价值。2020 年 10 月，白茅岭学校与山水相依、文化相融的中国宣纸股份有限公司结缘并签约，成为宣纸技艺传承合作学校。自此，非遗项目宣纸进入校园，开启了"宣纸课程"扉页。
　　基于宣纸"韧而能润、洁且坚贞、搓折无损、不蛀不腐、墨韵万变"的品质特性，学校开发"宣纸"校本课程，旨在营建宣品文化，培育宣品素养，凝练"宣品教育"，以推动农场家门口课学校迈入特色教育之路，踏入高质量发展轨道。
　　依据"宣纸"课程理念，围绕"宣品教育"目标，学校组织、编制校本课程"宣纸课程，课程框架为宣纸知识、宣纸制作、宣纸分类、工匠精神、宣纸文创等几大模块。并以"宣品文化"为核心，从"传宣品之艺、承宣品之韵、悟宣品之情、铸宣品之魂、育宣品之人、筑宣品之梦"六个不同维度，层进式地实施课程内容。

为保障宣纸课程有效实施，学校顶层规划，建立课程制度，组建项目团队，携手宣纸股份有限公司，获得资源设备和专业技术支撑。同时，学校构建了"制作过程、学科融合、成果展示"三维评价体系，不断注入宣品教育核心元素，打破学科壁垒，辐射各类学科，开设国画、书法、木活字、拓印、书签、纸艺等宣纸文创课程群。

卓绝不凡的千年宣纸，"厚德载物、光耀五洲"。它孕育着坚贞不屈的韧劲，力透着匠心极致的精神！铸以"宣品教育"的白茅岭学校一如不凡的宣纸，扎实根基，开拓进取，奋力前行；赋以"工匠精神"的皖南教育人定如高洁的宣纸，安于山岭，初心不怠、匠心永恒；育以"宣品之魂"的莘莘学子宛如不屈的"青檀"，坚而有韧，笃志勤学、蓄力远航。

行是知之始，知是行之成。相信在白茅岭学校全体师生共同探索与实践中，"宣纸课程"必将在皖南农场绽放出绚丽的"行知之花"！

目　录

第一章　历史与发展
第一节　纸从哪里来
第二节　宣纸的起源
第三节　宣纸的传承

第二章　流程与工艺
第一节　认识原材料
第二节　制作工艺与过程

第三章　特性与分类
第一节　宣纸的特性
第二节　宣纸的分类
第三节　宣纸的鉴别方法
第四节　宣纸的品藏与收藏

第四章　人物与精神
第一节　"水深"与"火热"
第二节　捞纸传承人
第三节　晒纸传承人

第四节　感悟与追寻

第五章　文创与拓展
第一节　宣纸书画
第二节　宣纸拓印
第三节　纸艺制作

　　研究、反思、修改后的"宣纸传承"课程，课程目标比以前明确了，课程内容也更加完整，结构逻辑也更加清晰，课程教材做到图文并茂、契合义务制阶段小孩心理特点。同时编写体例也统一了，每个章节分"看一看""议一议""学一学""探一探"四个板块，采用"三三制"教学、"六部教学法""项目学习"教学做合一，解放孩子的眼睛、解放孩子的头脑、解放孩子的嘴巴、解放孩子的双手、解放孩子的空间、解放孩子的时间，让孩子出力流汗、动脑动手，五育融合，培养学生劳动素养。历经5个多月的"行动研究"，该课程教材不日将印制并使用。

　　课程是学校教育核心，是学校教育目标的载体和依托。"区域高品质推进劳动教育"项目始终把学校劳动教育课程开发、应用和管理作为自己的基本内容、主要行动。两年多来一直根据自己的计划因地制宜、量力而行，积极稳步地开发、完善"区域高品质推进劳动教育"项目课程，以期全区中小学学生能从日常生活劳动、生产劳动和服务性劳动中获得丰富的劳动实践经验，形成正确的劳动观念、养成良好的劳动习惯和真挚的劳动情感、掌握必备的劳动技能和训练创造性的劳动思维，具有崇尚劳动、尊重劳动、乐于劳动、诚实劳动、创新劳动等方面的意识和能力，传承和弘扬中华民族勤劳奋斗、乐于奉献的优良传统和作风。

第八章　义务教育劳动教育清单的编制与实施

——兼谈《义务教育劳动课程标准（2022年版）》的执行

自从 2020 年 3 月中共中央、国务院发布《关于全面加强新时代大中小学劳动教育的意见》以来，劳动教育作为中小学教育的重要内容和必要组成部分受到普遍的重视。很多地方和学校为了有效地开展劳动教育，编制、实施了劳动教育清单。"区域高品质推进劳动教育"项目也很看好劳动教育清单，并推动基地学校从学校劳动文化建构和丰富学校劳动教育课程的高度，认识、编制和实施带有自己特色的学生劳动教育清单。但是，从现有的资料和基地学校中小学现状情况看，目前出现的劳动教育清单存在着缺少灵魂、粗制滥造等问题，所以笔者下面就如何贯彻、落实《义务教育劳动课程标准（2022年版）》谈谈自己指导中小学开展劳动教育清单工作的经验和体会。

一、义务教育劳动教育清单的性质和特点

目前，对于什么是劳动教育清单？劳动教育清单有什么特点？为什么要实施劳动教育清单？国内还远未形成统一的看法和认识，专题研究的资料也是罕见难觅。一般来讲，劳动教育清单，又称劳动清单或劳动任务单，是依据学校劳动教育特点和青少年身心发展规律，以简要的语言描述或规定学生亲身经历、自主完成的真实劳动任务或行为，以及相应的要求、价值意义。2022 年 5 月教育部发布的《义务教育劳动课程标准（2022年版）》从劳动教育评价的角度，提出了义务教育劳动教育清单，实际上肯定了我国中小学劳动教育的实践经验。据此笔者认为，义务教育劳动清单就是为了培养学生劳动素养，由中小学教师和学生家长共同设计、布置，并指导、督促完成的中小学学生课程化、制度化和常态化的劳动任务或劳动作业。

要很好地理解和把握义务教育劳动教育清单的概念需要注意以下几点：

第一，首先要明了实施劳动清单的目的是为了培养中小学生的劳动素养。学生劳动素养，也即有关劳动的核心素养，主要是指学生在学习与劳动实践过程中逐步形成的适应个人终身发展和社会发展所需要的正确价值观、必备品格

和关键能力,是劳动课程育人价值的集中体现。《义务教育劳动课程标准(2022年版)》把劳动素养规定为劳动观念、劳动能力、劳动习惯和品质、劳动精神等四个方面的内涵,并从基础性、阶段性、成长性等维度说明了义务教育阶段学生通过劳动所应养成的核心素养:基本的劳动意识、正确的劳动观念、初步的筹划思维、必备的劳动能力、良好的劳动习惯、基本的劳动品质、积极的劳动精神等。

第二,劳动教育清单是学校与家庭合作的产物,并由学校教师和家长共同指导、督促学生完成。标准要求"学校在实施劳动课程时要始终以开放的姿态,积极与家庭和社区紧密合作,构建'家庭—学校—社区一体化'的环境",并指导家长把劳动教育有机融入家庭日常生活。所以劳动教育清单自然离不开教师、学生和家长共同努力,教师和家长要负起指导、督促学生完成的责任。

第三,实施劳动清单的主体是学生。因此,尊重学生的主体地位,相信学生,充分激发、调动其积极性是清单得以顺利及有效实施的前提。

第四,劳动清单的主要内容或主体部分是学生必须完成的劳动任务或目标行为。

第五,劳动清单作为学生劳动作业,应该配备相关的指导建议、完成要求和评价手段等。

一个完整的劳动教育清单应该包含这5个基本组成要素:劳动主体(即处在某个学段的学生)、任务群、劳动任务或目标行为、指导建议和评价等。

义务教育劳动教育清单

学段	任务群	目标行为（劳动任务）	建议或要求	评价	
				教师	家长
	生活自理	任务1 任务2	建议1 建议2		
	家庭服务	任务1 任务2	建议1 建议2		
	探究与设计	任务1 任务2	建议1 建议2		
	手工制作	任务1 任务2	建议1 建议2		
	职业感知	任务1 任务2	建议1 建议2		

（1）学生劳动主体。主要指劳动任务的完成者或劳动目标行为的发动者，一般以学段学生为主，在清单中简称为"学段"。如小学1—2年级为一学段，处在学段的学生应关注生活自理教育。

（2）任务群。劳动任务群是将知识技能基础相近、功能相似、性质相同的劳动任务归纳在一起后形成的一组劳动任务。是一个个相对独立的系统，其统摄的目标和行动应该是相互联系、相互支撑的。

（3）劳动任务或目标行为。即学生在规定时间内应该完成的任务，或者讲是学生必须亲身做出、经历、体验和反思的行为，包括一些关键的动作。这个任务或者行为应该有明确的、具体、可视化的，最好在学生"最近发展区内"具有激励性。目标行为或劳动任务行为从属于课程总目标或任务群内含的分目标，是学生借助一定的条件可以达成的目标或必须完成的任务。

（4）教育建议。《义务教育劳动课程标准（2022年版）》的一个亮点，就是为每个任务群提供了"内容要求""素养表现"和"活动建议"。因为清单相当于学习项目或者若干任务群，所以不能缺少教的行为、学的建议以及必要的管理行为，包括环境创设、工具材料提供等。教育建议主要由教师和家长来完成，涉及知识和动作要点讲解、示范、陪护、监督与反馈等。

（5）评价。评价，是有效劳动教育的必要环节，评价既是一种反馈，又是一种教育。清单一定要有评价，而且是过程性评价、发展性评价、激励性评价。评价主体包括教师、学生本人、家长等。评价指标是开放的、多元的；评价方法也是多种多样的。

从上面所示劳动教育清单概念和结构可以看出，劳动教育清单实际上是国家课程校本化实施的手段、是学校本位的劳动活动课程、是家校劳动教育联系手册。

劳动清单的目标、内容是国家劳动课程标准、国家劳动课程在地方或学校的进一步明确、具体和细化，是地方或学校结合实际情况而对国家劳动课程标准或劳动课程的阐发、引申或补充，也是推广、应用国家行动所倡导的教育教学方法的行动。因此，劳动清单是国家课程标准、国家课程在地方或学校的具体落实。

由于现阶段义务教育阶段劳动教育还没有国家指定的课程与教材，所以劳动清单实际上在《义务教育劳动课程标准（2022年版）》指导下编制的学校校本课程或地方课程，而且这类课程是以学生获得劳动经验与体验为主，关注学生生活或行为表现，因而可称为校本的劳动教育活动课程。我们说过，劳动清单是中小学教师和家长共同制定、布置并督促学生完成的劳动任务或目标行为，因而不同于学科课程，它打破了传统学科框架，以生活题材、实际问题为学习内容，注重"做中学""学中做"，强调知行合一。

劳动教育的有效实施离不开学生家庭的配合与支持。劳动教育清单从编制到学生具体操作、反馈评价，都是学校教师和家长共同参与、合作发力，在这一过程中不可能缺少学校与学生家庭的信息往来、意见沟通等；从这个意义上来说，劳动教育清单实际上就是家校劳动教育联系手册。

基于以上认识，笔者认为，一份好的劳动清单，应该具有如下特质：

1. 完整、准确反映和体现《义务教育劳动课程标准（2022年版）》的规定和要求

好的劳动教育清单，就是一种设计科学的劳动教育活动课程，遵循标准的理念，依从标准规定的课程总目标、内容、教学方法与评价措施，就应该围绕日常生活劳动、生产劳动和服务性劳动，设计劳动任务或目标行为，采用"社会学习""项目学习"等办法，让学生知劳动、会劳动、爱劳动。

2. 以目标为导向，突出安全的、基础的、可行的劳动习惯和品质培养

目标是一切教育教学的出发点和归宿。作为国家课程校本化实施手段的劳动教育清单应该以《义务教育劳动课程标准（2022年版）》所规定的学生培养目标作为自己的灵魂和统帅。由于劳动教育的复杂性、艰巨性和长期性，更由于小学生和初中生还处在身体发育、成长期，因此，义务劳动教育清单不宜把重点放在对知识、技能和设施要求比较高的农业生产劳动、工业生产劳动、新技术体验等劳动上，只能关注基础的、安全的、可行的技能教育，关注学生喜闻乐见的劳动目标和内容，聚焦最基本的劳动技能、劳动习惯和品质的培养。标准高度重视劳动安全问题，劳动教育清单的任务设计要瞄准学校和家庭条件允许的、安全易行的劳动任务和内容上。"我们不仅仅要培养孩子认识劳动的价值并且有劳动的体验，更要注重劳动习惯的养成，因为习惯才是稳定的、自动化的行为。"①

3. 劳动任务行为或目标行为是具体可视的、相互联系的、迭代升级，整体服务于任务群的

《义务教育劳动课程标准（2022年版）》共设计了覆盖三类劳动，学段进阶安排、有所侧重的十个任务群，并指出学校在任务群的选择上可因地制宜、有所侧重，在每类劳动内容所涉及的任务群中选择实施。

这就告诉我们，劳动教育清单既要遵照执行标准规定的总目标、课程内容，但在具体落实时又要根据实际情况有所侧重、合理选择，同时保证学习目

---

① 孙晓云. 养成劳动习惯为美好生活奠基［N］. 光明日报，2020-3-27.

标和内容在不同的学段进阶、提升和区别。这些劳动任务或目标行为应按照学段要求进行设计，多侧面、多角度承载劳动内容和要求，体现劳动教育目标和内容连续性、顺序性、迭代升级性，并且做到每个目标行为或劳动任务相互联系、互为基础与条件，整体实现任务群所涉及的劳动教育培养目标。

4. 结构完整，实现"教、学、评"一体化

结构完整，是指劳动教育清单作为学生劳动教育的活动课程，应该渗透着或蕴含学校劳动教育理念，有明确的劳动教育目标、具体劳动教育内容、恰当的教育方法与学习建议，以及激励性的及时评价等。注重"教–学–评"有机衔接，达到育人合力，是标准的特点，也是一个好的劳动教育清单应该追求的。

5. 有时代感和自己的特色

随着经济、科技的发展，劳动形态和劳动要求是不同的，学校劳动教育的目标和内容也是与时俱进、不断变化和发展的。因此，义务教育阶段劳动教育清单要具有时代感。另外，各个中小学所处的地域不同、生源不同、教育条件和发展目标不同，劳动教育的目标、内容和要求等也就各异，体现在劳动教育清单上就是要有自己的个性和特色。如，农村学校较之于城市学校就可以突出农业生产劳动任务群，强化学生种植与养护等劳动体验，培养学生热爱劳动、坚持劳动，尊重劳动果实等习惯和品质。

二、实施劳动教育清单的意义

学校编制、实施劳动教育清单是执行标准高品质实施劳动教育的必要举措，具有如下意义。

1. 凸显劳动教育的价值、巩固提高劳动教育在学校教育中的地位

尽管，人们都已经充分认识中小学实施劳动教育的必要性和可行性，但是由于"应试教育"的根深蒂固、师资条件不足和劳动教育作为一种教育才刚开始等多种原因，劳动教育在现实的学校教育中依然存在着被边缘化、弱化、矮化等风险。实施劳动教育清单，实际上是在国家规定的劳动课程之外，开辟另一条制度化、规范化和常态化实施劳动教育的渠道，既有利于固化、具化国家实施劳动教育的意志和理念，有利于把标准落到实处，因而能凸显劳动教育的价值、巩固提高劳动教育在学校教育中的地位。

2. 是解决劳动教育实施中的"片面化""形式化"和"劳教分离"等问题的必要手段

当前，劳动教育在我国如火如荼地开展起来了，但是由于人们不能全面、

深刻、准确地把握劳动教育的性质和特点，对劳动教育目标、内容和方法缺少研究和实践经验。以故，在劳动教育实施过程中存在片面化、简单化、形式化、学科化等问题。劳动教育清单遵照《义务教育劳动课程标准（2022年版）》理念，落实标准规定的学校劳动教育目标和任务，实践标准提倡的劳动教育经验和方法，把学校劳动教育与学生日常生活联系起来，有利于整合学校劳动教育目标、解决把劳动教育窄化为上课等问题；同时，劳动教育清单的劳动任务或目标行为、教育建议或劳动评价等一体化设计与实施，实现了"劳动与教育的有机结合"，有助于解决"有劳动无教育""有教育无劳动"等问题。实际上，如果学校重视劳动教育清单并扎实、长期地探究实践，学校劳动教育就会融入学科教育、学生管理和学校教育活动中，就会融入学生生活，成为学校劳动教育的习惯与风气，进而保障学校劳动教育全面实施。

3. 优化劳动教育的管理和评价，提高中小学劳动教育的质量和水平

劳动教育清单的实施，为学校进行劳动教育过程管理提供了机会和便利，也能加强家校联系、促进家校紧密合作。一个好的劳动教育清单必然包含相应的管理措施、评价手段。特别要指出的是，劳动教育清单能否变成学生的行动，贵在发挥学生的主体性、贵在有教师和学生家长的以身作则、教导督促、及时反馈；这是保证劳动教育取得实效的充分条件。另外，清单的稳定、有序实施，也需要学校做出制度安排，配置必要的管理资源。因此，劳动教育清单能优化劳动教育的管理和评价，提高中小学劳动教育的质量和水平。

三、基地学校、幼儿园劳动教育清单暴露的问题

2022年4月，在"区域高品质推进劳动教育"项目的推动下，宝山区"行知行"劳动教育基地学校、幼儿园，开始有组织、有计划地编制和实施劳动教育清单。幼儿园现行一步，接着是中小学行动。从教研员收集上来的部分幼儿园、小学和初中劳动教育清单来看，优点是：第一，基地学校、幼儿园都很重视这一项工作，成立专门研制小组；第二，清单都有自己编制的指导思想，内容上有自己单位的特点；第三，整理、确定了自己学校或幼儿园重要的、日常性的劳动任务；第四，能配备相应的教育建议和评价办法。

缺点是：

（1）清单内容与学校整体劳动教育缺少必要的联系。一些学校、幼儿园虽然在清单前言中阐述了编制清单的指导思想，但是指导思想只是单纯的编制指南，没有说明清单与学校办学理念、学校劳动教育培养目标、劳动特色追求的关系。也即给人的感觉，劳动教育清单是独立于学校发展愿景、劳动教育计划

之外的硬"加塞"的东西。

（2）劳动教育清单要素不明或不全，缺少任务群或项目意识，培养目标不明确。很多基地学校特别是一些小学编制出来劳动教育只有"年级""劳动内容"；幼儿园的清单虽然列有"班级""主题""劳动内容""建议""评价"等，但是也缺少"任务群"意识，所设计的劳动任务或内容目标不明确。这就使劳动清单变成了简单的行为表述，体现不出劳动教育清单的教育价值，对学生缺少引导、激励等意义。

（3）劳动内容或编制出来劳动行为之间缺少"横向联系、纵向递进"等有机联系，不能构成一个整体的劳动教育项目。由于缺少任务群和目标意识，所以很多清单只是按年级和"生活劳动、服务劳动、生产劳动"等劳动类型罗列了若干劳动行为或劳动内容，而这些被列举出来的劳动行为或劳动内容之间缺少必要的相互依赖、相互支撑的联系，缺少"循序渐进、螺旋上升"的一体化的关联性。这就削弱了劳动清单对学生劳动技能、劳动习惯和品质的养成作用。

（4）所规定劳动内容或任务行为要么过于简单，要么过于繁杂，不便于学生执行。劳动教育清单一定要完整、简单、可行。但是大部分基地学校的劳动教育清单在呈现或规定劳动内容或目标行为时，要么太简单，任务或内容描述得不完整或笼统、学生搞不清楚要"劳动"什么；要么太复杂，任务或行为条件太多或难度大，也不便于学生执行。因此，过于简单或过于繁杂都不是好的劳动教育清单。

（5）时代特点、学校特色不明显。劳动的类型和内容是随着时代变化而不断变化的。虽然清单要注重基本的、普通的劳动内容，但是与时俱进也是清单编制时要注意的。但是很多基地学校、幼儿园编制的劳动教育清单太关注传统的劳动内容，时代特点不明显。另外，他们所编制的清单没有围绕自己的劳动教育特色选择目标、设计内容，无法支持学校劳动教育特色建设。

在笔者看来，出现以上缺点的主要原因是，编制者没有认识清楚劳动教育清单的性质和特点，缺少劳动教育清单是学校劳动教育校本活动课程或"国家课程校本化实施的手段"的意识。

三、编制和实施劳动教育清单的要求和建议

劳动教育清单是在《义务教育劳动课程标准（2022年版）》指引与规约下对学生进行劳动教育的路线图，是供学校和家庭共同使用，学生学习劳动的具体内容与方法，因此科学编制、精心实施是保证实现清单目标的前提和关键。

1. 精准理解和掌握标准要义，树立"细节决定成败"的观念

当前，义务教育阶段劳动教育只有统一标准，没有全国统编的课程与教材。这是有利于调动地方和学校劳动教育的主体性的。因此，我们在编制劳动教育清单时一定要全面、深刻、科学理解和把握标准的内涵与要求，创造性地贯彻、落实标准，有效地编制、实施劳动教育清单。标准提出"学校结合实际，自主选择确定各年级任务群学习数量；鼓励有条件的地区和学校在整个义务教育阶段课程内容涵盖十个任务群"。劳动教育清单不能代替劳动课程，所以它不能全盘照抄标准要求，一网打尽其规定劳动内容，实现所有的劳动教育目标。学校在编制劳动教育清单时根据上级教育行政机关发布的区域劳动教育政策、学校办学追求和条件以及学生特点再选择确定任务群、目标行为或劳动任务时有所指向和侧重，把最有利于、最便于培养学生劳动素养的目标行为或劳动任务设计制作出来加以认真执行，做到"有所为有所不为"。

老子曰：天下难事，必做于易；天下大事，必做于细。学校在编制和实施劳动教育清单时，还要具有精细化管理的意识。要动员、组织学校全体教职员工和所有学生家长，都要关心、支持和参与；所设计的清单任务与行为一定要具体、明确，最好有时效、质量的规定；特别是班主任、科任教师要积极参与劳动教育清单的实施。精细化管理包括组织动员、执行任务、指导督促、反馈评价等整个劳动教育清单实施过程，为学生利用清单进行劳动学习创造良好的外部环境。

2. 贯彻生活教育的主张，让劳动奠基学生美好人生

陶行知先生认为"生活即教育""是好生活就是好教育，是坏生活就是坏教育""是劳动的生活，就是劳动的教育"，并指出"教育是什么？教育是教人发明工具，制造工具，运用工具。生活教育教人发明生活工具，制作生活工具，运用生活工具"。[①] 从标准规定的目标和内容来看，中小学学生劳动教育的主要目的是为了中小学学生更好地适应生活，将来有更好的生活。"加强与学生生活和社会实践的联系""倡导丰富多样的实践方式"是义务教育劳动课程的核心理念，生活性是义务教育阶段劳动教育最本质的特点。作为校本课程的劳动教育清单应该贯彻、落实陶行知先生的生活教育理论，将劳动教育与学生的个人生活、校园生活和社会生活有机结合起来，解放儿童的大脑、眼睛、双手、嘴巴、时间、空间，丰富学生劳动体验，提高其劳动能力，深化其对劳动价值的理解，培养具有农夫的身手、科学的头脑、健康的体魄、艺术的兴味

---

① 江苏省陶行知研究会. 陶行知文集（修订本）[M]. 南京：江苏教育出版社，2001.

和服务社会精神的现代公民。

3. 落实到具体行动，注重培养学生的劳动习惯和品质

"做中学""学中做"是标准所提倡的劳动教育方式。基于小学生、初中生身心发展特点和劳动教育的性质，我们认为劳动教育清单应坚持、贯彻、执行"行动本位"或者讲"行为主义"，把学生劳动素养的培养落实到具体劳动、具体劳动行为上，即无论是培养青少年的自理能力、良好的生活习惯，还是启发其劳动意识、培养其劳动美感，或者培养小学生的自信心，我们都要从具体的行为塑造、行为矫正开始，通过重点培养小学生良好劳动习惯来达到奠基小学生的劳动素养。

"行是知之始，知是行之成"，陶行知先生提倡"行动的教育，要从小的时候就干起。要解放小孩子的自由，让他做有意思的活动，开展他们的天才"。为了引导、促进学生在真实的劳动过程中行动、体验，陶行知提出"行动产生理论，行动发展理论"，甚至要求学生"为行动而读书，在行动上读书"[1] 并以实际劳动行为评价学生，例如，在晓庄他实施"学生男的以开荒挑粪、女的倒马桶作为考试"。"儿童的智慧在他们的手上"，这是苏霍姆林斯基关于劳动教育思想的核心观点。研究、学习世界各国小学生劳动教育经验，我们得出的结论是"行为出习惯""行为出健康""行为出品质""行为出自信"。实施劳动教育清单的最终结果，就是为了让学生通过一个个具体的劳动任务、一个个具体的目标行为来培养其基本的劳动观念、劳动知识和能力、基本的劳动习惯和品质。为此，教师和家长都要有与学生一起劳动、一起行动的意识。

《义务教育劳动课程标准（2022年版）》规定中小学每周课外活动和家庭生活中劳动时间，小学一至二年级学生不少于2小时，其他年级学生不少于3小时。清单所规定的劳动任务或目标行为完成所需时间应该每周不少于2小时。

在设计和实施劳动教育清单时，教师和家长一定要清楚小学生的起点行为（孩子能做什么事情）和终点行为（希望孩子能做到什么或有什么样行为表现），更要了解、掌握中小学学生在家中和学校学习或劳动时易受到什么影响，喜欢什么样的奖励。在训练和指导儿童时要"迈小步、不停步""积小胜为大胜"，把劳动任务分成一个个小动作、一个个小步骤、一个个小任务，给予指导、强化，最后串联成一个整体行为，完成全部任务。

---

[1] 江苏省陶行知研究会. 陶行知文集（修订本）[M]. 南京：江苏教育出版社，2001.

4. 坚持不懈，臻于善行

劳动教育清单，是以培养中小学学生劳动素养为目的的劳动行为的组合，它以具体劳动行为为切入口，以养成中小学学生劳动习惯和品质为工具目标，以促进中小学学生全面和谐发展为终极目标。因此，劳动教育清单能否顺利实行取得实效，关键还是教师和家长能否携起手来，科学实施、坚持不懈，直到实现预定的教育目标。为此，我们提出如下建议。

第一，相信学生，提高学生自我效能感。义务教育劳动教育的核心目标是培养儿童的自信心，让儿童感到"自己的事情自己能做"。因此，在实施劳动教育清单时，教师和家长要充分信任孩子、尊重孩子，充分发挥孩子参与劳动教育的主体性。家长和教师要结合清单的实施，培养、提高儿童的自我效能感，即放手发动孩子，想办法让孩子做成每一个动作、完成每一个任务。孩子遇到困难或经受了小小挫败时，要与孩子一起思考原因，即从外部找归因，也从自己身上找原因，多鼓励、少埋怨、戒训责、不惩罚。

第二，做好示范和讲解工作，发挥同伴学习作用。观察和模仿是义务教育阶段学生学习的主要方式，小学生主要通过观察大人和同伴来学习的，榜样示范、教师和家长讲解都是对小学生进行教育的必要和有效方法。所以，我们希望每个家长和教师都要以身作则，成为孩子心中的劳动榜样，至少不要让学生有"懒汉"和"言行不一致"的感觉。另外一个方面，教师可以引进"小先生"制并经常开展小学生劳动展示活动，发挥小学生同伴作用，让孩子在交往互动中掌握技能、养成劳动习惯。

第三，强调过程性，渗透游戏性。义务教育劳动特点是与儿童的生活、发展一致，活动性强，没有明显的功利性和社会性。因此，教师和家长除了可以把小学劳动清单设计成小学游戏清单外，就是在实施已设计好的清单时，尽量注重过程、渗透游戏性。也就是，认真陪同孩子完成每一次清单活动，做好必要的监护和指导；同时积极赋予劳动任务活动以游戏性。所谓渗透游戏性，就是依据游戏的特点，充分激发中小学学生参加劳动的动机和兴趣，让学生主动参与，使劳动过程变成一个"玩"的过程、"竞赛"的过程，从而习得劳动技能，养成热爱劳动、安全劳动、合作劳动、诚实劳动的习惯和品质。

第四，建立相依性契约和代币制度，给予小学生及时反馈和评价。义务教育阶段的学生生活自理能力的养成、良好劳动习惯和品质的养成离不开适时反馈、评价和奖励。为此，建议教师、家长和孩子之间建立教师相依性契约和代币制度，及时反馈、科学评价孩子执行清单情况，促进孩子发展。相依性契约，是教师或家长与学生协商，以拉钩、口头承诺等孩子喜欢的方式，约定小学生做好了规定动作，完成了任务行为或未完成的享受奖赏或承担的后果等。

教师和家长都要承认在学生发展过程中，由于受到不良影响有个别学生会有一些不良动作或习惯，影响了劳动清单任务行为的完成。于是，我们有必要引进代币机制等手段纠正学生"马虎""浪费""有始无终"等不良行为习惯或品质等。

代币制（token program）又称标记奖酬法（token economy），是用象征钱币、奖状、奖品等标记物为奖励手段来强化良好行为的一种行为治疗方法。如，劳动教育清单中，希望小学生学会"七步洗手法"并使之成为习惯，但是有部分孩子已经在家庭环境影响下，养成了冲冲水、擦擦毛巾的简单洗手法，这时教师和家长就可以签订相依性契约，利用代币制来纠正学生科学的洗手行为。总之，为了养成中小学生良好的劳动习惯，教师和家长除了要耐心指导、督促外，就是要及时反馈，适时进行恰当的评价。

"一曝十寒"是劳动教育的戒律。中小学生劳动教育清单实施要取得成效除了方法外，更关键的是家校合作，坚持不懈。塔巴在论及活动课程设计时，指出："人们只能学会他们所经历的事情，只有那种与积极的目的相联系并根植与经验中的学识，才能转化为行动方面的改造。""生活性""日常性""行动性""习惯性"是义务教育劳动教育清单的鲜明特征，让我们记住著名心理学家、哲学家威廉·詹姆士的名言："播下一个行动，收获一种习惯；播下一种习惯，收获一种性格；播下一种性格，收获一种命运。"科学编制、精心实施劳动教育清单吧！

第九章 区域高品质劳动教育的实施途径与方法

认真贯彻、执行《关于全面加强新时代大中小学劳动教育的意见》，高质量实施劳动教育，培养德智体美劳全面发展的社会主义建设者和接班人是当前及今后相当长的一段时间里我国中小学教育重要使命和主要行为。"区域高品质推进劳动教育"项目宗旨是提高学校劳动教育质量，打造区域劳动教育特色，因此，探索科学、有效的劳动教育方法与途径是其基本任务。自2020年以来，"区域高品质推进劳动教育"项目围绕着"科学化、生活化、素质化、个性化"开展了一系列尝试、实验，积累一定的经验，建构了自己的劳动教育方法体系。

一、生活教育："区域高品质推进劳动教育"项目的教育方法论

从哲学的层面讲，方法论是指人们认识世界、改造世界的一般方法，是指人们用什么方式、方法来观察事物、处理问题。陶行知先生创立的生活教育理论就是我们"区域高品质推进劳动教育"项目人的方法论。生活教育理论是陶行知教育思想的核心和精华，由"生活即教育""社会即学校""教学做合一"三个命题组成。它产生于陶行知先生改造中国教育的实践，合理吸收了时代先进教育经验和理论成果，即具有马克思主义的唯物辩证法的成分，又具有全面发展教育思想的韵味，对于我们如何高品质开展劳动教育具有重大的方法指导的价值和作用。另外，特别要注意的是，关于劳动教育陶行知先生也有独到的见解和实践，如，培养劳心劳力的人中人、小先生制、艺友制等，前文有专门论述，这里就不赘述了。陶行知先生的劳动教育思想从属于其"生活教育"理论，但也是"区域高品质推进劳动教育"的方法论的精神来源。

（一）为学生营造美好的劳动生活

依据"生活教育"的理论，学生过什么生活就受什么教育，过劳动的生活就该受劳动的教育；同样，学生受什么教育也就应该过什么的生活，学生受劳动的教育就应该过劳动的生活。

关于什么是美好生活、什么是幸福生活，历史上很多名人都有所研究和论述。叔本华在《人生的智慧》中提出人们应过一种"适度的幸福生活"，"适度"就是节制我们的欲望，控制我们的愤怒。同时他也认为，保持好奇心、懂得舍得、和谐的人际关系、道德的约束是幸福生活构成要素。2016年前后哈佛大学公布了研究长达70年之久、涉及732名研究对象的一份研究报告，其中核心观点就是"幸福与财富、名声、地位没有必然的联系，而真正影响快乐和健康的是人际关系，和谐的人际关系让我们拥有美好生活"。陶行知先生在《创造宣言》中如是说，"你们选择了教师，就是选择了奉献；选择了高尚，就是人生中最大的幸福"。

"区域高品质推进劳动教育"项目希望中小学生（包括学龄前孩子）过自信、自立、自律、自尊、自强的劳动生活，过诚实、守纪、勤奋、创新的劳动生活，过健康、充实、和谐、奋斗、幸福的劳动生活。因此，学校作为专门培养学生的组织，就应该为学生提供培养其劳动生活所需要的知识、能力、态度和品质；学校劳动教育就要致力于为学生营造美好、幸福的校园劳动生活、家庭劳动生活、社会劳动生活。一方面，学校要站在立德树人的高度，为学生设计、营造丰富多彩、积极向上、文明和谐的劳动生活；另一方面又要通过合规律的教育改造，提升劳动生活的品质，保证学生在劳动生活中的幸福。这就需要学校、家庭、企业和社区等多方有机联系，建构涵养学生正确劳动观念、生活自理能力、基本的劳动技能和现代信息素养的生活环境，建构有利于热爱劳动的态度、学生实践能力、创新品质的劳动文化，让学生过上有意义的积极的劳动生活。

（二）劳动教育要融入社会与时代，体现全域性、多元性和发展性

"社会即学校"意味着学校的开放，教育范围的时空拓展和教育主体的多样化，也即我们要把劳动教育的场地扩展到整个社会和大自然，要把劳动教育的时间贯通古今、连接未来，要把教育的内容延展到社会各行各业的需要，要把培养适应未来社会的关键能力和品格作为劳动教育的主要目标。"社会即学校"意味着人人都要接受劳动教育，人人都可以进行劳动教育，处处都可以实施劳动教育，时时都可开展劳动教育；劳动教育要与时俱进，劳动教育要回应社会与时代的要求，不断改进，促进学生全面发展。按照"社会即学校"的要求，基地学校纷纷开展学校、家庭、社区一体化劳动教育体系建设，主动联合家庭、社区和企业，开发劳动教育的家长资源、社区资源和企业资源；同时着眼于未来社会需要和科技发展，开发面向未来的劳动教育课程，使学校劳动教育融入社会与时代，体现全域性、多元性和发展性。在"劳动美学"这门区域

共享劳动教育课程中，我们提倡教育教学方法，主要是"师生合作、真实情境、项目学习"，整个社会美育资源都是劳动教育的资源，人人都是学生和教师；泗塘新村小学多年开展劳动教育"张庙一条街"建设，最能体现教育方法意义上的"社会即学校"的特点。

（三）建构"行—知—行"劳动教育逻辑，让学生动脑动手，锻炼能力，养成良好劳动品质

"教的法子根据学的法子，学的法子根据做的法子。事怎样做便怎样学，怎样学便怎样教。教与学都以'做'为中心"。① 遵循陶行知先生"教学做合一"的思想，我们"区域高品质推进劳动教育"项目坚决反对，纸上谈兵、理论说教，反对把劳动教育只关注技能学习、知识教育，把生动有趣的劳动教育变成了忽视劳动情感教育、技能培养的"学科课堂"；而是要求学校劳动教育教师要以学生劳动素养发展为目的，设置真实的劳动情境，设计情境化的问题，结合生活劳动、服务性劳动和生产劳动，在具体劳动活动中开展劳动教育，即以劳动实践为中心，进行教与学，教师在"做"上教，学生在"做"上学，无论是教还是学都必须依靠做，保证"教学做合一"的有机统一。在陶行知先生看来，"做"就是"行动"，就是教育意义上"行—知—行"逻辑，体现陶行知先生所说的"行动是老子，知识是儿子，创造是孙子"。为此，"区域高品质推进劳动教育"项目强调指出，中小学劳动教育是传授劳动知识和劳动技能、培养劳动情感、培养劳动态度、塑造劳动价值观的过程，学校要用"行动"的方式上好每一节劳动课，用课程的方式组织好每一次劳动活动。所以，我们积极倡导学校教师处理好劳动教育方法和劳动内容的匹配、理论学习与能力训练的结合，探索、实践的项目化学习、跨学科学习，也要求基地学校要积极实施"小先生制""艺友制"学校，让学生动脑动手，出力流汗，在完成具体劳动作业或任务中接受劳动教育。

二、"区域高品质推进劳动教育"项目的教育原则

《大中小学劳动教育指导纲要（试行）》指出："当前实施劳动教育的重点是在系统的文化知识学习之外，有目的、有计划地组织学生参加日常生活劳动、生产劳动和服务性劳动，让学生动手实践、出力流汗，接受锻炼、磨炼意志，培养学生正确劳动价值观和良好劳动品质。"理论研究和实践表明，要有

---

① 江苏省陶行知研究会. 陶行知文集（修订本）[M]. 南京：江苏教育出版社，2001.

效地完成某项工作,我们必须遵守特定原理、规程。这就是说要遵守一定的原则。原则,从词义上讲,是说话或行事所依据的法则或标准,是从原理中派生出来的。"区域高品质推进劳动教育"项目的原则是学校劳动教育实施的原则,依从于国家文件政策精神、学生身心发展规律和"区域高品质推进劳动教育"项目的方法论。

（一）目标导向原则

目标导向原则,是指学校劳动教育无论是课堂教学还是主题活动、综合实践都要确定全面、可操作、有一定挑战性的目标,用目标统御整个劳动教育过程,并依据目标达成度来评价整个劳动教育活动与学生劳动素养发展情况。目标的全面性是指教师在设计教育教学目标时,要有培养学生劳动观念、劳动知识、劳动能力、劳动态度、劳动习惯、劳动精神等意识,在突出具体课堂活动的主要目标时,尽可能地确定全面的教育教学目标。从"区域高品质推进劳动教育"项目角度看,就是任何一堂劳动课、任何一个劳动教育活动,教师和组织者都要有培养学生劳动价值观、劳动关键品质和必要能力的意识,设计、实施包括劳动知识、劳动实践能力和劳动情感的目标。"可操作"要求目标要明确、具体,用行为来体现,基本能满足可测量的要求;"可操作"也意味劳动教育目标设计要联系学校实际,如要考虑学生劳动设施和学发展水平。例如,宝山区有很多初中处于城郊,劳动设备现代化程度不够,培养学生研究能力、创新能力一时难以与上海中心城区相提并论,教师选择这一目标时就得灵活一点。"挑战性"是指目标要有一定的难度,是处在学生最近发展区内,是需要学生付出一定努力才能达成的目标。目标导向的原则要求教师或活动组织者,要围绕目标展开活动,依据目标调控活动、运用目标评价活动,做到"人人参与、全程参与"。

（二）集体生活（师生共同生活）的原则

集体生活的原则也可以理解为师生共同生活的原则。依据前面对陶行知先生劳动教育思想论述,我们知道,集体生活的本质就是师生在共同教育目标之下,发挥两个教育主体的作用,采用民主集中的原则,师生各尽其责、互作互动,营造并享受劳动的生活、健康的生活、道德的生活、审美的生活,最终促使学生成为具有共同价值观、关键品格和必要能力的合格公民。从劳动教育的角度看集体生活,就是教师要对集体生活进行科学设计、规划,师生协商制定劳动教育共同遵守的纪律和原则,然后一起共同探究、学习、创造。集体生活的原则,意味着劳动教育要着眼于学生全面发展,着重培养学生动脑动手能力、自我批评精神和自我教育精神;集体生活的原则承认尊重教师与学生都是劳动教育的主体，在劳动教育中，教师发挥主导作用，学生发挥主动学习的作用。师生共同生活的原则，意味着在劳动教育过程中，教师与学生是合作互动、亦师亦友的关系，即：教师要尊重学生、相信学生，给予学生动脑动手的机会；学生要尊敬教师，听从教师的指挥与安排，积极参与、主动配合；师生密切合作，共同完成教学任务。师生共同生活的原则，意味着教师和学生一起共同制定、遵守劳动教育的原则、纪律，一起讨论解决教育过程中遇到的矛盾与问题、一起享受劳动教育的全过程。师生共同生活的原则，还要求教师在劳动教育过程中，做学生的伙伴和朋友，在具体劳动活动中以身作则，与学生同甘共苦，而不是做"裁判员"和"监工"。只有这样，学生才会"亲其师、信其道"，劳动教育才能起到锻炼学生劳动意志和毅力，培养其劳动能力的效用。

(三)"教学做合一"原则

"教学做合一"原则是"区域高品质推进劳动教育"项目的核心原则，基本要求是教师要有"具身学习"的理念，坚持知行合一、理论与实践相结合。陶行知先生曾经这样介绍"教学做合一"原则："育才学校之一般'教学做'的过程，有三种形式：①以工作或问题为中心的教学做过程；②以事物之历史发展为中心的教学做过程；③各学科、各系统的学习与研究的教学做过程。这三个过程，育才学校参合互用。"① 可见，教学做是贯穿于整个劳动教育的，教师"做上教、做中教"，学生"做上学、做中学"，行动是劳动教育的本质特点，教师为学生设置、安排真实的学习场景，学生在真实的环境中学习，出力流汗、动脑动手。无论是劳技课，还是学科渗透抑或社会实践，"教学做合一"的原则都提倡教师是活动组织者，都要做到"任务驱动、指导示范、行为评价"，充分运用"小先生制""艺友制"提高劳动教育的实效。

(四)多样性教学原则

多样性教学是有效教学理论的一个重要流派，其核心内容就是，为了提高教学水平和质量，必须针对学生特点，采用多种教学方法、教学手段，开展多样化评价。"区域高品质推进劳动教育"项目从劳动教育的复杂性、艰巨性、长期性等特点出发，主张因材施教，采用多种模式、多种手段进行教育教学，培养学生劳动素养。具体来说，就是接受学习和发现学习、线上教育与线下教育、合作学习与个人自学、实际操作与模仿学习、观察学习与课堂教育、知识讲解与实验学习等结合起来，多形式、多途径实施劳动教育。以《劳动伴我幸福成长》教学为例，教师可以把教师讲解、个体自学、小组讨论等综合起来，

---

① 江苏省陶行知研究会. 陶行知文集（修订本）[M]. 南京：江苏教育出版社，2001.

也可把请劳模进校园演讲和组织学生参观结合起来；教师还可以通过组织学生观看电影、学生剧本表演等形式进行劳动精神教育。从教育评价的角度看，多样性教学就是教师设置多样性评价指标，可以采用多主体、多工具对学生劳动素养评价。如把日常评价、专题评价、期末综合评价结合起来，科学、全面地评价学生。

（五）融合性原则

劳动本身是一种集体力、脑力与心力于一身的综合性活动，劳动教育也是五育融合复合体，劳动教育作为一育需要德育、智育、体育和美育的支撑与配合才能走得更远、更有效。融合性原则从学校劳动教育的层面来讲，就是要求学校既要上好劳技课、组织开展好专项劳动教育活动，更要把劳动教育融于学校各项教育教学活动中，融于学生学校生活中；同时各学科教师要有学科劳育的意识，主动在自己的学科教学中渗透劳动教育。另外，针对目前学校中部分学生"好逸恶劳"的现象，如果劳动教育总是以赤裸裸的"劳动课"或"劳动"形式出现，劳动教育会受到抵触情绪的干扰，因此劳动教育有时也需要"明修栈道暗度陈仓"，需要融到其他活动中进行，做到"随风潜入夜，润物细无声"。如，有的学校重视学校劳动教育环境的设置，就是融合性原则的很好应用。教师在贯彻执行劳动教育融合性原则时，可以把劳动教育看作是对德育、智育、体育和美育成效的检测和应用，让劳动教育任务和项目深度嵌入学科教学或学科活动中；同时也要做到劳动教育与生活、文化环境的融合。以布艺教育为例，可使之与学校美术、语文和数学相融，把"艺术设计、语言表达、尺寸计算、比例搭配"等能力与素质融于布艺学习与制作中。

（六）激励性原则

激励性原则，是指"区域高品质推进劳动教育"项目要着眼于激发学生劳动学习的主体性、积极性；具体劳动教育活动要着眼于树立劳动信心，激励学生主动养成劳动习惯、掌握劳动技能，形成热爱劳动、尊重劳动等品质。这就要求教师在劳动教育过程中，要有爱心，要站在"立德树人"的高度设计和实施劳动教育，坚持劳动教育的"准备律"和"效果律"，让学生有准备地参加劳动教育、有信心地参加劳动教育，并体会劳动带来的快乐和喜悦。以评价为例，要求教师尽可能用发展性评价的理念和工具对学生劳动素质发展情况做出评价；在具体劳动教育过程中多从正面引导、评价学生；遇到学生一时跟不上教学节奏或达不到自己提出的技术要求时，教师要耐心等待、细心指导，鼓励学生尝试，允许失败；帮助学生克服困难，树立劳动自信。当前，一些学校的劳动教育之所以出现"让学生厌恶劳动"，甚至出现"反劳动"的结果，固然与学校简单地把劳动搞成机械化、形式化地"打扫卫生""浇花种菜""参观访问"有关,但有一点不能否认,是教师给学生布置可规定时间内无法完成的任务,而教师只知道简单批评和惩罚所致。所以,"区域高品质推进劳动教育"项目组给幼儿劳动教育清单实施的建议是:相信学生,不批评、戒惩罚,多鼓励,提高学生劳动效能感。

(七)持续性原则

可持续发展是联合国提出一个人类社会发展思路,其核心观点是:人要有与自然和谐相处的理念,发展经济不以破坏环境为代价;国家社会携手合作。基于劳动教育的思想性、实践性和学生劳动教育素养养成的复杂性、艰巨性和长期性,"区域高品质推进劳动教育"项目提出了自己的"持续性原则",即要求学校劳动教育要有长期规划、"打持久战"的准备,无论是课程开发,还是教师培养、场地建设等都要有战略眼光、致力于可持续发展。从教师劳动教育实施来看,培养学生劳动素养要做到"日积月累、水滴石穿"。学生劳动品质、创新能力不是靠上一节课、参加一次公益活动就能养成的。对于学生劳动能力、劳动精神等的培养,教师要系统设计、持续推进,使学生有足够的时间,长周期接受某种训练或者体验,从而掌握某种劳动技能,形成某种劳动态度。在调研中发现有个别劳动教育基地校课程开发追求即时效应、短期效果,或场地设施建设无科学规划,前期投入大,后期难以跟进;或不注重劳动教育配套措施、制度制订,这都不符合劳动教育"持续性原则"。我们坚决反对劳动教育作秀,平时不开展劳动教育,但为了刷"存在感""赚眼球",却举办"学生技能大赛""劳动丰收日"等活动,这种不立足长远和品质养成的教育与活动,都会伤害劳动教育,给学生以反面教育。落实到具体劳动教育活动上,可持续原则就是要求教师,要注重学生基础知识、基本能力、基本的习惯和品格的培养,不拔苗助长,不急功近利。"区域高品质推进劳动教育"项目的"持续性原则"归纳起来,就是树立区域劳动教育内涵发展的理念,以培养学生劳动观念、劳动习惯和品质为目标,学校、家庭和社会一体化,持续开展劳动教育。

三、"区域高品质推进劳动教育"项目的教育方法

毛泽东先生指出"我们不但要提出任务,而且要解决完成任务的方法问题。我们的任务是过河,但是没有桥或没有船就不能过,不解决桥或船的问题,过河就是一句空话。不解决方法问题,任务也只是瞎说一顿"。"区域高品

质推进劳动教育"项目的教育方法主要包括劳动教育课堂六部教学法、"三三制"教学法、项目化学习。

（一）六部教学法

六部教学法是宝山区中小学"劳动与技术"课的主要教学方法，它来源于五部教学法。针对劳动技术课堂教学中"教师讲得太多，学生的主动性没有得到充分发挥，兴趣没有得到有效激发，背离了劳动技术学科的课堂教学以实践操"等问题，以宝山区劳技研究员郑建良老师为代表，立足于劳技课"做中学"和"学中做"的学科特点总结、提出了"劳动技术课堂教学五环节"，即课堂导入、讲授演示、实践操作、交流评价、课堂小结，是为劳动技术课堂五部教学法。经过一段时间的实践、改进，吴虹老师又增加了一个环节，即"拓展延伸"，发展为六部教学法。六部教学法的特点是：①课堂导入重兴趣；②讲授演示重理解；③实践操作重合作；④交流评价重反思；⑤拓展延伸重迁移；⑥课堂小结重简洁。目前，劳动技术课堂教学六环节在实践中已取得了一定成效，受到宝山区中小学劳动教育教师们的欢迎，现基本得到了普及。

（二）"三三制"教学法

2013年为了落实新课程理念，促进教师专业发展，提高课堂教学效益，笔者联合初中原教研室杨建钢等多位同志，提出了开展了"三三制"教学的理念，并开展了长达10年的实验，取得了不俗的成效。

"三三制"教学又称"三卡教学"，是一种以先行学习卡、合作探究卡、练习反馈卡等三卡为载体，由先行自学、合作探究、练习反馈等三大关节组成，通过教学做合一，达到信息沟通、组织沟通和心灵沟通的教学范型；是一种立足学生自学、发挥同伴作用、教师主导的，培养学生知识、能力、学习方法与态度的教学。

1. 三张卡片

（1）先行学习卡：是教师依据课程标准、课堂教学任务和学情而编制的，指导学生预习、掌握教材基本内容，初步达到教学目标的先导性学习材料，主要由学习目标、教学重难点、学法指导、先行组织者、基本学习内容、达标检测练习题和"我的疑惑"等组成。先行学习卡是整个教学设计的首要部分，是"三卡"教学的基础，其主要作用在于帮助学生自主学习教材规定的知识内容，促进学生主动学习、建构学习能力。

（2）合作探究卡：是指教师与学生共同探究、研讨和展示交流的学习内容，主要以问题的形式呈现。其来源主要是自主学习中产生的共同问题和教师课前预设的问题。如果说先行学习卡规定了本节课的基础知识、基本技能等，那么合作探究卡就选择了本节的重点和难点问题。它包括三部分的内容：疑难探讨、晋级训练、我的心得。

（3）练习反馈卡：用来巩固、提升教学内容、检测教学目标达成的学生课堂作业。主要由巩固练习题、错题处理、归纳提升三部分组成。

三卡设计是"三三制"教学基本环节、重要部分。三卡制作，实质上是教师与学生合作进行教学设计。三卡是教案，更是学案。在课堂教学过程中，它是教学指南、基本教学内容；在课堂教学之后，它是学生学习档案、复习资料。因此，其主要功能是引导教学、规范教学行为、承载教学内容、提供训练内容与平台、教学评价标准和手段、记载学生学习经历等。

2. 三个关节

从教学结构和流程上来看，"三三制"教学主要由先行自学、合作探究和练习反馈等三个主要环节组成。

（1）先行自学。就是学生在教师的激发下，以先行学习卡为基本的学习材料，进行自学先行学习卡提供基础学习内容，完成"达标检测"。在此过程中产生"我的疑惑"。

（2）合作探究。就是学生以小组学习形式，在教师的引导下就合作学习卡提供的"合作学习课题"或由先行学习转移过来的、带有共性"我的疑惑"进行探究、研讨，然后完成合作学习卡上的"晋级训练"，向全班同学展示、交流所在小组学习成果。在合作探究结束部分，教师要组织学生记录自己小组学习的心得或小结小组学习的结果，如以顺口溜形式，提炼、归纳出小组合作学习的重要概念、原理等。

（3）练习反馈。学生在教师的引导下，独立完成"巩固练习题"，再进行"错题处理"；之后，用自己喜欢或擅长的方式，归纳、提升本课时的学习内容，使自己的知识结构化。

3. 三个沟通

（1）信息沟通。是"三三制"教学中最基本的沟通，是教师与学生、学生与学生之间，围绕着课堂教学目标而进行的以知识为主的传递、接受和反馈活动。根据教育传播学理论，"三三制"教学强调，每个学生和教师既是信息源，也是信宿，他们在课堂中利用传统的、现代的、语言的、非语言的手段进行多维、多层面的教学信息沟通，而为了达成教学目标，教师要发挥主导作用，建立安全、便捷、整洁、无噪音的教学信息场，从而使每个学生都主动地进行信息沟通和理解。

（2）心灵沟通。苏霍姆林斯基说："如果学生不愿意把自己的欢乐和痛苦告诉老师，不愿意与老师开诚相见，那么谈论任何教育总归都是可笑的，任何教育都是不可能的。"心灵沟通是师生建立在信心沟通基础上的情感交流、心声互动。"三三制"教学以学生全面发展为目标，强调课堂教学不仅仅要传授知识、培养学生技能，更要培养学生态度、价值观等，因此主张师生之间、同学之间要以诚相待、心心相印。在教学中教师对学生要有爱心、真心、同理心、耐心、喜悦心、宽容心，学生对教师要有谦卑心、感恩心、尊敬心。学生要学会倾听，学生之间要有空杯心态、要多看别人的优点。

（3）组织沟通。组织沟通是学习小组之间的信息沟通、情感沟通。小组学习是"三三制"基本的学习方式，因此，小组与小组之间要沟通、小组成员间也要充分沟通。同时从管理学的角度，小组组长要充分行使组长职责，组织、发动组员间的沟通与合作，从而提高小组学习效益。

在"三三制"教学中，教师将成为学生学习的促进者、组织者、合作伙伴和指导者，学生成为学习的主人，他们主动建构知识、掌握技能和养成态度，成为课堂学习的探究者、行动者和表现者。相对于传统的"教师讲、学生听"，学生被动接受知识、教师主宰教学过程的教学模式，"三三制"教学无疑是一种教学的转型和创新。它解放了学生的头脑、眼睛、嘴、双手，为学生提供了开放、多元、民主、生动的学习环境和丰富的发展机会，是一种面向未来，注重培养学生学习能力、创新精神和实践能力的新型教学模式。这种模式充分体现了教学过程中教师主导、学生主体的作用，践行了新课标"面向全体学生，促进全体学生全面、主动发展"的思想，是推进素质教育的一种高效的教学模式。

"三三制"教学强调"以学生的学习为中心"，以学定教，先学后教，少教多学，教学做合一，让学生在民主、合作、竞争、友善的气氛中发展。

"三三制"教学强调发挥学生主体性、强调情境教学，主张师生合作、探究讨论，把"讲解""示范""实操"和"反思"结合起来，完全适用于劳动教育，特别是在劳动精神、态度教育与通用技术等教学领域更能显示它的优势。

（三）项目化学习

一般来讲，项目化学习（Project-Based Learning，简称PBL）是基一种通过创设真实情境和问题，培养学生综合素养的跨学科学习方法。完整的项目化学习包括四个基本要素，[①] 即学习目标、研究问题、实践支架和学习评价。在设计和确定学习目标时，教师要基于核心概念设计目标、指向共同素养；在研究

[①] 陈素平．缪旭春．基于学科的项目化学习设计与实施样态．DOI：10.16194/j.cnki.31-1059/g4.2019.10.009

问题时，要创设真实的问题情境，提出有挑战性的问题；实践活动期间，教师要设计、运用激发每一位学生参与的协作支架、突破学习重难点的思维支架；在学习评价时，要开展基于量规的形成性评价，即运用自测单监测学习成果形成的过程、运用协商单监控协作学习的效度、运用分享单反思与总结学习成果。2014年，美国著名项目化学习研究机构巴克教育研究所提出了项目化学习的8大"黄金标准"，涉及学生的学习目标和项目设计的核心要素两个方面，包括关键知识学习和理解，成功素养，挑战性问题，持续探究，真实性，学生的声音与选择，反馈、评论与修改，公开展示的作品。

中小学劳动教育内容大都具有生活性、开放性与综合性特点，适合采用项目化学习，培养学生实际解决问题的能力。

"区域高品质推进劳动教育"项目组非常重视项目化学习的应用和推广，基地学校也积极地探索与实践，基本做到了全面覆盖。如，宝山中学以职业体验项目"春节战疫：上海的24小时"为引领，学生走出教室，迈入社会实践活动的大课堂，串联知识经验与实际生活，开展劳动创造美好生活——"投身强国伟业"职业体验项目化学习活动。行知中学附属实验学校校长杨定蕾是这样介绍自己学校的项目化学习的：

  我校将采用项目化学习、研究性学习等方式进行劳动教育课程的实施。如开展《校园果树种植条件与养护要点探究》项目式研究活动，学生需要对果树的生理特征、种植条件、土壤研究、剪枝方式、移栽方式、害虫分类、养护方式等进行系列调查和访谈，撰写小型学术报告，并将相关研究结果通过校园广播、学校微信公众号等平台与更多朋友进行分享。项目式、研究性学习会涉及生物、化学、劳技、历史、政治、信息等多门学科，将课上所学知识综合运用于实际项目中，体验了作为项目发起者、实施者、研究者、总结者的劳动过程，体会到了提出问题、给出解决方案的快乐和价值，让学生在劳动中不仅有知识上的获得，更充分感受劳动带来的快乐，充分认识到劳动最光荣、劳动最崇高、劳动最伟大、劳动最美丽。

四、基地学校劳动教育实践

"区域高品质推进劳动教育"项目基地学校作为区域中小学劳动教育的先行者模范执行《关于加强新时代大中小学劳动教育的意见》，开齐开足规定的劳动教育课程，探索、实践高校的劳动教育教学方法是他们作为基地学校的重要职责。实际上，两年多来"区域高品质推进劳动教育"项目基地学校、幼儿园，也加强了劳动教育教学方法的改革和创新，组织开展丰富多彩的劳动教育活动，创造了大量成功的经验和案例。

（一）开好劳动教育必修课，增加劳动教育选修课，发挥课堂教学主阵地，全面培养学生劳动素养

改革开放以来，上海市中小学一直坚持开设劳动教育必修课、选修课，发挥课堂教学主阵地，全面培养学生劳动素养。2020 年 3 月中共中央、国务院发布《关于加强新时代大中小学劳动教育的意见》后，上海市接着发布了《中共上海市委、上海市人民政府关于全面加强新时代大中小学劳动教育的实施意见》，要求中小学每周至少要设置一节劳动课，并设立学校劳动日、劳动周。"区域高品质推进劳动教育"项目要求基地学校模范执行国家和上海市劳动教育大政方针，开足开好劳动教育必修课，适当增设学校劳动教育选修课，提高劳动教育课堂教学效益，全面培养学生劳动素养。我们认为衡量学校是否重视劳动教育，劳动教育能否稳定、有序开展，抓好以必修课、选修课为主要内容的课堂教学仍然是基础、关键的方法途径。当前全区中小学劳动教育以教授《劳动与技术》为主，一些基地学校为了打造自己的特色把自己的校本课程定为必修课，如，上海市淞浦高级中学加入"区域高品质推进劳动教育"基地后，高一年级必修课安排了劳动技术课（Inventor——锤子建模教程）；吴淞二中开设了"蔡氏剪纸""吴淞面塑""陶瓷彩绘""古法造纸""书法"等课程，采用项目学习、六部教学法开展教学。

为了打造宝山区中小学劳动教育特色，切实培养学生劳动精神，项目组倡议基地学校使用区域劳动精神教育共享课程"劳动伴我幸福成长"，以必修课的形式进行教育教学。其中，基地学校小学是每学年上学期曾设劳动价值观和精神教育课，每周 1 节课，使用《劳动伴我幸福成长——劳动精神教育丛书》。

选修课是基地学校基于自己学校劳动教育优势或特开设的学生可以选择学习的课程，但是大部分基地学校因为课程资源不丰富，师资不够，实际上也都是"学校提供、学生必须学习"的限定选修课，只有像上海市宝山区第二中心小学、白茅岭农场中学、大丰农场学校、行知中学、吴淞中学、上海大学附属中学等少数学校开设了学生可以自主选择的劳动课。选修课开设的课程多为跨学科课程。如，上海市宝山区第二中心小学的"大拇指工厂"、白茅岭农场学校的"宣纸传承"，主要教学方法有"三三制"教学、项目学习或合作学习。

（二）学科融入，注重劳动教育渗透，培养学生正确的劳动价值观

项目组大力开展中小学各门学科落实新时代劳动教育要求的研究，与基地

学校教师明确不同学科段中与劳动教育有关的教学内容、示例活动和教学要求等，指导各学科教师要依据学科特征、学段特征和学生的认知特点，结合学科显性的教学内容和过程，进行劳动教育渗透，把劳动教育融入日常学科教学。以语文学科为例，一些语文教师在讲授《田园四季歌》《大禹治水》《千人糕》《赵州桥》《蟋蟀的住宅》《精卫填海》《朱德的扁担》等文章时，一方面引导、帮助学生体会劳动的快乐、艰辛与意义，感受、体会劳动创造的价值、劳动成果来之不易；另一方面，又组织有关古代劳动人民、革命前辈、劳动模范的拓展性阅读或写作，让学生从中涵养不畏艰难、持之以恒、吃苦耐来等劳动精神。在与数学课融合上，数学老师结合校园种植，让小孩子编题，学习土地面积计算、肥料比例搭配等。又如，在信息科技教学时，基地学校的教师就积极引导学生使用各种信息技术，学会合理选择技术工具，有效地开展劳动。

下面摘录上海农场学校王珍兰老师在《让课堂活起来：劳动教育走进英语课堂》一文中介绍劳动教育方式方法：

（1）在课文学习中渗透劳动教育。

从教材主题和内容出发，沪教版英语教材 2AM3U2 In my room 和 5BM1U1 What a mess，这两个单元话题正好是日常劳动教育的契合点，与学生生活息息相关，指导学生做自己力所能及的事情并体验劳动的快乐。以沪教版英语教材 2AM3U2 In my room 为例，让我们的学生在层层递进的语言学习中提升自己劳动的意识：要求学生在对自己房间的描述中，明白每天要整理房间，保持自己的房间干净、整洁，从而树立良好的劳动意识和生活习惯。进一步告诉学生自己的事情自己做：比如说整理自己的学习用品、玩具和衣服等。Play a game 部分，让学生仔细观察图片，发现 Ben 的房间很凌乱，到处是玩具和学习用品，引导学生帮助 Ben 动手打扫房间，进一步让学生想一想，Ben 的房间打扫完，物归原位的心情体验是什么？学生大声地告诉我：Ben is so happy! The room is so clean! I keep it clean every day! 让学生体验 Ben 劳动的快乐，自己也动手整理自己的书包，学生得到良好的劳动体验。《义务教育英语课程标准》的基本理念是强调采用活动途径，倡导体验参与。因此，学生通过感知、体验、实践、参与和合作等方式，实现任务教学的目标，感受成功。我设计让学生学习对话、儿歌、歌曲、制作家务劳动计划表等，让学生能够听、说、读、写有关劳动的词汇和功能交际用语，掌握本单元的核心句型：e. g. Put … in/on… Yes. /OK. /All right. 又体验了自己动手收拾时产生劳动的快乐。让学生参与到生活自理劳动和家务劳动中，养成热爱劳动的好习惯。

挖掘教学中的劳动教育元素，在课堂教学中补充和拓宽教学内容。沪教版英语教材 5BM1U1 What a mess，在打扫教室的过程中，Miss Fang 询问 Peter 教室里到处乱放学习用品是谁的，并建议 Peter 应该把学习用品摆放在什么地方更好，如：Whose notebook is that? Whose picture books are these? Whose pictures books are these? Put all her books on her book. 学生们学习了核心句型：Whose…的同时，也学会了在教室里整理自己的学习用品，比如整理自己的课桌、书包和文具盒。随后我布置了与生活实际相联系的任务，主题是 Do it by myself，并把自己整理的过程中核心语言描述出来，与同学们交流分享。在活动中，有的孩子书包倒出来，到处都是试卷、书本、纸张，我建议孩子书本按照大小排放，试卷可以根据各科目放到文件袋里，需要的纸张放到书包固定的地方，准备一个垃圾袋放到书包里等，并建议每个周末整理书包一次，养成良好的自己的事情自己做的良好的生活和学习习惯。

同样也以沪教版英语教材 2BM3U2 In the kitchen，以 Kitty 和她的妈妈在厨房里，Kitty 以小帮手的形式帮助她妈妈烧晚饭，A：A spoon? B：No, thanks. A：Chopsticks? B：Yes, please. A：Give me a late, please. B：Here you are. 我以分角色的形式扮演对话，边表演对话，边用动作呈现出来。在对话学习中让学生们了解到父母的辛苦，除了上班，还要照顾自己和做家务，我们要学会体谅自己的父母，怀有一颗感恩的心，积极主动帮助父母做力所能及的家务事，同样不要给自己的父母添乱，学习基本的家务劳动技能，能真正地帮助到自己的父母，从而提高孩子作为家庭成员的责任意识。使学生乐于劳动、善于劳动，同时让学生感受到劳动不仅创造了美的生活，也创造了美的感受。

（2）在课堂活动中渗透劳动教育。

用语言点滴渗透劳动教育，在英语课堂中，针对低年级的学生，我是这样的对话方式：What can you do at home? 鼓励学生张开嘴巴去表达自己的意愿，I can read、dance and sing. 对于高年级学生以这样的对话方式开始导入：What do you do at weekends? Do you help your parents do some housework? How do you help them? How do you feel? 以这样的对话形式引导学生去说一说周末具体干了什么事情？你帮助你的父母做了家务劳动吗？你怎样帮助他们的？你的心情体会是什么？我趁此机会对劳动家务的词组进行拓展：mop the floor、clean the table、make the bed、water the flowers、wash the clothes 等。让学生知道具体家务劳动的英文表述方法，并去鼓励他们帮助父母做力所能及的事情，并让学生动手去写一写在做具体家务劳动的步骤和劳动付出之后的体验，培养学生的劳动技能并在劳动过程中又提升了自己学习英语的能力。

让学生了解不同的职业赋予了他们不同的使命，这样的话题同样也是劳动教育的契机，沪教版 5BM1U2 my future，学完了这个单元，我设计这样的问题来问他们：What's your dream job in the future? 学生们很积极地用英语来描述自己未来的职业和自己能做的一些事情，如，S1：I want to be a teacher because I want to give lessons to students. S2：I want to be a pilot because I want to fly an aeroplane. S3：I want to be a cook because I want to cook nice food. 在交流中，学生们对不同职业的意义有了深刻的了解和向往，从小树立了积极向上的人生观与价值观。与此同时我又趁热打铁播放了一段视频，关于这次疫情中涌现出各行职业在自己的岗位上默默无闻地为这次疫情奉献出自己的力量：医生、警察、环卫工人、社区工作人员等，学生们看了以后热泪盈眶，我想他们对不同职业的劳动者有更深刻的体会。

（三）组织开展校园劳动，养成学生基本劳动技能、良好劳动品质和习惯

校园劳动是中小学劳动教育内容和形式。如《中共上海市委、上海市人民政府关于全面加强新时代大中小学劳动教育的实施意见》规定："创新校内劳动实践。小学低中年级要以校园劳动为主，小学高年级和中学要注重在校园劳动的基础上适当向社会劳动实践拓展，高等学校要在生产劳动的基础上逐步向创造性劳动实践拓展。大中小学要科学设计校内劳动项目，制定劳动公约、每日劳动常规任务单及学期劳动任务单，明确每周校内劳动实践时间，组织校园卫生保洁、绿化美化、图书整理等集体劳动，深入开展垃圾分类。"为此，"区域高品质推进劳动教育"项目一方面引导学校编制、实施"校内劳动教育清单"，开发学校校内劳动教育课程；另一方面则要求基地学校要认真、细致、科学、持续地组织开展学生进行保洁、绿化、值守、图书管理等岗位服务劳动；培养学生遵守纪律、团结合作、坚持不懈等劳动品质和自我管理、服务他人的能力。

下面引述同泰路小学张海霞老师所写的《基于"小能人"校园文化开展小学劳动教育的思考与实践》一文中部分内容，管窥基地学校是如何开展校园劳动的。

（1）"小能人"校园文化与劳动教育有机结合。

在开展劳动教育的过程中，校园文化的重要性尤为凸显。一方面，它是连接学生校内外生活的重要媒介，浸润于学生的生活中。另一方面，通过劳动丰富校园文化中的一些重要因素，本身也能成为劳动教育的重要资源，影响学生的生活和成长。劳动教育与校园文化有机结合，不仅可以培养学生的劳动意识、劳动能力，而且能够使学生产生文化认同感。

1998年同泰路小学创造性地提出了"小能人教育"的办学口号，坚持让学生和教师在活动中自主、自信，以"我努力，我能行"的小能人精神为抓手，落实到校园的每一处，深入到每一个教师和学生的教与学中。我们"小能人教育"根本目标是培养具有主体探索精神的快乐"小能人"，基础目标是"五会"：会学习、会劳动、会做人、会生活、会创造。在"五会"目标中，充分体现了我们坚持把劳动精神的培养融入小能人教育的理念，我们提出的口号是：小能人爱劳动，在劳动教育中坚持以下几个特征：

——儿童性，小学劳动教育要立足于对儿童的认识与理解，顺应儿童的天性，更直接地链接学生的生活世界，让学生以真实情境为支撑的劳动实践中，感受劳动对个人当下及未来发展、对文化传承与创新的必需，以及对创造美好的重要意义。

——关联性，基于校园文化的劳动教育可以为学生提供真实、丰富的学习情境，让学生真正深入熟悉的自然生活，在实践中通过构建多重关系，探索劳动对于自然、社会、他人及自我的价值与意义；同时推动学校、家庭、社会形成有机的整体，在劳动教育中发挥巨大合力。

——创生性，生活中的文化产品、精神财富、审美情趣都靠劳动产生和创造。参与体验的过程既能让学生在劳动中欣赏美、发现美和创造美，也有助于他们理解劳动在人类历史中发挥的重要作用，懂得崇尚劳动、尊重劳动。

（2）开展"四个一"的"小能人爱劳动"教育实践活动。

我们坚持"小一点、活一点、近一点、实一点"的原则，促进学生树立"成就自己、帮助他人、服务社会"的正确劳动价值观。通过梳理教育规律、拓展已有教育教学成果，整合学校团队及专题德育主题活动，开展主题劳动实践活动，更好地促进学校德育向实践式、体验式、浸润式的德育模式转换，开展以一周、一岗、一地、一课为主的"四个一"为主线的"小能人爱劳动"教育实践活动。

四个具体：

强化一个亮点——小能人劳动周。

我校从2014年起实行"小能人劳动周"轮流制，每个班级一学期必须有一周参与"小能人劳动周"活动，实行"班级劳动周申报制"，"2+2"原则，就是学校提出两个基本要求：①清扫一次小能人广场；②写一篇劳动日记。根据班级情况自己设计两个劳动项目，可以是走出校门为社会服务一次，可以是为学校走廊绿化植物浇水一次，可以到学校图书馆服务一次，到同泰敬老院慰问一次，可以协助食堂工人师傅收拾餐盘，可以帮低年级的弟弟妹妹清理桌椅……凡是参与的班级均在班级考核中可以加分。多年来各班踊跃申报、积极参与活动，把被动劳动变为主动担当。

"小能人劳动周"活动中我们会每周评选"劳动星"，对那些热爱劳动、表现突出的学生予以表彰、奖励，大力弘扬劳动精神。在优秀班集体创建方面，劳动也是一个很重要的评价指标，通过这种正面激励引导，学生以劳动为荣，将劳动观念落地落实。"小能人劳动周"为帮助孩子养成良好的劳动习惯，让学生在接受劳动、参与奉献的过程中，树立劳动意识，提升道德素养，推动劳动教育在校园内外蔚然成风。

形成一个合力点——小能人家政岗位。

如果劳动教育缺少了家长的支持和配合，就会成为无本之木、无源之水。家庭中的劳动教育对孩子良好品德的形成，对培养孩子热爱劳动和劳动人民的情感，增强对家庭、对亲人的责任心和义务感，养成良好的劳动习惯，提高其生活自理能力都具有重要的意义。为此，学校在"小能人"育人目标的基础上，家校达成共识，携手开展"小能人家政岗位"活动，携手为学生开展劳动教育创设了良好的氛围，让学生在劳动中塑造最好的自我。

"小能人家政岗位"活动分为四步走的节奏。第一步：家长培训。学校指导家长进行"小能人家政岗位"学习，引导家长收放并重，要根据孩子的实际情况和能力水平，创造"让孩子帮助"的机会，鼓励和引导孩子勇敢地去动手，去做事，朝着做最好的自我而努力。第二步：确定小岗位。在实施的过程中，每个学生在家长帮助下确定一个家政岗位，由家长监督和指导。"小能人家政岗位"要求小而实，如每周洗一次碗，每天倒垃圾，每周拖一次地板，每天为家里的花浇水；每周整理一次书桌……第三步：小能人大舞台。学校定期搭建自我服务和家政服务比拼的小能人大舞台。通过开展手工制作大赛，家政日记大赛，家政服务照片展览等方式，展示学生开展家庭劳动的成果，激发学生积极上进，不甘落后的竞争意识，增强学生做好小岗位工作的自信心和自豪感。我们在低年级侧重开展了整理书桌大赛、整理书包、洗袜子、系鞋带等以展现学生自我服务能力的大赛和家长开放课，既展示孩子们在家庭岗位中的劳动成果，更让家长体验到孩子在不断长大的幸福感和骄傲感。在高年级侧重开展了包粽子、包饺子（馄饨）等以展现学生掌握家庭劳动技能为主的大赛，让学生在感受和传承中华传统美食文化的同时，收获着劳动的幸福、分享的快乐和成长的自信。第四步：活动评价。巩固家庭劳动效果的有益方式必须采用学校与家长相结合的评价方式，以克服学生娇生惯养的不良现象。①给孩子一种奖励，在家做得好的学生，学校评出"家政小能人"，授予称号或奖品。②组织学生分组到家进行比较评比，对不学或消极参与家庭劳动的学生适当地给予批评，以纠正其劳动行为的偏差，警惕学生的懒惰行为。

通过"小能人家政岗位"实践活动,变家庭"温床"为学生生长的"土壤",使学生在校、在家的劳动教育网络中,树立良好的劳动观念,增强劳动意识,培养劳动情感,磨炼劳动意志,为社会主义建设培养合格人才。

建好一个基地——小能人乐农园。

寻求有效方法是劳动教育的必然要求,因地适宜开辟劳动基地不为有效之举。在同泰校园的西南角有个绿意盎然的"小能人乐农园",每个班分配一块土地,专门留给学生用来进行花卉、蔬菜、瓜果等农林园艺的实践体验活动。学生们利用课余时间管理自己本班的责任田。学校聘请有特长有爱好的教师、工人担任指导老师,教会学生劳动技能、生物知识等,学生劳在其中、学在其中、乐在其中,还能分享劳动成果。

在"小能人乐农园"里,到处洋溢着欢声笑语及师生高涨的劳动热情。红薯、红小豆、菜心、生菜、白菜、辣椒、西红柿、茄子等常见农作物,很多已经挂果有收成了。每一寸土地都活跃着勤劳的师生,有的锄草,有的松土,有的挑水,有的施肥……师生们顾不得脸上的汗珠,尽情享受着劳动带来的快乐。

"小能人乐农园"为这些不识五谷杂粮、不关心粮食和蔬菜的学生们打开一个新世界。在劳动过程中,学生主动跟他人互动,跟环境互动。在整个种植、管理的过程中,学生们心里产生了许多问题,又通过自主、合作、探究解决一个个问题,大大激发了学生的劳动热情,提高了学生的劳动实践能力,将学生的劳动实践教育实现了从无到有、从小到大、从虚到实、从低到高的"嬗变"。在培养小能人踏实勤劳的劳动精神的同时,也教育学生懂得:梦想要植根于现实,梦想的实现需要脚踏实地的干劲,求真务实的韧劲,敢于拼搏的冲劲。

上好一节课——小能人劳技课。

用好劳技教材是劳动教育的根本基础。如果在劳技课内只允许学生按老师限定的步骤"一板一眼"地进行,这大大地挫伤了小学生的那种求知探索欲望和劳动的积极性。在我校的"小能人劳技课"教学时注重教师的劳动行为示范。教师以自己为例,每个操作课时,自己先做好各种与教学相关模型,让学生知道老师的手巧来自于日常的劳动锻炼;再者,教师的态度,劳动的习惯,每时每刻都在影响着学生们,所以教师的榜样示范作用是不可忽视的。教师的良好劳动行为使学生可效、可信,此时无声胜有声。

我校是区探究学科基地,我们尝试着用在劳技课中劳技课中引导学生进行探究性学习。劳动技术课中比重较大的一类课是成品制作。小能人课堂中采用"从拆到做"的教学方法能顺应小学那种活泼好动,求知欲强的心理特征,能鼓励学生解放思想、勤于思考和解放双手、主动摸索,大大调动了他们的学习积极性和进取性。让学生真正体会到劳技课的乐趣,课堂气氛也能呈现出生气勃勃的景象,改变了过去劳技课开展操作训练时常常发生的学生跟着教师"依样画葫芦"呆板机械动作、课堂气氛较沉闷的现象。这样,学生心里充满了成功感,求知欲得到满足,主体作用得到了充分发挥,而且还能触类旁通,对其他事物也能想到"从拆到做"。学生对劳动意义认识提高了,书本上的理论知识也学到了,再配上实践训练是对小学生进行劳动教育至关重要的一环,学生在课外实践中把学到的间接知识经验运用到实践中,可真正做到理论联系实际,学以致用,特别是可以有意地创设艰苦的劳动条件,锻炼他们的意志。如我们可通过指导学生挖土、施肥、锄草、小秋收、浇花卉等劳动实践训练,给学生创设艰苦条件,对学生进行意志磨炼,这样也能提高学生的劳动技术,使他们学以致用。

(3) 研发"劳动小能人"小程序实现多元化评价。

评价的核心价值在于促进学生的全面发展,实现劳动教育的综合育人功能。为推进过程性评价的有效开展,学校研发了劳动教育小程序——"劳动小能人"系统,由学校发布劳动任务,老师、家长和学生合作上传学生劳动过程及成果的照片、视频等;学生完成任务规定次数后,可获得一个"小能人大拇指"徽章。学生获得一定数量的"大拇指"徽章后,可获得"劳动小能人"的称号。小程序的研发,将纸质档案记录变成了实时传输、过程记录、动态分享功能的评价数据库。信息的交流与分享,让同伴间的相互促进、相互评价有了更大可能。

立德树人,以劳树德、以劳增智、以劳强体、以劳育美,引导学生在劳动中明白事理、养成习惯、升华境界,提高实践能力、社会责任和创新精神等综合素养,培养学生勤奋学习、自觉劳动、勇于创造的精神,为终身发展和人生幸福奠定坚实基础。相信,只要我们一起努力,使劳动教育能真正扎根在孩子的心里,孩子的生命必将更加灿烂美好。

(四) 开展综合实践活动,增加学生职业体验,提升学生劳动精神、服务意识、实践与创新能力

作为"区域高品质推进劳动教育"项目实施方法途径的综合实践活动,是指在教师的指导下,由学生主动参与的综合性劳动教育活动,包括劳动技术实践活动、公益劳动与志愿者服务、职业体验、社会生产劳动等。其主要目的是让学生在生活环境或真实的劳动情境中动脑动手,体验劳动价值,增加对劳动者的理解,发展劳动技能;养成负责、合作、诚信、奉献、创新等劳动精神和

品质。

（1）开展劳动技术实践活动，培养学生现代技术素养。"区域高品质推进劳动教育"项目十分注重学生在劳动技术实践中养成正确的劳动技术观、现代技术思维和规范、创新精神和解决实际问题的能力，鼓励、支持基地学校结合学校实际开展诸如"STEAM"课程、"OM"活动、"龙船"制作、"车模""校园种植与生物探究"等系列活动。在这些劳动技术项目的实践活动中，学校努力使学生体会科学技术转化为生产力的过程及其魅力，感悟中华民族优秀技术文化的内涵，感知技术创新给人类社会发展带来的积极意义，逐步形成技术服务于社会发展的价值观；建立与技术相联系的质量与效益、安全与环保、伦理与审美、合作与创新等意识；感受劳动技术的愉悦，享受收获劳动技术成果的幸福，形成热爱劳动技术、积极学习劳动技术的情感和态度。在学生劳动技术实践学习中，基地学校注重以密切联系学生生活的设计与制造、能源与动力、农业与生物、电子电工等领域的项目为载体，通过设计一个项目、制作一件作品、满足一种需求、解决一个问题等活动，让学生经历需求的产生、方案的设计、材料的选择、工具的使用、评价与改进等过程，掌握学习技术的基本方法，提高学生运用所学知识与技能解决实际技术问题的能力。

（2）开展职业体验、生产实践等社会实践活动，增加学生对劳动价值的体认，培养学生崇尚劳动、尊重普通劳动者和遵守职业规范的态度和精神。教育部印发的《大中小学劳动教育指导纲要（试行）》明确指出，普通高中的劳动教育应该注重围绕丰富职业体验，开展服务性劳动和生产劳动，理解劳动创造价值，接受锻炼、磨炼意志，具有劳动自立意识和主动服务他人、服务社会的情怀。"区域高品质推进劳动教育"项目基地学校基本上都开展了对职业体验教育。其中，宝山中学、高境四中、大场中学等学校做得比较好，他们有整体规划、有校本课程、有家校社区合作。宝山中学是上海市劳动教育特色学校，其主要特色之一就是"职业体验"。校长金旭峰认为"学校积极落实职业体验教育，有利于更好地贯彻劳动教育的要求，培育学生的劳动素养。有利于提升学校教育水平，落实立德树人根本任务"。学校创建了以"日化小工厂"为空间依托，以跨学科创新实践课程为载体的职业体验与创新实验室项目，面向全体学生，进行突出劳动素养培养的职业体验教育。学校设计、开发了"四级生涯课程"：第一，为面向全体学生的初阶体验型课程；第二，为面向有意愿深入学习的部分学生的高阶型系统课程；第三，为面向能进行问题设定和问题解决的个别学生，具有一定深度的实践研究型课程；第四，为日化文创设计的3D建模拓展课程。为了拓展职业体验的空间和内容，罗店中学"古镇职业探觅"项目让零工作经验、零社会阅历的高中生走进古镇，来一场间接却又高效的职业体验。其流程为：策划活动方案，召开预备会，设计访谈提纲，组织学生走访古镇人，走近古镇职业。锁定职业访谈对象，探寻不同工匠背后耐人寻味的生涯故事，凭手艺吃饭背后鲜为人知的艰辛。学生过把记者瘾，根据任务单完成一份职业人物生涯访谈报告、一组职业生涯访谈现场照片、一场生涯报告分享会作为活动成果。

（3）开展敬老、交通维护、赛事会展后勤保障等志愿者服务活动，增加学生对社会的了解，培养学生遵守劳动纪律，团结友爱、乐于奉献等品质和能力。1994年12月5日，胡锦涛同志在中国青年志愿者协会成立大会的贺词中指出，"使奉献、友爱、互助、进步的青年志愿者精神在青年一代中发扬光大"。为了培养学生劳动精神和品质，"区域高品质推进劳动教育"项目基地学校志愿者服务团队先后组织学生到敬老院、主要交通路口、大型赛事和会展活动现场进行志愿者服务活动，以体验式学习为主，让学生在服务他人的过程中体会奉献、团结的意义。由于新冠肺炎疫情的影响，这两年很多学校组织学生在校内开展志愿者服务活动，开展"环卫、禁毒、节约"等主题活动。淞谊中学的志愿者服务活动已坚持了8年，新冠肺炎疫情爆发后，学校就组织学生在校内开展食堂管理、岗位执勤等志愿服务，培养学生服务意识和能力。淞浦中学充分利用共建单位资源，开设"帮扶类""社区类"等志愿服务项目；学校制定劳动教育日历，将植树节、学雷锋纪念日、"五一"劳动节等纳入其中，丰富学校劳动实践课程内容，彰显奉献、友爱、互助、进步的志愿者精神。

（五）加强学生的家庭劳动教育，培养学生劳动自信、自理能力和服务意识

2018年全国教育大会上习近平总书记发表重要讲话，指出"家庭是人生的第一所学校"。2020年3月，中共中央、国务院发布的《关于全面加强新时代大中小学劳动教育的意见》指出："家庭要发挥在劳动教育中的基础作用。注重抓住衣食住行等日常生活中的劳动实践机会，鼓励孩子自觉参与、自己动手，随时随地、坚持不懈进行劳动。"上海市发布的《中共上海市委、上海市人民政府关于全面加强新时代大中小学劳动教育的实施意见》则明确把"家庭劳动"作为学校劳动教育的重要内容。因此，加强学生的家庭劳动教育自然成为"区域高品质推进劳动教育"项目的重要方法途径。为此，我们要求各基地学校要重视家校合作，做好家长劳动教育培训，提高家长对自己子女进行家庭劳动教育的意识和能力；同时积极引导基地学校和家长一起编制学生家庭劳动清单，规范学生家庭劳动教育。如乐业小学以"我做劳动小大人"明确提出包

括"家务劳动"的"四维"劳动教育，学校利用家长学校指导家长要做好"学生劳动教育的第一任教师"，积极主动配合学校做好家庭劳动教育。学校建议家长要注重身体力行，言传身教，为孩子树立劳动榜样，形成热爱劳动的良好家风，营造家务劳动、公益劳动共参与的良好家庭氛围。又如，上海市宝山区第三中心小学则倡议家长在家庭教育中应培育孩子的劳动精神、劳动习惯，训练孩子的劳动技能。

从目前调研情况来看，基地学校家庭劳动教育具有三大特点：

一是家庭劳动教育的形式丰富多样，能激发孩子的劳动兴趣。家长能将劳动教育贯穿于日常生活中的点点滴滴，通过讲故事、谈话、做游戏、观赏文艺作品、带领孩子进行日常家务劳动、开展职业体验活动等各种方式，引导孩子了解劳动的价值，感悟劳动的艰辛，树立尊重劳动者、尊重劳动成果的观念，养成勤俭节约的习惯；大部分家长能及时鼓励和肯定孩子在劳动中的良好表现，帮助孩子感受与体验劳动带来的快乐。

二是要注重指导劳动方法，着力培养学生劳动自信、生存能力。家长坚持培养孩子"自己的事情自己做"的劳动教育理念，抓住衣食住行等日常生活中的劳动实践机会，坚持不懈地培养孩子自我服务和自我管理能力；执行上海市规定的家务劳动"清单"、进行家务分工等方式，让孩子承担力所能及的家务劳动，逐步树立共同分担家务的责任和义务；要及时给予帮助和指导，教给孩子正确的劳动技能，启发孩子不仅要"能"干，还要"巧"干，培养孩子的创新精神。

三是家长积极配合学校共同育人。家长鼓励孩子积极参与学校、社会的各类劳动，强化他们的劳动自立意识、服务意识。目前"区域高品质推进劳动教育"基地学校除了规定的劳动课之外，还有形式多样的校园劳动、社会劳动。要使这些劳动发挥育人的作用，离不开家长的支持。从笔者已掌握的资料看，绝大部分家长理解学校劳动教育的意义，积极配合学校，支持、鼓励自己的孩子参加学校组织的劳动教育活动。

附：案例

家校牵手，共育"家务小能手"——破解家务劳动之困局

【案例呈现】

学校少先队组织四年级学生开展小白鸽服务，孩子们在老师的带领下，在各自的包干区忙碌着，个子高高的小昊同学却站在原地，眼睛东看西瞧的，好像心不在焉。他一会儿看看同学们捡垃圾，一会儿望望远处，脚下有纸屑他也

不捡。我看到后，连忙走上去问："昊昊，你在想什么呢？为何不劳动呀？"他毫不犹豫地说："我手酸，不想劳动。"我一惊，惊的是他说话这样理直气壮，我忙问："为什么会手酸？是写字写多了还是手受伤了？"他摇了摇头，沉默不语。小白鸽服务结束后，我陪小昊在包干区走了一圈，让他说说包干区打扫干净后，自己有何感受。他不假思索地说："老师，经过同学们的劳动，现在这里干净多啦！看不到一张纸屑，在这样的操场上走走很舒服。"我心想：原来他也知道环境整洁能给人带来愉悦的心情啊！"是呀，这是老师和同学们一起干的劳动成果呀，如果你能积极参与，那就更好了"。小昊同学不好意思地低下了头，过了一会儿，他弱弱地跟我说："我在家从来不干活的，手酸是我随便说的，我妈说只要我读书好就行。"

对于小昊在这次小白鸽服务中的表现，我很意外。但我也想搞清楚事情的原委，于是，我跟小昊的妈妈进行了电话沟通。我得知，小昊一家四口人，奶奶、爸爸、妈妈和小昊。小昊妈妈做财务总监的，平时还要到各地出差、要账，工作非常忙，在家的时间也不多。爸爸是一家知名企业的家电维修工，忙起来也不能准点吃饭。父母的工作性质导致家里的家务落在了孩子奶奶的身上。奶奶身体还算硬朗，她买菜烧饭，几乎承包了家里所有的家务活。我也经常从小昊这里听到，他的任务就是读书。妈妈为了让小昊读好书，双休日给他报了"学而思"、奥数、书法兴趣、写作班等，周四的晚上还有一个"刷题班"呢！小昊几乎没有自己自由支配的时间，他成了读书的机器。连好好休息的时间也没有，更不用说劳动了。我跟小昊妈妈说了孩子在学校参加小白鸽劳动的不佳表现后，他妈妈没有感到很意外，反而一直强调：现在竞争激励，孩子多学点，读好书才有出息。孩子的任务就是学习，劳动的事情长大了自然会的。在这个观点的影响下，孩子一有时间就读书、刷题，这样妈妈会很开心，逐渐强化，小昊做其他事情就弱化了。

【困局】
1. 小昊参加各类培训班学习，没有时间做其他事情，更不用说做家务了；
2. 妈妈只要孩子成绩好，其他一切无所谓，劳动可有可无；
3. 奶奶承担了家里主要家务活，不需要小昊做家务；
4. 激发小昊做家务的动因。

【破解过程】
一、家校合作，共育美好
1. 尊重孩子的学习兴趣，让孩子有自己的"朋友圈"

小昊平时在学校上课，双休日还要到各类培训机构参加补习等，孩子的学业不堪重负。我在想：家长是否考虑到孩子的感受？这些是不是孩子想要的？

趁着小昊妈妈在家的时间，我上门与她进行了一次沟通。我谈话直奔主题，说出了我的想法。小昊由于过多参加培训机构的学习，上课精力不充沛，时常看到他无精打采，甚至有几次还趴在课桌上睡着了，学习也没有看到他有明显进步；另外，由于小昊精力有限，学校开展的活动，他无心参加，不感兴趣，也与同伴之间的距离疏远了。妈妈听到这些情况后，进行了反思，在我的建议下，及时调整了教育思路，从孩子的兴趣出发，听取小昊的意见，减少了他不感兴趣的培训班。现在孩子有了充足的睡眠，有了锻炼身体的时间，更有了自己的"朋友圈"，能主动与同伴交往，参与到一项项集体活动中去。

2. 跟随妈妈上一天班，懂得"少给父母添麻烦"

孩子在小白鸽服务劳动中的表现不尽如人意，这与家长的不支持密不可分。妈妈只要小昊学习成绩好，其他可以忽略或者听之任之，这样助长了孩子不爱劳动的坏习惯。我对小昊妈妈说："孩子终有一天会长大，会独立，让他做一些力所能及的家务劳动，动手又动脑，能锻炼手脑并用的能力，何乐而不为呢？"小昊妈妈点点头。我还建议在暑假中，让妈妈带小昊去单位一天，感受一下自己工作的辛劳，妈妈同意了。早上，小昊跟随妈妈乘上拥挤的地铁1号线，到达市区的工作单位，妈妈放下包就忙开了。一会儿在电脑前制表，一会儿与客户沟通，一会儿接待来访领导，下午2点才吃上中饭，随后又继续忙碌。回到家已是晚上七点半，妈妈已经精疲力竭，可还要搞个人卫生，打起精神检查小昊的作业。小昊经过"一天跟班"，有了许多感触：感受到妈妈工作时间长、任务重，感受到劳动赚钱的不易。因此，更加体谅妈妈了，他还表示：要少给父母添麻烦，自己管好自己，自己的事情自己做。还主动为家庭承担家务劳动。

3. 挖掘劳动小故事，主动参与"打下手"

小昊是奶奶的"心头肉"，家务活奶奶一人承包，当然不会让宝贝孙子插手。在班级开展的一次"感动我的劳动小故事"活动，许多孩子说了同班同学在做值日生或是大扫除时发生的小故事。小昊毫不掩饰自己的情绪，激动地说："我最爱自己的奶奶了，她每天会烧许多我爱吃的菜——红烧蛋黄狮子头、葱烤排骨、盐焗乳鸽……"他一口气说出了许多菜名，看来是个"小吃货"，我抓住时机，问："这些好吃的菜肴奶奶是怎么做出来的？背后还有哪些故事呢？"这突如其来的一问，难倒了小昊，我示意他回家后问问奶奶。第二天，小昊找到我，一本正经地跟我说："奶奶做红烧蛋黄狮子头时，步骤很复杂，我只记得其中有一个步骤是肉末包裹蛋黄后，搓成一个个肉丸子，这些肉丸子需要放到油锅里油炸的，可是在油炸的过程中，奶奶不小心被锅里溅出来的油烫到了手臂上,当时手臂上就起了水泡,还有小红点子,后经过好长时间才愈合,但还是留下了一小块疤痕呢!"小昊停顿了一会儿继续说:"我当时吃得很开心,但知道了烧制的过程后,我感到奶奶每天烧饭给我吃很辛苦,手上烫伤更让我难过。"他还表示以后有时间要帮奶奶一起做家务,"打打下手"也行。

在以后的日子里,小昊说到做到,因为心疼奶奶,所以经常帮奶奶拣菜、洗菜,每次做这些事情,都十分认真,生怕奶奶"返工",小昊从简单的事情做起,从不会到会,渐渐地,成了一名"打下手"的小能手,让奶奶刮目相看,同时,也增进了祖孙的感情。奶奶还在"家校联系册"上感谢老师教育有方,让孩子打打下手,自己也省力多啦!看来,进行劳动教育就必须真正经历劳动,只有这样,才是真正的劳动教育。

二、运用大拇指评价激励,让劳动的兴趣愈加浓厚

1. 在疫情居家中学会一项"烧菜"技能

小昊的慢慢改变,离不开老师的引导,也离不开家校的配合,更离不开学校大拇指评价机制和表扬激励。

习近平总书记在全国教育大会上指出,要在学生中弘扬劳动精神,教育引导学生崇尚劳动、尊重劳动,懂得劳动最光荣、劳动最崇高、劳动最伟大、劳动最美丽的道理,长大后能够辛勤劳动、诚实劳动、创造性劳动。

2020年初,来势汹汹的新冠肺炎疫情,打乱了人们的生活节奏,父母暂时不能工作,回归了家庭,孩子们在家通过网课居家学习。这个寒假显得特别长。为了让孩子在家的时间过得充实而有意义,我要求孩子们在家加强锻炼、勤做家务、劳逸结合。看到四年级《道法》中有"做家务情况"小调查(见下面)。我让孩子们自行认真、诚实地填写。

做家务情况:
在符合自己情况的括号内画"√"
每天坚持做( ) 有时间就做( ) 偶尔做( ) 从来不做( )
我会做的家务活:
我还不会做的家务活:
我想学做的家务活:

一份份"小调查"很快通过QQ传到了我这里,发现孩子们在"我想学做的家务活"一栏,有半数以上的学生写着"烧菜",看来,他们对"烧菜"非

常感兴趣。我顺水推舟道:"大家可不可以来个PK,看看谁烧的菜'色香味'俱佳。"任务布置后,得到了孩子们的响应,规定一周后上传"佳肴"照片。

紧张而忙碌的一周中,孩子们回忆过往吃过的一道道菜、寻找记忆中的美味、尝试着动手做。他们不时地向家人学、向美食节目学、还学会网上查资料学。通过各种渠道的学习、不断地尝试、失败、再尝试,最终呈现出了一道道摆盘精美、菜品精致、色彩协调、可口诱人的菜品。

我注意到小昊传给我的正是先前奶奶做给他吃的"红烧蛋黄狮子头"。那一只只像鹅蛋大小的狮子头,浓油赤酱,让人馋涎欲滴。我仔细问了小昊烧制的过程,小昊一五一十地把步骤说得非常清晰,在油炸狮子头环节,还带上了塑胶手套,以免烫伤呢!

一道道菜,凝聚着孩子们的辛苦与执着,更让他们懂得了坚持与自信的力量。

评奖环节,大家非常激动,根据事先制定的评奖要求(见下表),通过自评、互评、家长评,(每一项得一个大拇指)最终按大拇指的多少,评选出"最佳厨师奖"8名(获8到9枚大拇指),"秀色可餐奖"15名(获6到7枚大拇指),"亲情融合奖"18名(获4到5枚大拇指)。每个孩子获奖后,脸上绽放出了自信的微笑。

获奖名称	评选要求	自评	互评	家长评
最佳厨师奖	从食材准备到成品都亲自完成	👍	👍	👍
秀色可餐奖	色彩搭配协调,令人馋涎欲滴	👍	👍	👍
亲情融合奖	家人一致品尝后认为口感好	👍	👍	👍

通过疫情居家期间的烧菜活动,小昊的进步很大,他不仅学会了一项劳动技能,还学会了与家人的沟通,尝到了"美味佳肴",更加深了家人之间的亲情。在疫情特殊时刻,也算是一大收获。

2. 分享家务小妙招,让劳动变得轻松高效,事半功倍

学生们平时的学习任务比较繁重,在校时间也较长,回到家还要做作业等,时间非常紧。尤其是小昊同学,他还要参加部分的培训班学习,时间更是

不够用，做家务劳动会挤占一定的时间，家务小妙招的分享，可以让大家做起家务来更轻松、高效。（家务小妙招来自于《空中课堂》）

家务小妙招

1. 扫地的时候要顺着地砖获地板的纹路扫。

2. 把刷好的湿白球鞋表面用卫生纸包好后阴干，能防止白球鞋变黄。

3. 擦玻璃时可以先用湿抹布擦去灰尘和污渍，再用废报纸擦干玻璃上的水迹，这样更干净。

4. 如果桌子或白色皮包皮具上沾有油污，尤其是圆珠笔笔迹，可以用纸巾蘸取少许风油精，轻轻擦拭即可去掉。

家务小妙招其实还有很多很多，需要孩子们在日常劳动中去观察、去发现、去摸索、去创造。

3. 简单重复的劳动坚持做，才能形成劳动习惯

劳动习惯不是一朝一夕养成的，而是需要长期地坚持做，就像吃饭、睡觉一样，这样才能形成习惯。长辈们有时不希望孩子做家务，就是觉得孩子做事情不牢靠，多半会半途而废。其实坚持做家务是有好方法的。例如：制作家务记录表（见下表），主动坚持记录；还可以通过尝试网络打卡等形式，上传照片和视频，在家人的督促下，坚持做家务。让家务劳动成为生活中不可或缺的一部分，让自己成为家庭的小主人。

项目	能做到	基本做到	不能做到
自己做早饭	🐙🐙🐙	🐙	
自己洗衣服	🐙🐙🐙	🐙	
经常洗锅碗	🐙🐙🐙	🐙	
经常打扫房间	🐙🐙	🐙	

新时代劳动教育的主要目的是促使学生形成正确的劳动价值观。劳动价值

观决定了劳动教育观。从小昊的转变中,我们看到:只有家校共育,找到困局突破点,给予孩子劳动实践的机会,教会他们发现劳动的小妙招,每天坚持做家务,让劳动变得更有意义。"幸福是奋斗出来的"。从小培养孩子做力所能及的家务活,长大后不仅能自食其力,还能创造幸福生活。真是"小小劳动,播种大大希望"。

(上海市宝山区第二中心小学 骆惠娣)

五、开展学生劳动教育评价,推动学校劳动教育实施

中共中央、国务院《关于全面加强大中小学劳动教育的意见》专门指出"健全劳动素养评价制度",将劳动素养纳入学生综合素质评价体系。"区域高品质推进劳动教育"项目,十分重视劳动教育评价,不仅把评价当作劳动教育监控与促进手段,也把劳动教育评价当作对学生进行劳动教育的一个方法和途径。经过1年多时间的探索、研究,我们初步建立了以现代信息技术为载体的两级评价体系,一是区域层面的"区域高品质推进劳动教育"项目评价体系,包括"学校劳动教育实践评价""劳动教育教师评价"和"学生劳动素养评价";一是学校层面的评价系统,是学校基于自己校情和学情而进行的劳动教育评价。例如,吴淞中学就开发了自己本校的学生劳动教育评价系统。

吴淞中学学生劳动教育评价

校本化项目	劳动教育目标	评价体系
学农社会实践	1. 学生个人自主内勤管理融入集体管理 2. 体验农业劳动、认识农业生产的利国利民重要性 3. 学习简单的农业生产技能,在实践中启发科学农业、生态农业的课题研究	上海市高中生综合素质评价系统有关综合实践活动的过程记录
百名教师访千家	在家校互动中了解、交流、指导学生家庭劳动,养成日常生活劳动的习惯性和科学性	班主任评语
创客夏令营	通过短期的高中自然科学、社会科学启蒙创客实践活动,体验新时代、新技术、新科学环境下的劳动知识和技能,树立自主发展、服务社会的劳动意识	上海市电教馆、上海市高中生综合素质评价系统有关综合实践活动的过程记录

续上表

校本化项目	劳动教育目标	评价体系
研究性学习风会	1. 以研究型课题为驱动，关心、观察身边的各种问题；以责任担当为己任，确立解决问题的研究方案和方法 2. 以信息技术为工具、学科知识为基础，学会情报检索、收集和优化、规整，创立具有自己知识产权的"资料库" 3. 以社会实践、科学实验为抓手，培养科学、严谨的研究精神，系统化地完成自己的研究课题，体验科学劳动、创新劳动的社会价值	上海市青少年科技创新大赛、上海市青少年"明日科技之星"评选活动、明天小小科学家评比活动等第三方认证机构
道尔顿工坊课程（科技、艺术个性化课程）	1. 根据自己的特长和爱好，从科技模型、应用物理、绿色化学、TI 传感技术、挑战经典物理、科技竞赛、发明与文创、鸟类研究、微视频制作、布艺 STEM +、篆刻与书法、多面剧体验、现代摄影等课程中选择一门自主发展的实践项目，在课程实践中从知识与技能、过程与方法、情感与价值观三个方面全面提升自己 2. 将所学的知识与技能服务社会，通过公益活动、义拍义卖、项目展示等活动，回馈社会，丰富校园文化建设	上海市高中生综合素质评价系统有关综合实践活动的过程记录

现阶段，宝山区劳动教育研究与指导中心正在协同宝山区教育督导室研究建设基于数字画像的"宝山区家校劳动教育一体化评价平台"，加强对学生劳动技术课程学习、家务劳动、校园劳动和社会公益劳动的评价。以公益劳动为例，合格的评价要求是：小学阶段学生参与公益劳动不少于 30 课时；初中阶段学生参与公益劳动的时间不少于 80 课时，参与职业体验的时间不少于 32 课时；高中阶段学生参与志愿服务（公益劳动）的总时间不少于 60 课时。该平台力图与"上海市学生综合素质评价信息平台"和"上海市初高中学生社会实践信息电子平台"联网互通，实现数据共享，所得评价结论将被记入学生评价手册和学习档案，作为学生升学评优的重要参考，发挥评价的导向、激励和示范功能，不断提高劳动教育的实效性。

六、开展学生劳动技能竞赛与成果展示活动,促进学生劳动素质发展

为推动劳动教育高品质开展,培养学生劳动素养,切实提高学生的创新和实践能力,项目组一方面大力支持与鼓励宝山区中小学参加上海市教育委员会教研室主办、上海市教育学会中小学劳动技术教学专业委员会协办的每年进行一次的中学生劳动技术竞赛;另一方面,设计、组织宝山区"行知杯"中小学生学生劳动技能竞赛,竞赛内容包括自我服务、《劳动技术》和《通用技术》所涉及的内容,让学生充分运用所学知识与技能,现场比拼收纳整理能力,或完成一个有一定创意的作品。如,宝山区初中学生"行知杯"中综合布艺与工艺木工比赛、"行知杯"中高中学生《金属加工》《实体设计》《电子控制》技能比赛。以初中布艺比赛为例,比赛要求:设计有一定创意的布艺作品,能合理排料、裁剪和制作配件;求缝制方法正确、牢固。所有竞赛作品必须包含作品说明,指出作品的创新性、应用本学科知识或者综合运用相关学科知识的地方。

另外,"区域高品质推进劳动教育"项目鼓励中小学、幼儿园特别是基地学校和幼儿园要从创新劳动教育实践活动与学校劳动文化目标出发,定期组织本校本幼儿园的学生劳动技能竞赛,"以赛促教""以赛促学",目前,杨行中心校、吴淞中学等基地学校都先后设置、组织了学生收纳整理比赛活动、学生厨艺比赛活动等。

"区域高品质推进劳动教育"项目是全方位的、立体的,有基于课程教学的劳动教育,也有校园岗位的劳动教育,还有家庭劳动教育、公益服务劳动教育和社会场馆的劳动实践。所以,学生劳动成果的展示方式也是多种多样的,有区域层面的劳动成果展示,有学校单独组织的,也有学校结合社区开展的。劳动成果展示活动为学生提供展示才艺,交流劳动体会的平台,既是对参加学生劳动教育的肯定,也能提高学生对劳动实践的兴趣,促进学生全面发展。

七、组织召开学生劳动教育主题班会、劳动教育主题活动等区域性活动,创新学校劳动教育形式和方法

为更好地贯彻、落实《关于全面加强新时代大中小学劳动教育的意见》,推动"区域高品质推进劳动教育"项目高品质实施,打造"全国劳动教育实验区",宝山区教育学院教发室联合德研室于2021年6月起组织举行了面向全区中小幼教师的劳动教育主题征文活动。征文内容包括:第一,主题班会类:

以劳动教育为主题设计主题校会、班会、队会、团课，立意新颖，方法和形式生动、多样，具有时代特点，富有创意，体现新思路、新角度、新特色和新水平。设计要体现教育性和完整性以及不同课型本身具备的特点，主要包括题目、教育背景、教育目标、活动前期准备、实施过程等基本内容，内容要贴近学生、贴近生活和贴近实际，实施过程要注重正面引导，要具体、明晰、可操作，突出学生的主体性与体验感；第二，主题教育活动类：设计要体现时代性和创新性，体现家校社合作育人的特点。主要包括教育背景、教育目标、活动前期准备、实施过程、教育反思等基本内容。主题活动设计要着眼于学生的生活，以学生的生活素材为主题设计的来源，激发学生的热情；活动开展要关注学生的自主性，通过劳动实践的收获和公益劳动的体会，形成热爱劳动、尊重他人劳动和乐于奉献的精神，提高社会公德心。

2021年底，征文活动圆满收官。全区88所中小幼390篇参赛征文，评出中学：一等奖6个，二等奖15个，三等奖30个；评出小学：一等奖6个，二等奖15个，三等奖28个，幼儿园有一等奖7个，二等奖14个，三等奖30个，征文优秀组织奖中小幼各6个单位获奖。

从参赛征文内容看，学校都很注重以主题班会和主题活动来对学生进行劳动教育。主题班会是由班主任设计指导的，就学生关心的劳动教育相关问题组织召开的，内容和形式是多种多样的。有的班会以学习劳模（工匠、非遗传人等）为主题，以小组为单位收集劳模的信息，选择一位大家都崇拜的劳模，围绕劳模的工作岗位及价值、工作热情、工作态度等做好幻灯片并向全班同学演讲。有的班会则选择以"劳动创造幸福"为主题，讨论为什么幸福不会从天而降、梦想成真靠劳动、自己应该怎么做等话题。通过一系列主题班会活动，学生明白了劳动的价值和意义，懂得人类社会发展一天也不能离开劳动；知晓人人都要劳动的道理，明白为什么要尊重普通劳动者、珍惜劳动成果；进而树立诚实劳动、勤奋劳动、创造劳动的理念。

为了促进学生积极参与家庭劳动、学校劳动和社会劳动，激励学生进行劳动反思、深化劳动体验、发展自己的能力，2022年6月，"高品质推进劳动教育"项目组协同《宝山教育》编辑部在全区中小学学生中开展"我的劳动日记"征集评审工作，宝山区小学三年级以上学生都可参加。活动从7月份正式开始，11月结束。征文活动对学生日记和学校组织活动提出了明确要求，将评出中小学组织奖30个、等第奖300篇。目的是引导、鼓励广大中小学学生积极参加劳动实践，提升其劳动观，形成良好的劳动习惯和积极的劳动品质。

劳动教育是一个包含知、情、行的活动，在具体劳动教育活动中，"区域高品质推进劳动教育"项目遵循"劳动知识教育""劳动情感教育"和"劳动实践教育"三个逻辑紧密联系，层层相应，以养成学生劳动习惯和品质为核心目标，抓好抓实课堂学习、实践训练、环境熏陶三个环节，发挥教师讲授、榜样示范、同伴学习的作用，强调学生反思、教师指导、学校评价，充分调动学生学习的积极性，不断提高劳动教育效益。

2022年5月，《义务教育劳动课程标准（2022年版）》颁布，"区域高品质推进劳动教育"项目组将与区域内中小学教师一起学习、领会、执行标准，以培养学生劳动教育价值观、劳动教育必备品质和关键能力，运用劳动任务群、劳动清单等形式，开展日常生活劳动教育、服务性劳动教育、生产劳动教育。为《义务教育劳动课程标准（2022年版）》推进学校劳动教育实施，"区域高品质推进劳动教育"项目组织开展了宝山区中小学学生"我的劳动日记"征文评比。活动要求参赛学生做到两点：第一，结合自身参与的家务劳动、校园劳动、公益劳动或生产劳动，记录自己的真实的劳动过程与体验，表达自己对劳动的真实认识与感悟；第二，通过自己的观察或参观访问，记录真实的劳动事件和真实的人物，讲述自己所听到、所看到的劳动活动，讲述身边平凡的劳动者的故事，抒发自己劳动创造价值，劳动创造美好生活，人人都要劳动的体认。现转载四篇入围学生日记，侧面展示项目实施的成效。

劳动最快乐

宝山区高境科创实验小学四（2）班　钱若芸

一番深思熟虑之后，我决定要给妈妈送一份生日大礼——亲手为妈妈包一顿饺子。一方面，我希望妈妈能做一天"公主"，不用再忙忙碌碌操持晚餐。另一方面，我也希望能借此改变我的"小懒虫"形象。

然而，我虽然下决心的时候激动万分，热情澎湃，可真要做起来，我却手忙脚乱起来。其实说起来我对包饺子"纸上谈兵"的经验也不少，因为我平时没少观摩奶奶包饺子，但亲自包却是大姑娘上花轿——头一回，光是第一个步骤揉面团就难倒了我。面团不是太稀了软趴趴，就是太干了无法成形，几经折腾之后面团总算基本成形，可以上手揉了。这时，我额头上也开始渗出了细小的汗珠。"这才只是第一个步骤呢，没想到看上去这么简单的事情真正做起来也不容易啊！"我吐吐舌头，想起后面一系列的步骤，心也慢慢沉了下来，就连刚开始时的自信满满也不翼而飞了。

但为了我的"大计划",我咬紧牙关,挽起袖子,扎好马步,活动了一下手腕之后,便开始揉面。不到五分钟,我的手就酸得抬不起来。以前看奶奶揉面半小时感觉轻松得很,可自己上手才发觉没那么容易,心里不由得大呼上当。我连忙甩甩手,感觉手臂像绑了个大沙袋,沉甸甸的。于是,我开始不耐烦起来,暗恨自己干嘛要自讨苦吃。接着我气呼呼地扔下手中的面团,一屁股坐到沙发上,心想:"真累人啊,我不干了!"

这时,爸爸正好回家,看见满屋狼藉。他疑惑了一下,但接着就好像明白了我的用意。只见他走过来摸摸我的头,看着我沮丧的脸,和蔼地说:"今年妈妈的生日礼物是一顿饺子大餐吗?""原本是,但我好像搞砸了……包饺子太累了!"我愤愤地说。听了我的话,爸爸认真地对我说:"给妈妈送什么生日礼物是你的选择,放弃这个礼物同样也是你的选择。比起亲手包饺子,直接买一份礼物显然要轻松得多。但做这个决定之前,我希望你能多想想你当初为什么要包饺子,想清楚之后再做决定。"爸爸的话犹如一剂镇静剂让我渐渐冷静下来,虽然手酸并没有因此缓解,但妈妈收到礼物时的笑容和"劳动小达人"光荣形象都在向我招手,让我不甘心就此放弃。

一番纠结之后,妈妈的笑容还是占了上风,打败了我体内蠢蠢欲动的"懒虫细胞",支撑着我完成了揉面团的工作。之后,后面的步骤似乎也不那么难了。在爸爸的帮助下,我顺利擀好了饺子皮,包好肉馅,又做出了我人生中第一个饺子。虽然它看上去一点也不像饺子,倒是有点像猪八戒的大耳朵。可我心里还是美滋滋的,左看右看,都觉得它比我见过的任何一个饺子都有趣。

最后,不用说,我做的饺子成功让妈妈感动不已。她看上去似乎不敢相信这是我亲手做出来的,但又为我感到骄傲。而我,除了成功从大家心中的"小懒虫"变为"劳动小达人"之外,还第一次在劳动中感受到了快乐。累并快乐着,或许这就是劳动的意义吧!

春江水暖鸭先知

求真中学 八(7)班 沈子萌

周末,母亲从乡下带回一大桶鸭蛋,淡青色的外壳,散着幽幽的稻草香。我用软布把它们一一擦拭干净,小心翼翼地放入冰箱,便有丝丝的满足和温暖的记忆涌上心头。

那是今年三月份，因疫情被封控在农村外祖母家的我，除了上网课，只能在宅子四周走走。外祖母买了10只鸭苗，"和我一起养吧"，她浅笑道，"它们很快就会长大的"。

我们找来大的纸箱，铺上稻草，放入鸭苗，把一根木棍搁在纸箱顶上，木棍上挂好通电的灯泡，再盖上棉被，保证在三月天里，鸭苗能在温暖中成长。日子一天天过去，上课之余，我的任务就是每天给鸭苗换上干燥的稻草，时刻关注它们居住环境的温度，以及饲料和水的补给。每当我掀开棉被，看到小鸭啾啾地依偎在一起，心里像是触到了鹅黄色的绒毛，暖暖的，痒痒的。

我学会了享受这慢腾腾的生活，认真经营起这份美好……40天后，小鸭们长大了，换了一个更大的鸭棚，食物由饲料变成了小麦；60天后，它们已经在菜园里吃玉米粒和青菜了；90天左右时，外祖母说鸭子们要多吃鲜食。于是我把主意打到了田螺上。

屋旁的河上架着一块狭长的青石板，支撑它的四根粗木桩上面密密麻麻布满了田螺，弯腰顺着木桩撸一下，就能收获满满。我卷起衣袖，蹲在石板上，沿着木桩摸田螺。但这样的倾斜角度，身体很容易失去平衡，我便索性站在水里，浅浅的河水在风中荡漾开，安然地抚过腿肚，带有初夏湿润的温度。当我把田螺捣碎后撒给鸭子吃时，它们嘎嘎地叫着，像是为我的付出由衷感激。因为伙食好，它们个个膘肥体壮。六月底，当我离开外祖母家时，鸭伙计们已经开始下蛋了。

煎炒烹炸蒸煮烧，这一只只个头匀称的鸭蛋，无论怎么做都让我觉得美味无比，怎么也吃不够。"天道酬勤，力耕不欺"，我快乐地看着鸭伙计长大，感受到了劳动的不易，体验到了生活的乐趣，也收获了成长的幸福。

我的劳动日记

上海大学附属学校 八（2）班 章子欣

……

我戴上手套，拿起抹布拭去桌子上柜子上一滩滩的消毒水痕，浓浓的消毒水呛得我眼泪不禁流下来。第一遍擦拭，顽固的消毒水痕还剩下大半，这使得我一次又一次在水龙头与客厅内来回跑动，使出浑身力气，手都擦得生疼，问题终于解决了。接下来是清理沙发，上面的靠垫与毯子全湿透了，所幸沙发上没有污渍。我拿走毯子与靠枕，将它们搬走浸在清水里，开始擦沙发。皮沙发格外难收拾，轻不得、重不得，我拿着抹布，特别地把控好力气，等表面恢复原状，沙发缝就成了难题。我一只手使劲扒开沙发缝，另一只手捏住抹布角往里塞。四条沙发缝整整花了我20分钟，手一下子解脱，小臂从头到尾酸软着。紧接着，我又去洗毯子、晾东西，一条条毯子被我挂在衣架上，一个个靠垫去往窗外晒太阳，拖扫机器人开始帮我拖地。终于，客厅又重新焕发往日的光彩，一如妈妈打扫后的那样整洁怡人。汗水浸透我的衣衫，我却笑了。我想，妈妈回家后看见井井有条的一切定会和我一样扬起笑脸。

曾经的仿徨无助被欣慰所吞噬，我的世界随之焕然一新。阳光重新洒入我的心房，虽然我依旧流着汗、大口喘着气，但这次特殊的劳动对我的意义就像是绝望的旅人终于要结束曾以为没有归期的旅程。那次劳动后，我望着整洁的客厅似是窥见了新生活的期望，我知道，生活总要重新开始，未来的日子里或许依旧会有担忧与悲伤，但它们终会同时间、同汗水一起烟消云散。

我的劳动日记——劳动注入新活力

上海市吴淞中学 高二五班　余萍

三月，正是回春的阶段，炙热的太阳迫不及待地展现他金黄的铠甲。学校发布了"有腔有调，番茄炒蛋"的活动征集，我和同学们商讨了一会儿一致决定，这必须参加！我们既激动又好奇，却不知前方有重重困难等待着我们……

活动前的准备

征集后的一个星期，老师在群里发了活动需要准备的工具：手套，螺丝刀，化肥……我一开始是有些吃惊的，原来不是简单的番茄炒蛋呀，而是要自己种番茄，培育后炒番茄。吃惊过后更多的是好奇，一颗小小的番茄苗是如何长成番茄的？我们需要做些什么？长成番茄需要多长时间？这些都需要我们自己去探索，苏霍姆林斯基曾这样说道："人在自我的劳动中创造自我，并明白劳动的美。"我暗暗想着这次活动的收获一定意义非凡！

劳动的收获来之不易

活动正式开始的第一天，我们要先进行组装放番茄苗的小木箱和铲土工作。零零散散的小木块和螺丝钉是我们遇到的第一个困难，琐碎的零件，让没有组装经验的我们只能以试试的心态先做起来。出乎意料的是组装过程十分顺利，拧完最后一个螺丝钉，组装木箱的工作大功告成了。就在这时，队友突然抛出了一个疑问："这怎么还有几个小圆片？"我愣住了，应该没什么用吧……活动老师碰巧经过，笑了笑对我们说："你们几个小傻瓜，这个小圆片是拧在螺丝上面的，短时间看不出来等到时间一长，螺丝就会松动，到时候木箱就不保了，小圆片的目的就是固定螺丝的。"我和队友们大眼瞪小眼，都不知道该怎么办……太阳显得格外烈，头发晒得发烫，豆大的汗珠顺着脸颊一滴一滴往下掉，稚嫩的脸上泛起红晕，我们沉默了好一阵子。很明显摆在我们眼前的只有两条路，要么赌一把，这个箱子特别牢固，螺丝也不会松动，要么拆了，重新来过。气氛在这一刻，凝固到了极点……谁都没有想到小小的圆片打破了我们的进程。

"重新组装吧"，三个人异口同声。

别人花费半个小时的时间，我们花了近一个小时，组装完成后，我们瘫坐在台阶上，暖风吹扶着发梢，不知怎么的都笑了，顷刻间，装箱的那股劳累化为了风云，太阳也不那么烈了。下一步是铲土工作，铲土也是大有讲究，我们挑选了最肥沃的土壤又捕获了几只小蚯蚓用来松土。这不禁让我想到宋庆龄老师的那句"知识是从劳动中得到的，任何成就都是刻苦劳动的结晶"。仅仅是一个装箱铲土，我们便习得了做事需认真的一道题，劳动可真伟大呀！

3月中旬，我们的番茄苗长出了幼苗，跨出了它的第一步，我们又惊又喜，每天放学的第一件事就是来看看它有没有快快长大。在我们的悉心呵护下浇水、施肥。幼苗后的一个星期三月末，它长出了花苞，圆鼓鼓的花苞里包裹着的是我们劳动的结晶。四月末，花苞开花结果，黄灿灿的叶子成八字形张开，仿佛在向我们传递：快来看我呀，快来看我呀，我结果啦的讯号。五月初，小番茄饱经磨练，脱去了青涩的外套，披上了通红的风衣，十分威风。

"故天将降大任于是人也，必先苦其心志，劳其筋骨，饿其体肤，空乏其身，行拂乱其所为"。不论是小番茄，还是我们，在成长与劳动中遇到许多磨炼，而这些磨炼最终都会化为我们成功的点缀。

厨艺比拼进行时

五月，大家拿着自己精心栽培后的法宝，在厨场上各显神通，可谓是高手如云，功夫不负有心人，我们取得了第二名的好成绩。

历时近三个月，我们从装箱—铲土—栽培—开花结果—厨艺比拼，一路上披荆斩棘，渡过难关。劳动不仅丰富了我们的阅历，充实了我们的生活，更加让我们意志坚定，劳动是光荣的、崇高的，劳动是最伟大而又美丽的，劳动更是一种享受，亲眼见证自己的劳动结成果实，无论是甘甜饱满，抑或稍显不足，均是满满的享受。劳动成果是对自我能力的肯定，是自我价值的实现，从而获得更高的精神层面的成就感与满足感，体悟到对自己的认同。所以我呼吁大家都"动"起来，让劳动为社会注入新的活力！

  项目组共收到小学、初中和高中学生1400多篇日记。评委们看到这些出自学生之手、记录他们点滴劳动体验，充满生活气息，简约、纯美的文字时都很兴奋、快乐，交口称赞"高品质推进劳动教育"的创意、成绩，认为宝山区学校劳动教育有想法、有效果、有前途。

第十章　区域高品质推进劳动教育评价体系及其实施

劳动教育评价是劳动教育实施的重要环节，也是改进中小学劳动教育，促进学生劳动素养提升和全面发展的必要举措。2022年3月，中共中央、国务院发布了《关于全面加强新时代大中小学劳动教育的意见》，提出要健全劳动素养评价制度，将劳动素养纳入学生综合素质评价体系，把劳动素养评价结果作为学生评模选优的重要参考和毕业升学依据。7月教育部印发的《大中小学劳动教育指导纲要（试行）》也专门对"中小学劳动教育评价"提出了具体规定。2020年10月中共中央、国务院印发了《深化新时代教育评价改革总体方案》再次提出要"加强劳动教育评价""区域高品质推进劳动教育"项目积极贯彻这些精神，把建构劳动教育评价体系和实施策略作为重要任务和关键环节，加以研究和实践。

一、"区域高品质推进劳动教育"项目评价的理念

"教育评价事关教育发展方向，有什么样的评价指挥棒，就有什么样的办学导向"，教育评价理念是指导、规约评价标准制定、评价方法和结果选择等的价值取向和观念。教育评价模式和技术的升级迭代，首先是评价理念的更新、发展，有什么样的评价理念，就有什么样的评价模式。"区域高品质推进劳动教育"项目评价的理念实际上也就是我们建构区域中小学劳动教育体系并予以坚决执行的指导思想。

（一）以促进学生劳动素养发展为根本目的

劳动教育是中小学教育的重要内容，是素质教育的重要组成部分，是全面育人的重要途径。"区域高品质推进劳动教育"项目的目标就是提高区域劳动教育的水平和质量，培养学生社会主义劳动观和劳动精神，让学生学会现代劳动的基本知识和技能，养成坚持劳动、诚实劳动、安全劳动、勤俭劳动、创新劳动的习惯和品质。"区域高品质推进劳动教育"项目认为，对于学生来说，评价既是一种学习，也是一种教育，更是一种发展；教育评价应该引导学生学

习,服务学生发展,促进学生成长。"区域高品质推进劳动教育"项目评价的根本目的就是激励学生主动参与劳动教育活动,促进学生劳动素养的发展。为此,其评价指标、评价标准都要以中小学学生劳动素养为根本依据,紧扣其内涵和发展情况;评价方法与评价程序要有利于学生劳动素养的发展;评价结果的解释和应用也要有利于学生劳动素养的发展。

(二) 以提高学校劳动教育效益为主要目标

《关于全国加强新时代大中小学劳动教育的意见》明确指出:"实施劳动教育重点是在系统的文化知识学习之外,有目的、有计划地组织学生参加日常生活劳动、生产劳动和服务性劳动,让学生动手实践、出力流汗,接受锻炼、磨炼意志,培养学生正确劳动价值观和良好劳动品质。"学校是劳动教育的主要场所,认真贯彻、执行党和国家对学校劳动教育的要求,扎实开展劳动教育,提高劳动教育的水平和质量,是中小学包括幼儿园的重要义务和责任。学生良好的劳动素养主要依赖于学校科学、有效的劳动教育。"区域高品质推进劳动教育"项目评价把对学校劳动教育作为重要评价对象,把学校劳动教育价值理念、课程实施、师资水平、场地设施、组织管理等作为重要考核评价指标,采用多种方法,考察学校实施劳动教育情况,提出诊断改进意见,主要目标就是帮助学校加强劳动教育管理、优化学校劳动教育课程,改进劳动教育方式、方法,进而提高学校劳动教育效益。

(三) 以教化式评价为劳动教育的主要评价方式

"教化,通过上行而化成以下"谈到教化人们的自然反应是,政治思想教育或道德感化,是统治阶级驾驭人民、维护统治的手段。这种理解是片面的,也是浅薄的。实际上,教化的本义就是实施文教,使人向善的方向改变。在《精神现象学》一书中,黑格尔提出,教化是个体通过异化而使自身成为普遍化的本质存在,也即个体通过社会化而成为有教养的人。因此,教化可以理解为教育、风俗、艺术、实践活动等多种形式、方法促使个体成为一个符合社会需要的人才。教化的本质功能,就是塑造、陶冶。因此,教化式评价就是充分吸纳以儒家为代表的教化思想、借鉴现代教育评价经验,把劳动教育评价视为收集、分析、评判学生劳动表现,而对学生劳动素养进行塑造、陶冶使之变得更好的过程,教化式劳动教育评价是一种以舆论、规则、奖惩手段等为工具对劳动教育的组织者、实施者和劳动教育对象进行多样性及综合性的评价,是一种把正式评价与非正式评价结合起来,内部评价与外部评价结合起来的生活化教育评价。教化式评价,突破了把评价仅仅当成是人们拿着量表或标尺对被评价对象进行测量与决定的样式,把评价扩展为被评价者提供学习机会、反思机会、调整发展的途径的过程，把评价当作评价者、督促评价对象反思改进的过程。因此，教化式是一种以人为本，以教化为导向，以手段的多样化为特征，引领、服务劳动教育的评价。

教化式评价是"区域高品质推进劳动教育"项目对劳动教育评价的独特理解和追求。《深化新时代教育评价改革总体方案》规定了我国教育评价改革的原则，其核心思想就是，立足我国文化传统和中国社会主义教育为党育人、为国育才的性质，充分发挥教育评价的指挥棒作用，坚持科学有效，改进结果评价，强化过程评价，探索增值评价，健全综合评价，充分利用信息技术，提高教育评价的科学性、专业性、客观性。教化式评价的主要特点，是发挥评价标准对学生指导与规约作用、评价主体的示范教导作用和环境舆论对人行为的修饰作用，如，当教师要评价学生"劳动习惯"时，教师首先要告诉学生他期望的劳动习惯是什么、是如何的；其次，教师是要能用自己的言行示范和测量学生的劳动习惯的；第三，学生从自己的环境中能观察、体会到自己劳动习惯的好坏。正因为如此，教化式评价是一种"直抵内心、止于至善"的评价。

二、"区域高品质推进劳动教育"项目评价的三个组成部分

依据"区域高品质推进劳动教育"项目评价理念，我们正在研究、建构由学校劳动教育实践评价、教师劳动教育评价和学生劳动素养评价组成的"区域高品质推进劳动教育"项目评价体系。

（一）"区域高品质推进劳动教育"项目的学校劳动教育实践评价

学校是劳动教育的主阵地，是学生劳动教育的组织者、管理者，负有劳动教育的主导责任，中小学生劳动素养的养成与发展，离不开中小学劳动教育的实践和创新。《关于加强新时代大中小学劳动教育的意见》指出："实施劳动教育重点是在系统的文化知识学习之外，有目的、有计划地组织学生参加日常生活劳动、生产劳动和服务性劳动，让学生动手实践、出力流汗，接受锻炼、磨炼意志，培养学生正确劳动价值观和良好劳动品质。"同时，规定中小学劳动教育的目标是：通过劳动教育，使学生能够理解和形成马克思主义劳动观，牢固树立劳动最光荣、劳动最崇高、劳动最伟大、劳动最美丽的观念；体会劳动创造美好生活，体认劳动不分贵贱，热爱劳动，尊重普通劳动者和劳动果实，培养勤俭、奋斗、创新、奉献的劳动精神；具备满足生存发展需要的基本劳动能力，形成良好劳动习惯。尽管《关于加强新时代大中小学劳动教育的意见》和《大中小学劳动教育纲要（试行）》发布以来，我国中小学劳动都普遍

地开展了教育,但是认识不到位、课程与教学缺席、管理与考核虚位等现象依然存在,以致劳动教育依然处于"弱化""淡化"的境地;另一方面,由于对学校劳动教育的本质和特点缺乏全面、深刻的把握,一些学校在实施劳动教育时,或简单机械,或盲目蛮干,或过犹不及,出现了"有劳动无教育""有教育无劳动"问题。为此,建构学校劳动教育实践评价体系,发挥评价的指挥作用,规约、督促和引导学校劳动教育,使之科学、有效地进行就显得十分必要和迫切。我们依据《大中小学劳动教育纲要(试行)》的基本精神、《中共上海市委、上海市人民政府关于全面加强新时代大中小学劳动教育的实施意见》要求和宝山的特点,建构"区域高品质推进劳动教育"项目学校劳动教育实践评价指标体系(见下表)。

一级指标	二级指标	三级指标
劳动教育领导(7分)	价值体认(3分)	1. 劳动教育进学校发展规划和年度工作计划,贯彻、落实国家、上海市关于加强中小学劳动教育实施的政策(1分) 2. 学校90%以上的教师理解中小学劳动教育的性质,基本明确学校劳动教育的目标;知道劳动教育与劳动技术课、通用技术课、综合实践课以及思想品德课的区别与联系(2分)
	组织管理(4分)	3. 有劳动教育领导组织和专门具体负责的管理者,对劳动教育实行过程质量管理和目标管理(2分) 4. 有劳动教育发展规划、年度计划,对劳动教育有课程、教师、场地、资源配置、管理考核等有要求和安排(2分)
劳动教育内容体系(15分)	学科课程(6分)	5. 贯彻落实义务教育阶段劳动教育课程标准,设置劳动教育必修课,使用市管教材、校本教材和区共享教材,课时有保障(2分) 6. 设置选修课,使用校本课程教材、区共享课程教材或区精品课程,课时有保障(2分) 7. 强调学科教学渗透劳动教育内容,日常教学听课、评课关注教师在不同学科渗透劳动教育情况(2分)
	校内劳动(3分)	8. 制定了系统、规范、全面的学生校内劳动教育清单,并配有相应的支持和管理措施(2分) 9. 注重校内智力劳动、体育活动、审美活动与劳动教育内容衔接、协调与融合(1分)

续上表

一级指标	二级指标	三级指标
劳动教育内容体系（15分）	家庭劳动（4分）	10. 对学生进行家务劳动方面的教育，制定了家庭劳动教育清单，并协同家长合理落实（3分）
		11. 注重校内劳动和家庭劳动的衔接，对学生家政服务能力有明确的要求（1分）
	社会劳动（2分）	12. 组织学农、学工、学商劳动见习或实习，劳动教育实践活动规范化、序列化、制度化（1分）
		13. 有计划、有组织地开展校外公益劳动、志愿者服务劳动等（1分）
劳动教育方法途径（16分）	课堂教学（4分）	14. 落实国家与上海市劳动教育教学课程（劳动教育课程标准），劳动技术课、通用技术教学有序、稳定开展，没有挤占、挪用现象（2分）
		15. 有劳动教育课堂教学管理要求，注重学案、教案、档案"三案合一"（1分）
		16. 实践"教学做合一"思想，探索项目学习、"三三制"等教学方法（0.5分）
		17. 开发、应用基于学生劳动素养培养的教学考核机制，注重学生劳动素养培养（0.5分）
	学科渗透（3分）	18. 注重劳动教育与其他学科教学融合，劳动教育渗透列入教师学科教学考评指标（1分）
		19. 在劳动教育学科渗透方面形成多样的方式、平台与方法（1分）
		20. 学校为教师学科渗透提供资源支持（1分）
	校内劳动（3分）	21. 制定并实施学校校内劳动教育清单，有配套管理措施（1分）
		22. 设有学校劳动日或劳动周并配有必要管理机制（1分）
		23. 有专门负责校内劳动的人员和组织，校内劳动管理制度机制健全（1分）
	班级建设（3分）	24. 有班级卫生与保洁评比制度，如流动红旗设置；有劳动优秀班级评比制度和机制（2分）
		25. 提倡与鼓励班级劳动教育特色建立与活动创新；班级劳动情况与班主任工作考核挂钩（1分）

续上表

一级指标	二级指标	三级指标
劳动教育方法途径（16分）	社团活动（3分）	25. 鼓励、支持各种形式的劳动教育社团活动，学生参与社团活动列入学生学业评估指标（1分） 26. 为学生劳动教育社团、兴趣小组配备指导教师；鼓励社团外出学习、参赛或提供其他形式的支持（1分） 27. 通过设计、制作、研制、种植、养殖、服务、信息发布等活动形式，结合研学旅行、团日队日活动和社会实践活动，开展劳动教育（1分）
劳动教育硬件配置（8分）	专用教室（4分）	28. 有专门的劳动技术或通用技术教育的教室，配有安全保障措施（2分） 29. 劳动工具、设备与辅料能基本满足劳动教育教学需要（2分）
	创新实验（2分）	30. 有可供学生发明、制作或开展探究性学习、研究性学习的场所与设备；学校建有自己的实训基地（2分）
	种植区域（2分）	31. 有室内种植区角；有室外种植区域，可供学生集体学习，通风防风、排水灌溉、防晒防寒到位（2分）
劳动教育师资队伍（17分）	队伍结构（7分）	32. 建立了一支专兼结合的劳动教育教师队伍，师资数量能满足学校劳动教育需要（5分） 33. 劳动教育教师队伍人心稳定、工作认真负责；劳动教育师晋职、评优与其他学科教师享有同等待遇（2分）
	教学水平（6分）	34. 熟悉课程标准，了解学生特点，能熟练运用现代信息技术，知道劳动教育教学的基本要求，劳动教育专门课的教学体现专业化水平（3分） 35. 有学科渗透意识，在劳动教育与其他形式的学科教学结合方面显现良好的水平（2分） 36. 教师参与劳动教育的情况与成效列入教师工作考核内容，并作为职称评聘和晋升依据（1分）
	研修文化（4分）	37. 劳动教育教学教研有时间、有场所保障；研修活动制度化、常态化，形成教师劳动教育研修共同体（2分） 38. 有促进教师劳动教育教学学术的提升的规定，鼓励教师开展劳动教育专门的项目或课题研究（2分）

续上表

一级指标	二级指标	三级指标
劳动教育文化氛围（6分）	核心理念（2分）	39. 有自己的培养目标和特色追求，且有机融入学校发展愿景；有自己的学校劳动教育口号（2分）
	活动制度（2分）	40. 设有劳动日、劳动周或学校劳动节日等；定期或不定期举办师生劳动技能竞赛或作品展示活动；规范化、制度化组织学生外出公益劳动、志愿服务等活动（2分）
	劳动宣传（2分）	41. 教室、走廊等学生活动公共区域呈现宣传劳动的标语、图示等；设有劳动教育宣传橱窗、网页、广播节目等；学校劳动教育宣传有专人负责，宣传内容紧扣学校教育目标内容，定期更新；每年评出学校劳动模范教师和学生，并加以宣传、颂扬（2分）
劳动教育校外合作（8分）	家庭合作（5分）	42. 家校合作劳动教育进学校规划和年度工作计划，制定了有关家校合作开展劳动教育的制度（2分） 43. 学校开展家庭劳动教育指导与培训工作（1分） 44. 制订并推动家庭劳动教育清单实施（1分） 45. 亲子劳动的频次及时间；家长为孩子联络服务性劳动的频次及时间（1分） 46. 家长参与学校劳动教育决策与评价（1分）
	社企合作（3分）	47. 与社区、企业联合开展学校劳动教育进学校规划和年度工作计划（1分） 48. 组织学生积极参与社区组织公益活动（1分） 49. 与企业有固定的劳动教育合作开展的协议，利用校外资源，拓展校外劳动教育实训基地（1分）

续上表

一级指标	二级指标	三级指标
劳动教育质量保障（14分）	保障系统（3分）	50. 在学校规划中有专门的劳动教育安排以及劳动教育经费投入（2分） 51. 每学年至少组织召开一次以劳动教育为主题的校级领导会议专门研究部劳动教育工作，解决相关重大问题（1分）
	质量监控（8分）	52. 对劳动教育课堂教学、劳动教育项目活动、服务性劳动教育等有学校自己的制度要求（2分） 53. 制定了学校自己的学生劳动素养指标体系，把学生日常表现性评价和阶段总结性评价结合起来，学生劳动评价结果记录进入学生成绩报告、档案并作为学生评模选优、毕业、升学的依据（3分） 54. 组织力量，每学期开展劳动教育专门课程教学、教师学科渗透劳动教育情况的视导，并有改进措施和行动（1分） 55. 每学期对班主任、学生社团工作负责人及其他中层干部开展、支持劳动教育情况进行考核并列入年终考评体系（2分）
	激励机制（3分）	56. 学校制定并实施劳动教育成果奖励制度，每年组织开展评模选优工作，表扬、奖励劳动教育先进学生和教师（2分） 57. 鼓励支持自觉自动钻研、改进学校劳动教育的人员和有劳动特长或有特别兴趣的学生（1分）
劳动教育特色建设（9分）	特色课程（2分）	58. 至少有1门以上校本特色劳动教育课程或教材、特色项目并配有实施方法、管理与考核制度（2分）
	特色社团（2分）	59. 学校有劳动教育特色社团，对特色社团有支持保障措施、管理办法（2分）
	特色基础（2分）	60. 有专门管理和指导的教师，有资金、时间和场所保障（2分）
	亮点成绩（3分）	61. 在区级以上获得荣誉和奖励；受到家长、社会等肯定、赞誉或宣传报道（1分） 62. 学校有门以上课程成为区域共享课程，并两年间有一次区域劳动教育展示（1分） 63. 为"区域高品质推进劳动教育"基地学校、幼儿园提供成功经验和样例；能接受外地学校劳动教育参观考察（1分）

从上表可以看出，学校劳动教育实践评价是以学校劳动教育为评价对象的评价，是对学校作为劳动教育的主体而对其组织实施情况的评价，评价的主要依据就是《关于加强新时代大中小学劳动教育的意见》、"区域高品质推进劳动教育"项目要求和中小学劳动教育的特点。评价内容涵盖劳动教育意义认识、劳动教育内容体系、劳动教育方法途径、劳动教育硬件配置、劳动教育师资队伍、劳动教育文化氛围、劳动教育校外合作、劳动教育质量保障、劳动教育特色建设等9个板块，涉及价值体认、课程教学、学科渗透、家校合作、管理制度、场地资源、教育成效等28个二级指标和63个三级指标。其中，劳动教育领导、劳动教育内容体系、劳动教育方法途径、劳动教育硬件配置、劳动教育师资队伍、劳动教育文化氛围、劳动教育校外合作、劳动教育质量保障、特色亮点等6个一级指标是普适性的指标，面向区域内所有中小学，意在为全区中小学、幼儿园树立一个标杆和努力方向，引导学校、幼儿园充分认识开展劳动教育的意义，确立以劳树德、以劳增智、以劳健体、以劳育美的价值目标，引导、激励学校从课程体系、教师队伍、场地设施、活动落实、资源整合、管理考核等几个方面，有效实施劳动教育，培养学生劳动素养，促进学生全面发展。而特色建设这个一级指标是面向"区域高品质推进劳动教育"项目基地学校、幼儿园的，主要目的是引领他们创造性地开展学校劳动教育，做大做强学校劳动教育品牌，发挥示范、辐射作用，提升"区域高品质推进劳动教育"项目品位，为创新人才的发展奠定良好的劳动能力基础。

学校劳动教育实践的评价是"区域高品质推进劳动教育"项目评价体系的基础部分，也是"区域高品质推进劳动教育"项目主要关注并积极参与劳动教育评价活动。分为网上评价和实地评价。评价结果用于加强和改进学校劳动教育实践。如果条件允许，我们也建议增加"跟踪评价"，以此督促学校落实相关改进建议，不断优化学校劳动教育。

(二)"区域高品质推进劳动教育"项目教师评价

如何高品质开展学校劳动教育，培养具有良好劳动素养的社会主义建设者和接班人，是我国现阶段及今后相当长的一段时间里，我国中小学教育工作者关心和探索的课题。中小学劳动教育的有效实施，除了完善学校课程体系、创新学校劳动教育实践活动、加强家校合作育人之外，最重要的措施就是提高学校劳动教育教师的素质。而教师评价是教师管理的重要环节，也是促进教师专业发展的重要手段。2020年10月中共中央印发的《深化新时代教育评价改革总体方案》提出的重要目标和任务之一就是"改革教师评价，推进教师践行教书育人的使命"。2021年1月上海市教委等部门联合发布的《关于进一步加强上海市中小学教师人事管理制度建设的指导意见》则明确提出"创新考核评价机制"的任务。因此，适当开展、主张用科学、公正、劳动教育教师评价，就成了提高中小学劳动教育效益的重要的选择。

1. "区域高品质推进劳动教育"项目教师评价的理念

人是理念的动物，人的行为受理念影响和制约。教育评价理念是人们对评价性质、作用的稳定看法，涉及人们对于"谁来评、评什么、怎样评"持有的观点和信念。如20世纪80年代以前，我国教育界基本把教育评价看成鉴定、选拔的工具，认为教育评价就是衡量结果好坏，判断是否达标、合格。在这种教育评价理念指导下，评价就是以他评为主的结果性评价，评价的方式方法就是拿着一把尺子、一个标准去量、去看，最后，一锤定音，做出评价结论。随着社会的发展、教育改革的深入，我国教育评价也越来越科学、越来越进步。形成性评价、发展性评价、增值评价逐渐进入中小学教育评价实践，评价主体多样性、评价手段多样化、评价标准科学化已成为常态。"区域高品质推进劳动教育"项目认为教师评价是在收集教师教育教学、参加培训与教育科研资料基础上，对教师专业发展总体情况做出的价值判断，其目的是把握教师专业发展状态、反馈教师专业发展情形、促进教师专业发展。在"区域高品质推进劳动教育"项目看来，劳动教育教师评价不是计件计量式的机械管理，不是鉴别劳动教育教师教学水平的高低，也不是判定教师师德是否合格或过关，而是诊断教师专业发展状况、发现教师劳动教育教学亮点与不足，帮助教师成为专业发展，成为一个劳动者、一个好教师、一个研究者、一个能工巧匠。因此，"区域高品质推进劳动教育"项目教师评价的基本理念就是，以劳动教育教师发展为核心，尊重教师专业发展需要，民主协商、分层分类，多主体、多形式、多纬度评价教师，助力、成全每一位劳动教育教师的专业发展和人生幸福，进而助推劳动教育教师高效实施劳动教育，培养学生良好的劳动素养。归结起来，就是：

（1）教师立场：评价标准与方法要得到教师认同，消解教师对劳动教育的"无限责任"；评价要帮助教师改进、发展。

（2）强调能力：教师评价的重点在教师学习能力和劳动教育实操能力，发展教师的劳动教育能力和水平。

（3）突出情境：教师评价要以教育评价和表现性评价为主，注重教师所处学校文化和生活习俗，注意观察教师平常教学过程、教育细节。

（4）关注作品：采用作品评价方法，在获取教师评价信息时，重视教师高光时刻、教学成效。

（5）走向幸福：教师评价不能以鉴定和排名为主，评价结果不能造成教师之间互相猜忌、排斥、批评，而是要促进教师关系和谐，帮助教师生活充实、安泰。

2. "区域高品质推进劳动教育"项目教师评价指标体系

"区域高品质推进劳动教育"项目着力打造一支集"劳动者""合格教师""研究者""能工巧匠"于一身的教师群体，并按照这个教师形象来设计、实施劳动教育教师评价。因此"区域高品质推进劳动教育"项目评价从自己的"发展性"评价理念出发，扬弃了传统教师评价从"德""能""绩""效"制订评价标准的方法，而是基于自己的理想教师形象和让更多的教师"优秀"等理念和学校劳动的特点和易于操作实施的目标出发，建构"区域高品质推进劳动教育"项目教师形象评价体系。1989年马普萨拉德（Arkalguanud Ramaprasad）提出了为促进学习与发展三个教育评价策略：①我知道将要去哪里；②我知道现在在哪里；③我知道在哪里以及如何去改善。我们在前面已介绍劳动教师形象，劳动教师形象是对劳动教育教师素质的概括，是劳动教师专业发展的品格画像：

——教师职业生涯发展的目标；

——教师管理与培训的目标；

——教师评价的出发点和归宿。

"区域高品质推进劳动教育"教师评价指标体系

一级指标	二级指标	三级指标
劳动教育理念（10分）	劳动教育性质理解（2分）	1. 理解、认同《关于全面加强新时代大中小学劳动教育的意见》和《大中小学劳动教育指导纲要（试行）精神》，并用于指导自己的劳动教育实践（1分） 2. 知道中小学劳动教育的内涵和性质，在教育教学中注重让学生手脑并用、出力流汗，培养学生良好的劳动品质（1分）
	劳动教育素养把握（3分）	3. 熟悉《义务教育劳动课程标准（2022年版）》，全面、正确把握劳动素养的内涵，知道不同学段学生劳动素养的培养重点和学习内容（2分） 4. 认同、理解通用技术课程理念和标准，能自觉贯彻、运用在校本课程开发、教学目标设计和内容选择等教育教学活动中（1分）

续上表

一级指标	二级指标	三级指标
劳动教育理念（10分）	劳动教育学生观（2分）	5. 把学生看成一个鲜活的生命体，有着自己的个性、发展需求、生活经验、学习基础和学习方式（1分） 6. 了解所教学生年龄特点和身心发展规律，尊重、爱护学生，发挥其在劳动教育教中的主体作用（1分）
	劳动教育教学观（3分）	7. 认识到劳动教育的关键在于为学生提供真实的劳动情境，知道教学过程是师生互动交往过程（1分） 8. 知道劳动教育教学的目的不仅仅是培养学生劳动知识、劳动技能，更主要的是培养学生的劳动态度、劳动习惯和劳动品质（1分） 9. 能让学生积极参与到教育教学过程，做到"教学做合一"（1分）
劳动教育专业知识（10分）	劳技专业知识（5分）	10. 熟悉自己专业领域知识和发展动态（2分） 11. 对不同类型的劳动有系统的了解，掌握了进行劳动技术或通用技术教学的基本专业知识（3分）
	项目专业知识（5分）	12. 熟悉学校劳动教育项目和特色及其要求（2） 13. 对自己负责的劳动教育有一定的实践经验和知识（3分）
劳动教育条件知识（8）分	文化基础知识（2分）	14. 具备从事劳动教育的人文社科与自然科学知识，在具体劳动教育过程中不会犯常识性错误（2分）
	教心知识（3分）	15. 具备基本的教育学原理、教学论和教育心理学知识，基本掌握中小学劳动知识、劳动技能和劳动品德养成的规律（3分）
	表达能力（3分）	16. 语言表达：用词准确、叙述清晰、逻辑性强、语言富有感染力（2分） 17. 书面表达：字迹工整、条理分明、书写规范，设计合理（1分）

续上表

一级指标	二级指标	三级指标
劳动教育 实践能力 （40分）	教育教学 设计与 实施能力 （12分）	18. 具有现代教学设计意识和能力，能运用具身学习、"生活教育"原理进行劳动教育教学设计（1分） 19. 能依据课程标准多维度设计明确、具体、可测的劳动教育教学目标（2分） 20. 能依据自己设计的教学目标、选择适合学生的教育教学内容，做到主题集中、结构完整，呈现多样、有效（3分） 21. 能围绕教学目标和内容创设，能激发学生学习动机教育教学情境，并营造让学生感到舒适、安全的场域环境（1分） 22. 在教育教学中能运用"六部"教学法、"三三制"教学、项目学习等多种教育教学方法进行教育教学，做到"教学做合一"，达成教学目标（2分） 23. 组织、指导学生家庭劳动、校园劳动和社会劳动，目标明确、措施合理、有成效，得到学生和相关参与者的肯定和配合（3分）
	评价能力 （8分）	24. 具备发展性评价的理念，知道学生劳动素养的评价重在诊断评价、过程评价和增值评价（1分） 25. 能依据课程标准或项目要求设计适合自己学生的指标体系，并能选适当的方式、工具对学生进行日常评价、学期总结评价等（3分） 26. 在实际劳动教育活动中，能运用多种评价手段，以激励学生为主客观、及时、正向地评价学生（2分） 27. 能根据学生评价结果，及时调整教育教学安排与策略（2分）
	反思能力 （4分）	28. 能及时对自己的课堂教学、劳动教育主题活动等劳动教育行为与效果进行自我诊断、自我反思（2分） 29. 能根据自己的反思适时调整自己的劳动教育计划和实施进程，改进教育教学方法，做到自我激励、自我提高（2分）

续上表

一级指标	二级指标	三级指标
劳动教育实践能力（40分）	组织管理能力（7分）	30. 能依据课程标准、学校工作计划和劳动特色追求等，制订自己的劳动教育计划或自己的带教计划，计划具有激励性、可操作性（2分） 31. 规范、有序地组织开展劳动教育教学，充分调动、发挥学生的学习积极性，让学生在劳动教育过程中有动力、有精力、有活力，处在团结、互助、共享的气氛中（2分） 32. 对于突发事件能随机应变，灵活、妥善处理，照顾好学生，不影响课堂正常秩序（1分） 33. 在一些职业体验和生产性劳动教育中能有周密、严谨的计划和安全风险防控措施，有效组织学生活动（2分）
	科技辅导能力（4分）	34. 能指导学生发明、设计、制作，有关成绩在区级以上获得好评（2分） 35. 指导学生研究性学习、撰写科研论文的能力（1分） 36. 操作演示实验，给学生进行有效示范和科学讲解的能力（1分）
	信息技术融合能力（5分）	37. 充分掌握现代信息技术，能运用现代网络与信息技术有效开展劳动教育线上与线下教学（3.5分） 38. 能够利用有关数字化平台提供的信息对学生参与劳动的状态以及由此体现出的劳动态度、习惯等方面进行评定，并提出适当的建议（1.5分）
劳动教育研究能力（12分）	课程开发能力（7分）	39. 了解学校劳动教育课程的类型和特点，具备课程化实施学校劳动教育的意识（2分） 40. 能依据学校劳动教育需要和学生特点，开发出满足学生需要可行性的课程或项目（3分） 41. 能依据课程标准，为学生设计、制作个性化的劳动学习计划或劳动清单（2分）
	课题研究能力（5分）	42. 有一定的科研意识和能力，能写出规范的教育科研论文和教育案例（3分） 43. 能独立开展课题研究，并基本实现课题研究目标（2分）

续上表

一级指标	二级指标	三级指标
劳动教育效能（20分）	教学任务完成（8分）	44. 严格遵守学校统一的教学安排，在规定的时间内完成劳动教育课堂教学任务与课外劳动教学任务（5分）
		45. 有节约和安全意识，最大限度地节约学校劳动教育教学资源，安全完成预定各种劳动教育计划（3分）
	学生素养发展（12分）	46. 学生积极地参与到劳动教育教学过程，并在过程中认真观察、思考、体验、探究（2分）
		47. 学生学会了课程或计划中规定的知识、技能，发展了自己的劳动兴趣和特长（3分）
		48. 通过一定时间的学习，学生的劳动观念、劳动态度、劳动技能有了明显的改善和提高（2分）
		49. 学生在校级以上有关劳动技能竞赛、作品展示中有不俗的表现（2分）
		50. 学生养成了良好的劳动习惯，具有坚韧、合作、勤奋、诚实、守信、奉献、进取、勇敢等劳动品质（3分）

教师评价是促进教师专业发展，提高教育质量的重要举措。《基础教育课程改革纲要（试行）》明确提出，要"建立促进教师不断提高的评价体系"。《深化新时代教育评价改革总体方案》更是特别要求"改革教师评价，推进践行教书育人使命""区域高品质推进劳动教育"项目教师评价是对区域内中小学劳动教育教师的专门评价、是对区域内专门从事中小学劳动教育的教师的评价，是促进劳动教育教师专业发展的评价。

我们秉承"发展性原则""情境性原则""整体性""可行性原则"在充分研讨、协商的基础上编制了由6个一级指标、19个二级指标、50个三级指标组成的"区域高品质推进劳动教育"项目教师评价指标体系，其中一级指标包括"劳动教育理念""劳动教育专业知识""劳动教育条件知识""劳动教育实践能力""劳动教育研究能力""劳动教育效能"六个板块，基本涵盖了一个劳动教育胜任中小学劳动教育的素质要求，也蕴含着"区域高品质推进劳动教育"项目的"教师形象"；二级指标是这六大素质的拓展、细化和说明，阐释了一个专职劳动教育教师有效开展劳动教育必要个人条件和能力；三级指标则是二级指标的细化和具化，也是我们观察和评判劳动教育教师劳动教育实践的量表。

3. "区域高品质推进劳动教育"项目教师评价的实施

"区域高品质推进劳动教育"项目教师评价是对区域中小学教师劳动教育实践的评价,是运用有效的评价技术和手段,通过系统地收集信息和分析整理,对中小学教师劳动教育活动的社会价值做出测量和判断的过程,其根本目的是促进中小学教师的专业的发展。我们期望利用上述指标,采用包括"定量评价和定性评价"相结合、"他人评价和自主评价"相结合、"过程评价和结果评价"相结合、"诊断评价和增值评价"相结合的办法,对劳动教育教师进行综合性评价,深度挖掘教师的潜能,积极提升其实践性知识与创造性智激励教师发展,提高自己的专业能力和教育教学效益。

在具体评价过程中,我们要求评价的组织者和实施者应注意以下三点:

(1)坚持劳动教育教师评价个性化。每年年终对教师考核评估时,我们既有统一的要求和标准;但是对于不同学校、不同发展程度、不同专业背景的教师,我们会有所变通,允许教师经过协商选择评价的时间、方式和评价标准,以满足教师特殊需要,体现评价的"个性化"。如,有的教师擅长"手工制作"而不会写科研论文。"区域高品质推进劳动教育"项目组建议,加大"科技辅导"的权重,降低"论文写作"的要求。

(2)强调劳动教育教师评价情境性。这是由劳动教育特点决定的,情境性原则强调教师评价要与教育教学实际联系起来,与教师的工作环境联系起来、与教师的具体教育教学行为联系起来。无论是评价标准的设计,还是评价数据的采取,都要体现真实的劳动教育场景,关注教师具体教育教学过程、教师解决问题能力和师生互动生成。这也就是说,"区域高品质推进劳动教育"项目的教师评价是重视教师实践能力的评价,是关注教师实际劳动教育教学过程的评价,是由教师、学生和评价专家或人员多种主体参与的评价。因此,坚持教师评价的情境性,实际上就是按照情境性评价的理念,既重视教师的教育准备情况、教学的结果也关注教师的投入、教学的过程。多主体评价,就是把学生,乃至家长也纳入教师评价主体中,注重专家与领导对教师的评价,但也重视教师自主评价、同伴评价,其主要目的,就是帮助教师发现专业发展中的问题,提出改进建议,实现专业发展。

(3)实现劳动教育教师评价多元化。多元化原则,要求劳动教师评价要遵循现代教育评价人本、开放、民主等理念,评价指标要全面、多样、合理;评价主体要发挥被评对象的主体性,让"利益相关者"参与评价,评价主体多样化;评价方法和手段多样化,做到定量评价和定性评价相结合、自评与他评相结合等。这样做的目的就是要保证评价公平、合理、有效,让教师评价真正成为教师专业发展的工具。以 2021 年宝山区劳动教育项目团队"教学能手"年终考核为例，项目组在参照区教育局设计的教学能手考核指标，重点考察教师的教育教学情况、劳动教育科研情况、学生家长满意度、带教指导及示范辐射、课程开发情况等，采用听课、学生访谈、查阅教师提供的自评资料等办法开展多形式的评价，整个评价团队负责人评价、成员自主评价和学校评价，体现了评价的多元性。

4. 整合内评外评、正式与非正式评价

内部评价主要指以激发教师潜能、内在工作动机，满足教师精神需要的评价，而外部评价是以判断教师外显教学成果，评定教师排名、奖金的物质性评价。教师评价过程中要内隐外现，整合内评外评。教师评价要走日常化、生活化、细节化的道路，不能"毕其功于一役"只靠年终一次性评价或一场教师专项评价，而是要把家常课、公开课等教师日常活动表现纳入教师评价，把正式评价和非正式评价结合起来，提高教师评价的亲和性。

5. 保证劳动教育教师评价的激励性

"促进、改善、发展"是当代教师教育评价为基本价值取向，为此，"区域高品质推进劳动教育"项目把"激励性"作为宝山区劳动教育评价教师评价最重要的原则。为此，特别要求，无论是对教师的单项、专项评价如"公开课"，还是综合评价，都要立足深度挖掘教师的潜能，积极提升其实践性知识与创造性智慧，进而强化促进教师全面进步。说到底，"区域高品质推进劳动教育"教师评价不是发现、剔除"不行"的教师，而是让更多的教师"行"，让大部分劳动教师具备"区域高品质推进劳动教育"教师风貌，让所有的区域内劳动教育教师都"优秀"起来。"区域高品质推进劳动教育"项目教师评价，立足帮助教师树立信心、发现不足、反思改进、提供保障，从而调动教师专业发展的主动性、积极性，激励教师自我实现。

(三) 区域内义务教育阶段学生劳动素养评价指标体系

学生劳动素养的评价是劳动教育评价的主要部分，是劳动教育评价的重中之重。实际上，劳动教育评价如果没有特别说明，就是指学生劳动素养评价了。《关于全面加强新时代大中小学劳动教育的意见》明确指出："把劳动素养评价结果作为衡量学生全面发展情况的重要内容，作为评优评先的重要参考和毕业依据，作为高一级学校录取的重要参考或依据。"所以，研究、建构义务教育阶段学生劳动素养评价指标体系，必然是"区域高品质推进劳动教育"项目的重要任务和关键行动。

1. 指标设计依据

把劳动素养评价结果作为衡量学生全面发展情况的重要内容，作为评优评先的重要参考和毕业依据，作为高一级学校录取的重要参考或依据。

1）劳动教育的目的

《义务教育劳动课程标准（2022年版）》指出：通过让学生参加日常生活劳动、生产劳动和服务性劳动，让学生动手实践、出力流汗，接受锻炼、磨炼意志，培养学生正确劳动价值观和良好劳动品质，崇尚劳动，尊重劳动，增强对劳动人民的感情，成为爱劳动、懂劳动、会劳动的时代新人。具体是指树立正确劳动观念、具有必备劳动能力、养成良好劳动习惯和品质、培育积极劳动精神。

劳动观念：主要表现为学生能正确理解劳动是人类发展和社会进步的根本力量，认识劳动创造人、劳动创造价值、创造财富、创造美好生活的道理；理解"三百六十行，行行出状元"的道理，尊重劳动，尊重普通劳动者；牢固树立劳动最光荣、劳动最崇高、劳动最伟大、劳动最美丽的思想观念。

劳动能力：是指顺利完成劳动任务所需的胜任力，是个体的劳动知识、技能、行动方式等在劳动实践活动中的综合表现。劳动能力是劳动学习和实践应具备的关键能力，主要表现为：学生具备基本的劳动知识和技能，能正确使用常见劳动工具，能够在劳动实践中增强体力、智力和创造力，具备完成一定劳动任务所需要的设计能力、操作能力、问题解决能力及合作能力。

劳动习惯和品质：是指学生通过经常性劳动实践形成的稳定行为倾向和品格特征。劳动习惯和品质主要表现为：学生通过长期坚持劳动实践，形成积极劳动、安全劳动、规范劳动等行为习惯和思维方式，逐渐养成诚实守信、吃苦耐劳、专心致志、爱惜劳动成果等必备品格。

劳动精神：是指个体经过劳动的历练和体悟而在劳动过程中秉持的关于劳动的信念信仰和人格特质，是劳动者劳动精神面貌的集中展现。劳动精神是在劳动观念、劳动能力、劳动习惯和品质的培养过程中形成和发展的，主要表现为：学生能领会"幸福是奋斗出来的"内涵与意义；继承中华民族勤俭节约、敬业奉献的优良传统；弘扬开拓创新、砥砺奋进的时代精神；具有百折不挠、艰苦奋斗的革命精神，以及精益求精、追求卓越的工匠精神。

2）课程总目标

义务教育劳动课程的总目标是培养学生的劳动课程核心素养，为学生成为担当民族复兴大任的时代新人奠定良好的基础。学生通过劳动课程的学习，培养基本的劳动意识，发展正确的劳动观念；培养初步的筹划思维，发展必备的设计能力；培养基本的动手能力，发展技术应用能力；培养必要的创意物化能力，发展问题解决能力；培养良好的劳动习惯，发展责任担当的品格；培养积极的劳动精神，追求卓越的工匠精神。

（1）培养基本的劳动意识，发展正确的劳动观念。

形成对劳动与人类生活、劳动与社会发展之间关系的认识，懂得人人要劳动、劳动创造价值、劳动创造美好生活等基本道理；体验劳动的艰辛、愉悦和快乐，以及劳动成果的来之不易，能够珍惜劳动成果；具有热爱劳动、热爱劳动人民、尊重普通劳动者、爱惜劳动成果的积极情感；树立劳动最光荣、劳动最崇高、劳动最伟大、劳动最美丽的观念。

（2）培养初步的筹划思维，发展必备的设计能力。

在劳动过程中，能对各类劳动活动及其相关问题进行系统分析和整体规划。能从劳动的任务和目标出发，系统分析可利用的劳动资源与受到的约束条件等，并形成整体劳动规划方案；能在劳动过程中对劳动规划方案进行试验、反思并做出必要的优化调整，发展必备的设计能力。在劳动过程中学会自我管理、时间管理，形成劳动效率意识。

（3）培养基本的动手能力，发展技术应用能力。

能在劳动过程中，从一定的目的和需求出发，运用一定的价值理念，选择合适的工具、材料与物质装置，采用一定的工艺和技术方法，进行问题解决和需求实现。能根据需要，独立完成模型或产品原型设计与制作、装配及测试；了解常见材料的属性，能够进行材料选择、测试与规划；会使用常用的劳动工具和设备，能够根据需要选择合适的工具和设备；知道常见的工艺方法，能够以相应的工艺方法将设计思想安全、规范地加以物化；能根据技术性能和指标对物化产品进行试验，准确地观测记录并对结果信息进行分析；具有较强的动手实践能力、技术应用能力，形成劳动安全意识。

（4）培养必要的创意物化能力，发展问题解决能力。

能在劳动实践中发现问题，并加以深入地探究，并提出新的见解、形成新的认识；能在解决问题的过程中，综合运用多学科知识和多方面经验，形成解决问题新路径或新创意；能够基于一定方案，加以实现和优化改进，发展创造性思维。

（5）培养良好的劳动习惯，发展责任担当的品格。

具有自立自觉的劳动和生活态度，形成专心致志、安全规范、有始有终、勤俭节约的劳动习惯；具有辛勤劳动、诚实劳动、合法劳动、与他人协作劳动以及创造性劳动的内在品格；关心社区、社会发展现状，主动参与当地生产劳动和社会建设，具有将来投身社会建设的积极愿望；热心公益劳动和志愿服务，具有服务他人和服务社会的劳动意识与能力；在劳动实践活动中形成作为社会成员应有的社会责任。

（6）培养积极的劳动精神，追求卓越的工匠精神。

通过持续性劳动实践，培养勤劳、奋斗、创新、奉献的劳动精神；具有继承中华民族勤俭节约、敬业奉献等优良传统的强烈愿望；牢固树立不断追求品质、精益求精、勇于创新的工匠精神；具有不畏艰辛、锐意进取、为社会发展和国家建设付出辛勤劳动的新时代奋斗精神。

3）学段目标

（1）小学1—2年级。

懂得人人都要劳动，劳动成果来之不易；初步感知劳动的艰辛与乐趣，学会感恩别人的劳动付出；具有初步的个人生活自理能力，能够胜任个人起居空间、教室空间的清洁卫生、收纳与整理；形成通过自己的劳动服务他人、服务社区的意识与能力；能够在劳动过程中有始有终，不半途而废；形成自己的事情自己做的劳动习惯；初步形成认真劳动、珍惜劳动成果、勤俭节约的良好劳动品质。

（2）小学3—4年级。

体悟劳动创造美好生活、一分耕耘一分收获；体会劳动无高低贵贱之分的道理；认识到社会生活需要各种职业的劳动者，知道尊重劳动和普通劳动者；懂得劳动中团结协作和遵守合约的重要性；提升生活劳动技能，增强生活自理能力；具有参与校园、社区中简单的生产劳动、服务性劳动的能力，能够认识常用的劳动工具、辨析常用材料的作用与特征，并进行规范和正确的使用；形成专心致志、有始有终的劳动习惯和品质；具有对劳动中存在的问题充满好奇、积极探究的劳动精神。

（3）小学5—6年级。

懂得"不劳动不成人"、劳动来不得半点虚假、业精于勤荒于嬉等道理；认识到劳动者是国家的主人，"三百六十行，行行出状元"，体会普通劳动者的光荣与伟大；具有关爱他人、关心社会、积极参与社区建设的劳动意识与能力；能在劳动实践中发现问题，确定劳动任务目标，制订劳动计划，并根据劳动过程的开展不断调整、优化劳动计划；能够根据劳动任务的形式、内容、特征、安全、规范、有效地开展劳动；能够在劳动过程中形成主动克服困难、积极解决问题的劳动态度；在劳动过程中能够自觉遵守劳动纪律，形成艰苦奋斗、积极探索、追求创新的劳动精神。

(4)初中7—9年级。

认识到劳动是推动人类社会进步的根本力量,理解"劳动托起中国梦"的重要意义,懂得"幸福是奋斗出来的"的道理;牢固树立劳动最光荣、劳动最崇高、劳动最伟大、劳动最美丽的观念;体验以自己的劳动服务他人、服务社区的自豪感和幸福感,增强家庭责任感、社会责任感;根据个体、家庭、学校、社区的发展需要,提出解决方案,制订合理的劳动计划,开展必要的日常生活劳动、生产劳动、服务性劳动;能够对劳动过程与劳动成果进行反思、总结经验,不断提升劳动能力;形成主动参与、积极劳动、诚实劳动、合法劳动的劳动习惯和品质;具有为社会发展和国家建设付出辛勤劳动的意愿,以及不畏艰辛、锐意进取、精益求精、不断创新的劳动精神。

4)劳动教育课程内容

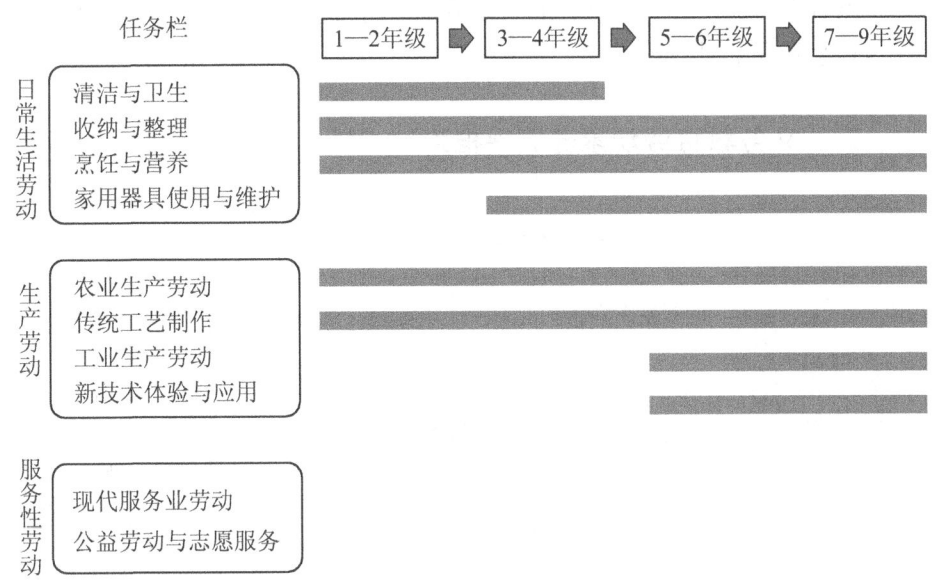

5)劳动教育的教与学的方式

引导学生从现实生活中的真实需求出发,选择和确定劳动实践项目,亲历情境、亲手操作、亲身体验,经历完整的劳动实践过程。引导学生通过观察、设计、制作、试验、淬炼、探究、展示等实践方式获得丰富的"操作"体验,习得劳动知识与技能,感悟和体认劳动价值,进而获得劳动情感态度、价值观以及能力的发展。

立足学生直接经验和亲身参与,注重手脑并用和知行合一,倡导"做中学"和"学中做"。通过真实的劳动学习，倡导手脑并用的多元学习方式。

6）劳动教育的评价注重学习过程与学习结果评价的有机结合

既要关注学生劳动参与情况，也要关注学生在劳动实践活动中的实际表现，如劳动知识掌握、劳动技能习得、劳动作品完成等；更要关注学生劳动观念、劳动能力、劳动习惯和品质、劳动精神等劳动素养发展状况。劳动课程评价中要体现小学与初中劳动素养培养目标的差异，要关注教、学、评三者的有机统一。

2. PISA测试素养的理念的启发

当前，以素养为导向的测评越来越受到重视。其中PISA测试阅读素养、数学素养的思路给我们很大启发。素养是在具体的问题情境中表现出的解决问题的胜任力，素养由知识、技能、态度、观念等组成，但是测量素养的组成并不是测量素养，素养是在真实的问题情境中的行为表现。因此劳动素养的测评在该理念指导下设计。

三、义务教育劳动素养测评框架

义务教育劳动素养测评框架

劳动素养\劳动类型	日常生活劳动				生产劳动			服务劳动		
	清洁与卫生 1-4	收纳与整理 1-9	烹饪与营养 1-9	家用器具使用与维护 3-9	农业生产劳动 1-9	传统工艺制作 1-9	工业生产劳动 5-9	新技术体验与应用 5-9	现代服务业劳动 3-9	公益劳动与志愿服务 1-9
劳动观念										
劳动能力										
劳动习惯品质										
劳动精神										

义务制学校学生劳动素养评价指标体系
（说明：阴影部分为监测点）

指标（总目标）	学段目标		
	小学1—2年级	小学3—4年级	小学5—6年级
劳动观念 理解劳动创造美好生活，懂得人人要劳动的道理。 理解"三百六十行，行行出状元"的道理，尊重劳动，热爱劳动、尊重普通劳动者、爱惜劳动成果。 树立劳动最光荣、劳动最崇高、劳动最伟大、劳动最美丽的思想观念	懂得人人都要劳动，劳动成果来之不易；感恩别人的劳动付出	劳动无高低贵贱之分的道理；认识到社会生活需要各种职业的劳动者，知道尊重劳动和普通劳动者	理解"三百六十行，行行出状元"。懂得业精于勤荒于嬉的道理
	能根据劳动情境中的故事，说出劳动者付出了什么	能举出多种例子说明职业无贵贱之分。能说出尊重各行各业劳动者的理由，并能举出多个自己生活中表达对劳动者尊重的例子	1. 对于给出的劳动故事，能结合自己经历的实例，说出主人公从事的劳动最光荣的原因。 2. 能根据给出的劳动状元的故事，解释职业自豪感来自于哪里
劳动能力 顺利完成劳动任务所需的胜任力。 1. 完成劳动任务需要的设计能力、动手操作能力、问题解决能力及合作能力。在劳动过程中自我管理、时间管理，形成劳动效率意识、劳动安全意识 2. 创意物化能力与创新能力。能将创意以作品的形式表现出来。能在劳动实践中发现问题、探究问题，提出新的见解、形成新的认识；形成解决问题新路径、新创意 3. 有服务他人和服务社会的劳动意识与能力	具有个人生活自理能力，能够胜任个人起居空间、教室空间的清洁卫生、收纳与整理	懂得劳动中团结协作和遵守合约的重要性；有简单的生产劳动、服务性劳动的能力	具有关爱他人、关心社会、积极参与社区建设的劳动意识与能力；能在劳动实践中发现问题，确定劳动任务目标，制订劳动计划，并根据劳动过程的开展不断调整、优化劳动计划，并安全、规范、有效地开展劳动
	对给定的需要卫生清洁和收纳整理、烹饪的情境，能独立、迅速完成清洁和整理、烹饪任务	1. 展示自己种植植物的日常照片，对给定的需要栽培的植物，依据自己已有的栽培经验和资料查阅，现场进行合理科学栽种 2. 展示自己饲养动物的日常照片，能根据自己饲养动物的经验，讲述饲养动物的注意事项以及乐趣	1. 能现场展示，制作出一个自己曾经做过的手工作品 2. 在给定的存在较大困难的服务劳动情境中，能发现他人在服务别人时存在的问题，并给出修改建议，并与同伴一起设计劳动任务完成过程，与同伴一起予以实施，有序、规范、安全、圆满完成任务。并在任务完成过程中，有创新意识，令人耳目一新

续上表

指标（总目标）	学段目标		
	小学1—2年级	小学3—4年级	小学5—6年级
劳动习惯与品质 形成积极劳动、辛勤劳动、专心致志、安全劳动、规范劳动、诚实劳动、有始有终、勤俭节约等行为习惯和思维方式	自己的事情自己做，不半途而废；珍惜劳动成果、勤俭节约	形成专心致志、有始有终的劳动习惯和品质	能够在劳动过程中形成主动克服困难、积极解决问题的劳动态度
	在家务劳动情境中，能完成多项生活自理任务。能说出生活中自己发现很多的浪费现象。能说出在生活中很多自己践行节约的例子	在给定的、嘈杂的手工制作的问题情境中，不受外界干扰，积极建言献策，与同学一起完成一个高质量的作品。在任务完成中，始终坚持节约的原则	在上述服务型劳动情境中，即便多次失败也不气馁、不着急、不焦躁，始终乐观的坚持完成任务
劳动精神 1. 勤劳、奉献、节约。 2. 追求品质、精益求精、勇于创新的工匠精神 3. 具有不畏艰辛、锐意进取的新时代奋斗精神	无课程标准无要求	积极探究劳动中存在的问题	1. 克服困难、积极解决问题 2. 艰苦奋斗、积极探索、追求创新的劳动精神
	无课程标准无要求	上述的手工制作任务中，遇到问题不气馁、不放弃，追求精益求精，提交优质作品	在需要耗费较大体力的农业劳动集体任务中，注重承担劳动职责，与同学一起不断改进与完善，寻求最优的问题解决方案，直到与同学一起合作完成任务

依据《大中小学劳动教育纲要（试行）》精神，"区域高品质推进学校劳动教育"项目组大力倡导区域中小学、幼儿园特别是基地学校要参照《义务教育阶段学生劳动素养评价指标》积极、稳妥地开发自己的学生劳动素养评价体系，把"平时表现性评价"和"学段综合性评价"有机结合起来，扎实开展基于真实情境的学生教化式劳动教育评价，促进学生全面发展。当前，大部分基地学校都在有计划、有步骤地建构自己的学生评价手段。宝山区实验小学编制了校本《劳动教育手册》，记录每位孩子的自我服务劳动、家务劳动、公益

劳动、科技劳动等内容，让学生在自行记录争章的过程中，逐步养成懂劳动、会劳动、爱劳动的素质。杨泰实验学校编制了学生劳动教育评价手册，全面客观记录课内外劳动过程和结果，把学生劳动评价结果作为评选"金球"、金银铜星、单项之星和市区级个人评优的评价依据。行知中学附实验学校建立了学校特色劳动素养评价新机制，以"德性劳动""智慧劳动""健康劳动""美感劳动""创新劳动"五个方面作为五育并举维度的一级评价指标；以"知识观念技能""情感态度""行为习惯"三个方面作为劳动素养内涵维度的一级评价指标。将评价的结果作为衡量学生综合素质发展的重要依据，作为学校评选优秀"小真人"推优的重要指标。下面特别转录介绍通河中学的学校劳动教育评价：

学校抓住"评价"撬动劳动教育发展和改革推进，坚持问题导向，以评价促进课程建设，提升学生劳动素养。在"改进结果评价，强化过程评价，探索增值评价，健全综合评价"上积极施力，推进劳动评价实施的探索，为高中学生综合素质评价提供来自普通学校一线的校本化实施经验。

首先，开展"争章"活动，架构评价内容。运用《劳动护照》对每位学生参与的各类劳动设章评价，设立"家务劳动章""班务劳动章""技术劳动章""躬耕章""志愿服务章""职业体验章"等，学生达到各项劳动要求，可以获得相应的劳动章，最终获得"劳动小达人"的称号。"争章"活动有助于增强学生劳动精神，增强创新实践和责任担当，逐步形成适应个人终身发展和社会发展需要的劳动能力和劳动品格。

其次，形成"调适"机制，推进评价过程。调研分析学生的家庭情况、兴趣爱好、思维方式、能力态度以及潜力所在等情况，帮助他们朝着个性化方向更好地发展。以典型学生成长档案为形式，研究评价指标开发的有效性，策略方法实施的可行性、过程调适操作的合理性等问题，聚焦一种尊重规律、科学实施的视角，动态改进，形成"调适"机制，以评促发展。

再次，秉持"多元"原则，优化评价方式。拟实施个案追踪的描述评价。关注多元评价，开发多主体评价，兼顾过程和结果，等级评价和描述评价。探索群体记录的增值评价。以鲜活的数据、生动的情境记录群体成长的轨迹，呈现"优秀称号、劳动随笔、调研报告、研究性课题、个人职业规划报告、升旗仪式上发言"等丰富成果，与入校时比较，呈现增值和成长。坚持成长导向，指导学生分类整理活动记录、典型事实、现场照片、单位证明等材料，形成劳动档案，纳入高中学生综合素质评价系统。

通过实施《劳动护照》一系列内容，整体设计、贯通年段、跟踪评价，营造学生在劳动和体验中争章的良好氛围，记录学生在高中阶段的能力训练、社会参与、职业体验的成长轨迹。

四、"区域高品质推进劳动教育"项目评价的实施

评价作为促进教育改革和发展的重要工具和保障措施越来越受到人们的重视,以至不得不认可"没评价,无教育"的论断。"区域高品质推进劳动教育"项目始终从区域和学校两个层面大力开展劳动教育评价研究和实践。在整个"区域高品质推进劳动教育"项目评价体系中,学校劳动教育评价是前提性评价,教师劳动教育评价是工具性评价、学生劳动素养评价是结果性评价。它们三个系统相互联系、相互促进,但最终目的是学生劳动素养的发展。因此,这三种评价都要关注、都要加强。然而,教师评价和学生评价的重心在学校,不是"区域高品质推进劳动教育"项目评价的主要评价行为,"区域高品质推进劳动教育"项目组只实施学校劳动教育实践评价。下面,简单介绍一下宝山区劳动教育研究和指导中心是如何组织、实施学校劳动教育评价的。

笔者在拙作《中小学教师专业伦理培训》一书中曾提出,有效教育评价的一般特征,即先进的评价理念、适切的评价指标、合理的评价程序与方法、科学的评价结果处理。因为评价理念和评价指标上面有过阐述,这里只就学校劳动教育评价的实施程序和数据处理做点说明。

如上所述,在学校劳动教育评价中,我们打破了以往评价中的管理主义倾向,采用"教化式"评价模式,通过对国家劳动教育政策的解读、利益相关者的协商,达成共同的心理建构;运用现场评估、问卷调查、学科测试等多种手段,借助现代信息技术,开展诊断性评价、增值评价、结果性评价和表现性评价,促进学校劳动教育高品质实施,培养学生劳动素养。具体评价过程如下:

1. 听取被评学校的自我评价

学校作为被评对象,也是评价的主体,其自我评价也很重要。因此,他们有义务提供自评报告,并正式地向专家团队汇报。

2. 学校劳动教育评价信息的获取

评价专家团队领导可以把专家组成员分成"劳动教育意义认识""劳动教育内容体系""劳动教育方法途径""劳动教育硬件配置""劳动教育师资队伍""劳动教育文化氛围""劳动教育校外合作""劳动教育质量保障""劳动教育特色建设"等9个小组,分工合作,采用定量和定性两大类获取专业伦理培训信息,并初步做出自己的基本判断。

(1) 查阅被评单位提供的中小学劳动教育实践资料:劳动教育规划、劳动教育课程与课表、教师劳动教育教学方案、学校劳动教育教师与学生考核评价资料、学校劳动教育管理制度与办法等。

（2）劳动教育教师、主要管理人员和家长代表访谈，了解学校劳动经费投入、校本课程开发情况、学校劳动教育特色建设、家校社区企业合作育人等情况。

（3）问卷调查劳动。抽样调查，定量掌握中小学劳动教育课堂教学与管理、校内劳动活动开展情况、设施设备保障条件等。

（4）采用口试、笔试等形式，了解劳动教育教师劳动教育方法途径、劳动教育效果等。

（5）校园参观、巡视。游历校园、走进学校劳动教育专业教室、与学生交谈，感受学校劳动教育文化氛围，体验学校劳动环境。

3. 学校劳动教育评价结果的处理

评价结果是对评价对象所具有或所达到预定目标价值程度做出的价值判断。信息采取工作完成后，各评价小组要按照评价指标体系的规定，整理评价信息，对各评价指标要素进行定性和定量分析，并依据各指标要素的纵向隶属关系及横向结构的权数关系，对评价对象的综合价值作出判断。此判断结论应该是小组成员协商的结果，可以用分值或描绘性断语呈现或表示。如小组成员有异议，或与自评情况差距太大，应进行再访、再查等，确认这种评价结果是否真实地反映了评价对象的客观实际。

评价专家团队主要负责人，如专家组长汇总各评价小组结论后，从总体上对学校劳动教育实践的状况做出定性或定量的综合性判断，也即对整个中小学劳动教育做出价值优劣、价值大小的结论。

专家组经过协商后，对学校劳动教育实施情况形成统一的结论，这个结论应该有三层意义：

第一，肯定其劳动教育的"亮点"和特色，指出其主要成绩或成功之处。如，"重视劳动教育教师队伍专业化建设""发挥科研先导作用，在校本课程开发方面积累了自己的经验，取得了引人注目的成效"。

第二，指出其不足和需要改进的地方。如"不重视学生劳动素养的评价""教于方法传统、单一""建议加强家校合作"等。

第三，给出总体评价结论：如"优秀""良好"和"需要改进"。

评价结果一般还需要经过验证性检验，才能予以最后的确定。由专家组组长主持召开评价总结会，向学校通报评估结论。如果学校没有异议，形成书面报告，上报评价发起人或组织，然后由评价发起人或组织及时向有关利益者公布评价结果。当然，为了使评价尽可能的准确、恰当，在实现评价目的之前，评价发起人作为评价主体往往还要或者说还应该要对评价结果进行检验，并根据检验的情况,对评价结果做出必要的修正。评价结果的检验包括三个方面的内容:一方面是通过逻辑的途径,对评价意见是否准确和恰当进行检验;第二是把评价结果放到实践中进行检验,看评价结论是否合理,是否恰当;第三是当我们通过逻辑或者实践的途径对评价结论进行检验而发现评价结论失当、失宜、不合理之后,就必然要考虑评价结论的修正问题。评价结论的修正一般来说有两种情况:推倒重来、部分改良。人们对于事物的评价是一个不断完善的过程,因此经过检验修正后的评价依然不能说是评价的完成,对于修正后的评价还有再检验再修正的必要。但任何过程总得有一个相对的终结点,我们把经过检验修正后的评价结论作为一般评价过程的终结性评价。

附:

研发与使用学生家校联系手册

何光辉

家庭是儿童重要的教育场所,父母是孩子的第一任教师。根据中共中央、国务院印发的《关于全面加强新时代大中小学劳动教育的意见》和教育部印发的《大中小学劳动教育指导纲要(试行)》,我们知道"加强家校合作""改进和强化学生劳动教育评价"是现在和今后相当一段时间内,中小学校高品质实施劳动教育的重要环节和基本举措。因此,研究、开发中小学学生家校劳动联系手册并积极在中小学劳动教育中推广与应用,就显得很有价值和必要。

1. 开展劳动教育家校联系手册的意义

劳动教育家校联系手册是记载学生家庭与学校劳动情况,并对学生参与家校劳动的评价工具,是加强家校劳动教育信息、落实家庭与学校学生劳动教育责任、督促学生养成基本的劳动态度和劳动习惯的基本手段。所以,开发与应用劳动教育家校联系手册的主要意义在于充分发挥家长、教师和学生三方面的主体作用,形成家校劳动教育的合力,建立劳动教育过程性评价机制,督促、帮助学生劳动素养发展。

2. 劳动教育家校联系手册开发与应用原则

从上面阐述劳动教育家校联系手册的价值与内容来看,无论是前期的开发与后期的推广应用,都要遵守三个基本的原则,即适切、简便、有效。

所谓"适切",就是记录与评价的内容精要、适切,进而产生评价的方法适切。记录与评价的内容适切,就是紧扣教育部和上海市中小学生劳动教育的目标和内容，适当选择学生在学校和家庭中发生的劳动教育行为进行记录和评价，所记录和评价的内容是与学生日常生活相连的，是适合学生身心发展的真实劳动内容。

"简便"是由于评价内容精要、适切决定了评价指标简单明了，所评价的指标与记录内容一致，具体、明确。这样一来就要求评价方法应简单易行，便于家长与教师操作的。如，在学生家庭劳动中，在"家长记录栏"中，家长只要打勾或打叉就可以，然后在"家长评定"栏中，家长只需选择相应的等第标准，就完成了学生当天在家劳动评价。

"有效"是指劳动教育家校联系手册能客观、有效记录和评价学生家校劳动教育情况，有效促进学生劳动观念、劳动习惯养成。这就要求评价内容、评价方法是有效的，即家长、学校要认真观察、记录学生劳动行为，科学评定学生劳动行为。因此，家长和学校教师都要充分认识学生劳动教育的意义，重视学生家校劳动教育联系的价值，树立"记录与评定就是和孩子一起成长，记录与评定就是帮助孩子进步"的理念。另外特别要注意的是，家长和教师要与孩子有效沟通，讲清楚所给评定的依据，让孩子知晓家长或教师评价的理由，这样孩子在写自己的"学生体会"时，就获得了"教育的意义"。

3. 劳动教育家校联系手册的主要内容

依据上海市印发的《中共上海市委、上海市人民政府关于全面加强新时代大中小学劳动教育的实施意见》，结合中小学生劳动教育的主要内容和目标，宝山区中小学劳动教育学生家校联系手册主要内容见下表。

宝山区中小学劳动教育学生家校联系手册

地点	劳动内容	家长记录	家长评定				学生体会
			优秀	良好	一般	需努力	
家庭	学习作业						
	个人卫生						
	收纳整理						
	家务劳动						
	个人穿戴						
地点	劳动内容	教师记录	教师评定				学生体会
			优秀	良好	一般	需努力	

续上表

地点	劳动内容	教师记录	教师评定				学生体会
			优秀	良好	一般	需努力	
学校	课堂学习						
	个人卫生						
	家具整理						
	班级劳动						
	社团活动						
劳动格言摘抄							

4. 劳动教育家校联系手册的应用

中小学生劳动教育家校联系手册应用的根本目的是利用心理强化的原理，通过教师和家长的引导、督促，帮助学生掌握基本的劳动技能、形成基本的劳动习惯、建构基本的劳动观念和品质。其能否达到预期的目标，关键在于家长和教师能否客观、认真、合理地记录、评价学生的劳动行为，并在此过程中给予学生有效的指导。劳动教育家校联系手册可以多种形式呈现。其中，主要形式有两种，一是线下形式，印制成纸质手册，每个学生一本；一是网上形式，借用晓黑板或开发独立软件评价系统。不管哪种形式，学校都要充分调动家长、教师和学生的主动性，让他们理解、掌握操作要领，使之坚持使用、创造性应用。

为了减轻家长、教师和学生的负担，我们建议至少每两周教师和家长记录评价一次，并做好双方信息沟通工作，保持记录评价内容的累积、叠加和进阶。

中小学生劳动教育家校联系手册主要在小学和初中阶段应用。为满足家长和教师需要，应该允许家长、教师记录，同时对评价内容和记录评价内容有所选择，并鼓励他们在使用过程中修改、完善。

（原载《现代教学》2021年第20期）

第十一章　区域高品质学校劳动教育文化的建构

劳动教育是社会主义教育的重要内容，是素质教育的重要组成部分。自从 2020 年 3 月中共中央、国务院发布《关于全面加强新时代大中小学劳动教育的意见》以来，劳动教育在中小学就如火如荼地开展起来。全国各地也相继出台了加强和改进中小学劳动教育的地方政策，其中重要举措之一，就是加强学校劳动教育文化建设。从浙江省杭州富春第七小学、河南郑州艾瑞德国际学校、上海和田路小学等学校劳动教育成功经验来看，我们得出这样的启示：劳动教育要在中小学稳定、有效、可持续实施、发展，发挥树德、增智、健体、育美的作用，就必须走文化建设之路；中小学劳动教育文化建设，是保证劳动教育中小学才能落地生根的必要举措，也是中小学劳动教育长效发展的必要环节和最终目的。正因为如此，2020 年 7 月，教育部发布《大中小学劳动教育指导纲要（试行）》也明确要求"在校园文化建设中强化劳动文化"。

一、文化的育人作用

文化是一个见仁见智的复杂概念。卢梭在《社会契约论》认为，文化是风俗、习惯、特别是舆论。著名人类学家泰勒（Edward Burnett Tylor）则认为："文化或者文明就是由作为社会成员的人所获得的，包括知识、信念、艺术、道德法则、法律、风俗以及其他能力和习惯的复杂整体。"哈维兰更为明确指出："文化不是可见的行为，而是人们用于解释经验和导致行为并为行为所反映的价值观和信仰。"梁漱溟在《东西文化及其哲学》中则把文化规定为"一个民族生活的种种方面"，其中主要包括精神生活、社会生活与物质生活等三个方面。在本书中，笔者把文化看作是内在于人的一切活动之中，影响人、制约人、左右人的行为方式的深层的、机理性的东西，是一个族群或组织共享的，以价值观为核心的行为规范、思维方式和外部形象的总和。

文化是人的第二自然，人在文化中养成、发展。关于文化对人的作用，人们也多有研究和论述。如,葛兰西曾经说过,"人们借助于文化懂得自己的历史价值,懂得自己在生活中的作用,以及自己的权利和义务";美国政治学家福山则认为,"信任产生自值得信任的行为,其在社会中是否存在取决于该社会的习惯、习俗以及规范——简单地说取决于文化"。华东师范大学哲学系教授、博士生导师付长珍曾经有言"核心价值观的建设首先必须依托自身的文化传统,并且不断进行创造性转化,才能契合世道人心,从而发生精神引领作用"。笔者在《职业伦理教育有效模式研究》一书中总结了文化对职业伦理养成的作用,这里摘录如下:第一,传承一个民族或社会的核心伦理价值职业伦理观;第二,引领职业伦理发展方向,建构社会职业精神;第三,传授职业伦理观念,规范个体的职业行为;第四,塑造理想的职业伦理人格。[①]

归纳起来,文化的育人作用,主要表现为:

(1) 为人的成长与发展提供一定的环境。"蓬生麻中,不扶自直",近朱者赤,近墨者黑。我们的老祖宗很早以前就发现了文化环境对人的发展作用。著名教育家苏霍姆林斯基曾指出十分重视文化环境的作用,指出要让学校每堵墙都会"说话"。

(2) 为人的道德养成与精神发展提供价值目标和内容。瑞士心理学家荣格说"文化的最后形态是人格",1998年鲁洁教授在其主编的《德育社会学》里就提出了"德育的文化性",2002年,中央教科所所长朱小曼,借助苏联道德哲学家德洛布尼斯基的研究成果指出,"我认为所谓道德就是人的一种文化性的创造"。我们每个人的信仰、道德规范与精神追求都是从自己所处的文化中获取的,文化为我们的人格形成提供了基本的养料。

(3) 为人的知识获得与能力培养提供工具与载体。有的人靠打鱼为生,有的人靠种地过日子。为什么生活在海边的人,基本都会撑船、游泳?为什么生在梨园世家的人从小就会唱戏?这都说明了文化就是教育,就是最根本的育人方式,人的知识获得与能力培养依赖于他周围的文化。

(4) 为人的成功与幸福提供标准与皈依。"修身、齐家、治国、平天下"是儒家文化赋予中国传统知识分子的人生奋斗目标;而"为人民服务"则是社会主义文化对人的本质要求。萨缪尔·亨廷顿在其主编的《文化的重要作用:价值观如何影响人类的进步》已表明,人的成功与幸福是建立在精神信仰、道德品质和知识能力基础上的,而这一切都是我们身处其中的文化所赐。

---

① 何光辉. 职业伦理教育有效模式研究 [M]. 上海:三联书店,2009.

恩格斯说："文化上的每一个进步，都是迈向自由的一步。"[①] 劳动教育的发展，需要劳动教育文化的呵护与推动。

二、学校劳动教育文化的概念、性质与价值

学校劳动教育文化，是中小学学校教师、学生与员工共同持有的劳动教育价值观、劳动教育思维方式、劳动教育行为准则以及在此基础上形成的学校劳动教育形象。从这个概念中我们可以看出，劳动教育价值观是劳动教育文化的原点和核心。劳动教育价值观是指人们对劳动教育性质、意义的根本、系统看法和态度，有什么样的劳动教育价值观就有什么样的劳动教育行为，从而形成什么样的教育文化。例如，相当长的一段时间里，"劳动教育"在学校被边缘化、矮化，甚至污名化的一个主要原因就是学校充斥着"应试教育"文化，劳动教育被理解为对学生进行思想道德教育的辅助，甚至被理解为是惩戒学生的手段，因而导致了教师劳动教育的简单以及学生对劳动教育的抵触。在新形势下，特别是《关于全面加强新时代大中小学劳动教育的意见》颁发后，劳动教育被规定为社会主义教育的一部分，是相对于德育、智育、体育与美育而独立存在的一种教育类型，是对学生进行劳动素质培养的教育；具有树德、增智、促体、育美等作用。在这种劳动教育价值观指导下于建构的劳动教育文化必然是促进学生全面发展的劳动教育文化，是一种积极的，融于学校整体教育活动中的实践文化。劳动教育思维方式，是指人们看待劳动教育的方式和角度，是人们把劳动教育作为一个认识对象来看待时是否系统、辩证、灵活、全面、深刻等，劳动教育思维方式影响着我们关于劳动教育事实和信息的选择，也关涉我们对劳动教育的假设。如，"劳动教育会影响学生学习成绩，让德育教师折腾去吧"与"劳动教育会提高学生学习成绩，我们学科老师也要渗透"就代表两种不同的思维方式。又如，有的学校重视开好"劳动技术"课，对学生家务劳动、社会实践不予关注或者重视不够；有的学校除了重视"劳动技术课"外，还注重家校合作、学校与社区合作，定期安排、组织学生参加公益劳动。从思维方式的角度来看，前者的劳动教育思维方式是片面的、静止的；后者的思维方式是系统的、辩证的、情境的。劳动教育行为准则主要表现为，人们在具体实施劳动教育时持有的劳动教育质量标准和行为规范。从质量标准看，就

[①] 马克思，恩格斯. 马克斯恩格斯选集：第3卷 [M]. 北京：人民出版社，1972.

是人们在设计劳动教育目标和评价劳动教育效果时能否从劳动观念、劳动知识、劳动能力、劳动习惯、劳动精神等几个维度来思考，还是"以学生参与活动次数、在活动中的表现"抑或只看学生是否记住了书本知识、学会了制作某种物品为判断标准。毫无疑问，时下中小学劳动教育的行为准则是"思想性、教育性和社会性"，是在劳动教育过程中"让学生出力流汗、动脑动手"，正如上海市教委副主任倪明锦所说，劳动教育就是要让学生去长时间参加劳动，从而克服学校劳动教育中有"劳"无育和有"育"无"劳"的现象。劳动教育外部形象，是指熔铸了学校劳动教育价值观、劳动教育思维方式和行为准则而表现出来的学校劳动特色、劳动教育标识、师生劳动气质与社会口碑等。如从一个农村学校学生与一个城市学生在面对收割任务时所表现出来的劳动教育外部形象是截然不同的，表现在学生劳动气质上的差异，就是一个自然、熟练、粗放、求实，一个好奇、生疏、精细、时尚。

学校劳动教育文化本质上是学校全体成员内化在灵魂深处的劳动意义及其外化于形的劳动教育行为。因此，劳动教育文化的作用，说到底，就是对学校劳动教育行为的引导、规范和激励作用，就是其对学校劳动教师和学生劳动素养的型塑与心理满足作用，而最终还是对学生劳动素养发展的定型、滋养、修饰与促进作用。

首先，劳动教育文化影响学校劳动教育的目标设计和发展方向。学校劳动教育文化一旦选择和确定，就会发挥观念的指导和道德的规约作用，就会影响学校劳动教育的决策和学校劳动教育的走向。例如，当年陶行知先生创办晓庄师范学校以实践自己的"生活教育理论"，其劳动教育文化，就体现在他为晓庄师范学校书写的"和马牛羊鸡犬豕做朋友，对稻粱菽麦黍稷下功夫"对联上。于是后人看到了晓庄师范学校的培养目标为：健康的体魄、农人的身手、科学的头脑、艺术的兴味、社会改造的精神和热心，陶行知先生希望该校培养的学生勤动手、勤动脑，懂科学、爱艺术，有创造精神、愿意为人民服务。学校劳动教育文化是重视劳动教育过程，还是劳动教育结果，都会给学校教育目标的选择以强烈的导向作用；学校劳动教育文化是积极进取的还是消极应付的，是创新型的还是守成型的，也一样会对学校劳动教育发展方向和动力产生不同影响。

其次，劳动教育文化影响学校劳动教育的内容选择。现实中，我们可以看到如果一个学校的劳动教育文化是培养学生创新劳动能力为导向的，其课程设置必然是以科学技术学习等内容为主，注重自然科学教育，重劳动教育学科渗透。上海市吴淞中学、上海市月浦实验学校都是这样做的。大丰农场学校,地处江苏大丰,校园旷地较多,他们以打造"田园劳动文化"为学校劳动教育文化为目标,学校重点开展校园种植、花卉养护等课程,重点培养学生热爱劳动的态度、耐心劳动的品质和基本的蔬菜种植和鲜花养护的能力。

再次,劳动教育文化影响学校劳动教育的方式方法。劳动教育文化是通过价值指导、思维方式、榜样示范、环境暗示与制度规约来影响教师的劳动教育手段和方法的。例如,当前一些学校劳动教育还停留在"嘴上喊劳动""黑板上讲劳动",导致这一现象的文化根源就是依然把劳动教育等同于学科教育,把劳动教育看成知识教育。

最后,劳动教育文化影响学校劳动教育的效果与形象。德国人类学家 M. 兰德曼在其所著的《哲学人类学》中曾经指出,人既是文化的创造物,又是文化的产物,"人必须靠自己完成自己,必须决定自己要成为某种特定的东西,必须力求解决他要靠自己的努力对自己解决的问题,他不仅可能,而且必须是创造性的",实际上任何文化都是人的主体性的映射。人以自己的主体性创造文化,文化又以其影响力重塑人的主体形象。所以,从这里出发,就不难理解西南联大走出来的以"两弹一星"功勋邓稼先为代表的劳动人物了。知名学者柳汐浪这样论述劳动教育文化的作用:"文化是一种包含精神价值和生活方式的生态共同体。它通过积累和引导,创造集体人格。"①

"高品质区域推进劳动教育"项目主张,学校劳动教育文化塑造出来的学生应该是懂劳动、会劳动、爱劳动的现代化人才。

三、学校劳动教育文化的要素

学校劳动教育文化就是以培养全面发展的人为宗旨,以劳动教育价值观为灵魂的学校亚文化。一般来讲,学校劳动教育文化包括:①学校劳动教育物质文化,包括学校劳动教育场地、设施以及学校独特的教学建筑、环境装饰、绿化美化等;②制度文化,涉及劳动教育课程设置、学生劳动素养评价体系、劳动教育管理的规章制度、场地设备使用要求、学校与社会共同开展劳动教育的契约、安全管理措施等;③劳动教育精神文化,它是学校劳动教育文化的核心和灵魂所在,它反映的是劳动教育中蕴含的深层次的价值观念、思维方式、行

---

① 柳汐浪. 创造灿烂的劳动文化 [J]. 基础教育课程, 2019 (11).

为规范等,体现的是学校劳动教育的整体精神面貌。下面是笔者对学校劳动教育文化的要素的一些看法和建议。

(一) 劳动教育精神文化

劳动教育精神文化是学校劳动教育文化的核心,主要由学校劳动教育价值观、学校劳动教育目标、劳动教育原则等组成。

1. 劳动教育价值观

涉及劳动教育的性质与价值系统稳定的看法,以及由此而形成的劳动教育信念等。

目前,国内对劳动教育的性质与价值主要有以下四种看法:①

一是"德育派",即强调劳动教育的德育属性,把劳动教育定义为德育的一部分,如《辞海》对劳动教育的定义是:"劳动教育是德育的内容之一,对学生进行热爱劳动和劳动人民、珍惜劳动成果、树立正确的劳动观点和劳动态度、通过日常生活培养劳动习惯和技能的教育活动。"《中国大百科全书》也这样规定:"使学生树立正确的劳动观点和劳动态度,热爱劳动和劳动人民,养成劳动习惯的教育,是德育的内容之一。"

二是"智力派",侧重于把劳动教育看成是培养学生知识和能力的活动,如《教师百科辞典》的定义是:"劳动教育就是向受教育者传播现代生产的基本知识和技能,培养他们具有正确的劳动点、劳动习惯和热爱劳动人民、劳动成果的感情。"成有信在其《教育学原理》中更是直截了当地将劳动教育定义为:"培养学生具有现代工农业生产的基本知识和基本技能的教育。"

三是"综合派",即将劳动教育视为德育和智育的综合体,代表人物徐长发认为,"劳动教育是使青少年学生获得正确劳动观念、劳动习惯、劳动情感、劳动精神,了解和懂得生产技术知识,掌握生活和劳动技能,在劳动创造中追求幸福感的育人活动的教育、劳动技术知识和劳动技能的教育"。陈勇军认为,"劳动教育的本质涵义是指通过参加劳动实践活动所进行的一种有目的、有计划、有组织的培养受教育者多种素质的教育活动,是融德育、智育、体育、美育为一体的全面提高学生素质的综合性教育"。

笔者属于"陶行知派",因为"区域高品质推进学校教育"项目是宝山区本土劳动教育实践与创新项目,服膺"生活教育"理论;属于陶行知先生劳动

---

① 李伟. 新中国成立以来"劳动教育"概念的嬗变[J]. 上海教育科研, 2019 (7).

教育思想的丰富与发展。陶行知也把劳动教育视为"在劳力上劳心"的实践活动。他说"中国教育之通病是教用脑的人不用手，不教用手的人用脑，所以一无所能"，劳动教育的目的就在于"谋手脑相长，以增进自立之能力，获得事物之真知及了解劳动者之甘苦"。① 可见，陶行知先生作为劳动教育实践家更倾向于把劳动教育理解为"做中学"的实践形式，在劳动教育的目的方面，他更强调劳动教育之于个体发展的内在价值——激发劳动热情、促进认知发展、提高实践能力、养成良好个性。所以，笔者在宝山区组织学校开展劳动教育实践时有这样一个劳动教育信念：中小学劳动教育是以中小学学生为教育对象，紧密联系学生学习生活、社会实践，通过劳动培养、提升学生劳动素养的教育活动。

因此，劳动教育本身就是生存教育、素质教育、创造教育、幸福教育、未来教育、全人教育。一句话，中小学劳动教育是借助劳动、在劳动中为了劳动的教育。"出力流汗""动脑动手"是其基本特点。

2. 劳动教育目标

中小学劳动教育的目标是：学生能从家庭劳动、校园劳动和社会劳动中获得丰富的劳动实践经验，形成正确的劳动观念、养成良好的劳动习惯、培养真挚的劳动情感、掌握必备的劳动技能和训练创造性的劳动思维，具有崇尚劳动、尊重劳动、乐于劳动、解决问题、激发创造等方面的意识和能力，传承和弘扬中华民族勤劳奋斗、乐于奉献的优良传统和作风，成为合格劳动者和全面发展人才，也即德智体美劳全面发展的社会主义建设者和接班人。

（1）树立正确的劳动观念：知道劳动创造人、劳动创造世界、劳动创造幸福、人人都要劳动的道理，懂得"按劳分配"是一种正义的社会分配原则，摒弃不劳而获、贪图享乐的思想；崇尚劳动、尊重劳动；尊重普通劳动者、热爱劳动人民，理解"三百六十行，行行出状元"的意义；树立劳动最光荣、劳动最崇高、劳动最伟大、劳动最美丽的观念。

（2）形成劳动精神：领会"劳动是一切社会财富的源泉""幸福是奋斗出来的"内涵与意义，继承中华民族勤俭节约、敬业奉献的优良传统，弘扬开拓创新、砥砺奋进的时代精神；感知爱岗敬业、甘于奉献的劳模精神；培育百折不挠、艰苦奋斗的革命精神，以及精益求精、追求卓越的工匠精神。

（3）养成良好劳动习惯和品质：养成安全劳动、规范劳动、有始有终的劳

---

① 江苏省陶行知研究会. 陶行知文集（修订本）[M]. 南京：江苏教育出版社，2001.

动习惯；具备自觉自愿、认真负责、诚实守信、吃苦耐劳、合作奉献、珍惜劳动成果的品质，能够理性消费，杜绝浪费。

（4）掌握基本的劳动技能：掌握日常生活基本的劳动技能，能正确使用常见的劳动工具，具有处理生活中基本事务的能力；认识与了解现代工业和农业中的新技术，具有服务自我、他人和社会的能力；具备完成一定劳动任务所需要的设计能力、操作能力及团队合作能力。

3. 劳动教育思维方式

思维方式，制约着人的行为，决定着人生轨迹，影响着组织发展。"区域高品质推进劳动教育"项目主张学校在规划、部署学校劳动教育时要树立辩证唯物主义、历史唯物主义的思想，以发展的、系统的、文化的眼光看待中小学劳动教育，把劳动教育看成学生健康发展不可或缺的经历，看成学生的主要生活，看成学生与教师、学生与学生、学生与家长等共同进行的以"出力流汗""手脑并用""砥砺品性"的实践活动，并视劳动教育是联通德育、智育、体育、美育的血管，也是把它们综合起来的力量和平台。檀传宝先生认为与德育、智育、体育、美育不同，劳动教育其实是一个复合性的教育概念；劳动教育是一般素养在教育过程中的"学以致用"，或者德智体美学习之后的"理论联系实际"环节；劳动教育是一个与德育、智育、体育、美育杂糅在一起的复合性教育概念。他提出，要让"劳动"成为一种教育，要全方位实施劳动教育，要谨防"劳动教育"成为"反劳动教育"。[①]笔者认为，现阶段学校劳动教育文化要有这样的思维方式，学习是一种劳动，艺术表演和创作是一种劳动，人工智能开发与运用也是一种劳动。劳动的形式和内容越来越多样化、信息化、审美化，但是作为中小学劳动教育的劳动一定是真实的、生活的、亲近学生的，一定是让学生感到有意义的。学校在组织学生劳动、利用劳动对学生进行教育时，作为组织者还要考虑到劳动的社会习性，积极地与家长、社区联系，以合作的方式、融合的方式推进劳动教育。

4. 劳动教育原则

劳动教育原则，是学校实施劳动教育和教师组织劳动教育活动时必须遵守的基本程序和要求，是学校劳动教育文化中劳动教育行为规则。从劳动教育的特点来看，思想性、实践性和社会性是学校劳动教育行为的基本原则，具体表现为：

---

① 檀传宝. 劳动教育从正确理解概念开始［N］. 中国教育报，2021-12-1.

(1) 思想引导原则。

在笔者看来，学校劳动教育的重点在于培养学生的劳动态度和劳动精神。因此，中小学劳动教育文化的建构要把思想引导作为劳动教育的首要原则。劳动教育主要是通过辛勤劳动、诚实劳动和创造性劳动去播种希望、收获果实，从中磨炼意志、陶冶性情、提高劳动素养，促进学生形成健全的人格和良好的思想道德品质，夯实幸福生活建基于辛勤劳动之上的理念。在劳动教育中，教师要加强正确劳动价值观教育、劳动精神的培养、劳动习惯和劳动品质的塑造，提高学生热爱劳动、热爱劳动人民的感情，升华学生的家国情怀。

(2) 行动本位原则。

"做中学""学中做"是《义务教育劳动课程标准（2022年版）》所提倡的劳动教育方式。基于小学生、初中生身心发展特点和劳动教育的性质，我们认为劳动教育内容和方式都应坚持、贯彻、执行"行动本位"，或者讲"行为主义"，把学生劳动素养的培养落实到具体劳动、具体劳动行为上，即无论是培养青少年的自理能力、良好的生活习惯，还是启发其劳动意识、培养其劳动美感，或者培养中小学学生的自信心，我们都要从具体的行为塑造、行为矫正开始，通过重点培养中小学学生良好劳动习惯来达到奠基小学生的劳动素养。

《义务教育劳动课程标准（2022年版）》规定中小学每周课外活动和家庭生活中劳动时间，小学1—2年级不少于2小时，其他年级不少于3小时。这些时间不可能通过开设学科课程来完成，而是需要设计、组织丰富多彩的劳动活动，让学生身历其境，动脑动手。

学校在开发校本课程时，要树立"生活教育"的理念，选择一定的劳动任务群，开展一个个劳动项目；但归结到一点，就是让学生"做"起来或者"动"起来。所以教师或其他劳动教育主体，要了解"行为导向"的教学理论与方法，精心设计、组织劳动教育教学，让学生"做中学""学中做"。在设计劳动教育清单时一定要清楚小学生的起点行为（孩子能做什么事情）和终点行为（希望孩子能做到什么或有什么样行为表现），更要了解、掌握中小学学生在家中和学校学习或劳动时易受到什么影响，喜欢什么样的奖励。在训练和指导儿童时要"迈小步、不停步""积小胜为大胜"，把劳动任务分成一个个小动作、一个个小步骤、一个个小任务，给予指导、强化，最后串联成一个整体行为，完成全部任务。

（3）融合贯通原则。

有机融入原则。劳动教育是一种独立的教育类型，也是中小学教育中的一门课程，但是由于劳动的主体性、综合性、实践性，使得劳动教育成为德育、智育、体育和美育的连通器和推进器。因此实施劳动教育必然也必须与其他各育整合、融通，同频共振。中小学设立劳动教育必修课程，其活动策划、技能指导、练习实践、总结交流等，可与综合实践活动、通用技术和地方课程、校本课程等有关内容进行必要统整。学校可以将家政、烹饪、手工、园艺、非物质文化遗产传承等劳动项目融入特色课程，常态化实施。其他学科也要有机融入劳动教育，在学校德育、家庭教育、社会教育等活动中，有机渗透劳动教育元素，让学生在日常学习生活中以积极的态度和浓厚的兴趣投入。"学科教学中融入劳动教育，劳动教育中渗透学科教学"项目化学习、跨学科学习是具体的劳动教育融合办法。文化体现在细节中，学校可以研究确定多学科教学与劳动教育的融合点，采用融合教育、融渗式学习等基本教学方法，使劳动教育弥漫在学生生活全域。

（4）成功导向原则。

由于劳动习惯、劳动能力的养成需要学生付出一定的时间、投入相当的智力和体力；更由于劳动教育本身的复杂性、艰巨性，所以需要学校在组织劳动教育和教师在具体实施劳动教育时要着眼于激发学生参与劳动的热情、培养学生的劳动兴趣、树立学生的劳动信心。既要让学生体验到劳动的艰辛、劳动成果来之不易，更要让学生体验到劳动的乐趣、感受成功的喜悦。这就要求学校管理者和劳动教育教师包括学生家长要坚持树立"成功导向"的原则。具体来说就是要：

第一，做好劳动教育准备。美国心理学家桑代克的准备律告诉我们学习者在学习开始时的预备定势，当某一刺激与某一反应准备联结时，给予联结就引起学习者的满意，反之就会引起烦恼。这也要求每节劳动教育课、每个劳动教育活动师生都要做好充分的思想、精力、时间与物才准备。对于劳动教育教师来说，就是要备好课、做好活动方案，调动学生学习动机和参与活动的积极性。学校劳动教育的发起者和组织者则要准确把握学生和教师的需要、身心状况，精心实施劳动教育。

第二，设置安全、激励性的情境。劳动教育不管在家庭，还是在学校，也不管是在社会场所，都要安全第一，适合教育第二，真实的劳动情境中进行次之。在这个前提下，要求教师设置一定的问题环境让学生能产生认知冲突、探究兴趣，从而促使学生主动接触社会与生活，发生互动、建构知识，形成劳动品质。

第三，知行合一。劳动教育的实践性决定了在实施劳动教育时要做到让学生"出力流汗、手脑并用"，要求劳动教育要做到理论学习和实践操作相统一、学习劳动知识和锻炼能力相统一。知行合一也就是所谓的"学思行结合""教学做合一"。

第四，合理、适度。要根据学生年龄特征、性别差异、身体状况等特点，选择合适的劳动项目和内容，安排适度的劳动时间和强度，做好劳动保护，确保学生人身安全。

第五，及时反馈。教学理论研究与实践都已说明，及时反馈是教学的必要环节，也是提高教学效果的有力手段。但是在劳动教育中，及时反馈具有更重要的意义，因为劳动教育更多的时候是学生学习劳动劳动技能、解决实际问题。因此，及时反馈对于学生具有多方面的作用：得到鼓励、获得支持、调整行动策略等。但主要还在于可以固化劳动技能、形成良好劳动习惯。

第六，支持成功。效果告诉我们：如果一个动作跟随着情境中一个满意的变化，在类似的情境中这个动作重复的可能性将增加，但如果跟随的是一个不满意的变化，这个动作重复的可能性将减少。导致满意后果的行为被加强，带来烦恼的行为则被削弱或淘汰。后来，他发现惩罚并不一定削弱联结，其效果并非与奖励相对，于是，他取消了效果律中消极的或令人烦恼的部分，追求成功是人的行为的主要动机之一。文化说到底就是人类成功行为的结晶。劳动教育，是通过劳动而进行的教育，需要学生付出艰辛的努力，如果不以成功为导向，总是让学生在劳动教育过程中摔跤、失败，劳动教育难以为继。桑代克的效果律已说明了这个问题。以成功为导向要求学校劳动教育无论是目标确定、内容选择还是教学评价都要让学生在劳动教育中有存在感、获得感和成功感。

（5）协同育人的原则。

协同育人，实际上也是整体育人、全方位开展劳动教育。主要有三层意思：一是学校、家庭和社会合作育人，即充分发挥家庭在劳动教育中的基础作用、学校在劳动教育中的主导作用、社会在劳动教育中的支持作用，三方各显其能、各尽其责，对学生共同进行劳动教育；二是学校各部门、各条线要共同努力、密切配合，做好劳动教育；三是学校各班班主任与各学科教师要沟通合作、协同育人。协同育人的原则还要求学校劳动教育要把直接劳动教育和间接劳动教育、学科劳动教育和活动劳动教育、个人劳动教育和集体劳动教育、校内劳动教育和校外劳动教育多形态劳动教育充分融合，重视将劳动教育与其他学科课程知识有机结合，构建起整合性的劳动教育实践体系。以金石幼儿园为例，作为"区域高品质推进劳动教育"项目基地幼儿园，该园劳动教育发展迅速，得到了同行的认可，其成功经验之一就是提出了"激活家校社资源，构建劳动教育共同体"的思路，发挥家庭作用，充分利用社区资源。

（二）学校劳动教育制度文化

制度是在一定历史条件下形成的，要求一定范围的成员共同遵守的、按照一定程序办事的规程和行动准则以及由此形成的社会活动体系和体制。制度文化就是体现核心价值观的制度在运行一段时间后成为人们行事规矩和组织习惯以及由此产生的效用。"虽然制度是观念指导下建立的，可是一旦建立，制度比观念更有力量"。邓小平在讲到制度对人的行为的影响和作用时指出：我们过去发生的各种错误，固然与某些领导人的思想、作风有关，但是组织制度、工作制度方面的问题更重要。这些方面的制度好可以使坏人无法任意横行，制度不好可以使好人无法充分做好事。劳动教育的制度文化就是学校依据自己劳动教育核心价值观制订的制度、规章和有关教育法律、教育政策等经过一段时间的实践、完善而沉积下来约束力、指导力等；劳动教育制度文化还可以理解为是被学校成员认可而成为学校的劳动教育规程、劳动教育活动习俗和舆论标准。学校劳动教育制度文化有以下主要组件：

（1）《关于加强新时代大中小学劳动教育的意见》《大中小学劳动教育纲要（试行）》，市、区关于加强中小学劳动教育的文件；国家颁布的劳动教育课程标准、区域劳动教育有关政策要求等。2022年5月教育部发布了《义务教育劳动课程标准（2022年版）》，其课程理念、劳动教育目标和内容、实施方法是学校劳动教育制度文化的灵魂和依据，也是学校劳动教育文化的重要组成部分。

（2）学校劳动教育领导制度与机制。学校要成立由主要领导人为首，有德育负责人、劳动教育教师参加的学校劳动教育领导体制，负责统一指挥、领导学校劳动教育。

（3）有关学校劳动日、劳动周（劳动月）、劳动月的设置与管理。从"区域高品质推进劳动教育"项目要求来看，希望基地学校应设置学校劳动日、劳动周，并且认真组织，不搞形式，使之成为学生劳动教育的重要途径。

（4）学校劳动教育课程与教学管理制度。包括劳动教育必修课、选修课管理制度，劳动教育教师考评制度、学生劳动素养评价制度等。针对现实和未来需要，"区域高品质推进劳动教育"项目组建议基地学校在加强学校劳动教育课程与教学管理的同行，要兼顾学生消费教育和休闲教育（生产与消费本就是一个完整劳动链条得以有效运转的基本要素。在很大程度上，消费是人类再生产的必要条件。不能正确认识消费，就很难认识到生产的价值和意义。当前，青少年学生普遍存在的符号消费、过度消费、攀比消费等现象，从一个侧面反映了当前学校劳动教育在内容上的缺位。帮助学生正确认识消费的本质及内涵，培养其有节制的理性消费，将是新时期劳动教育的应有之义）。

（5）班级劳动教育管理制度。班级是学校劳动教育的基本单位，学校要对班级清洁卫生、班级劳动责任区等做出相关制度规定，通过集体劳动等形式，培养学生合作劳动能力、责任意识等。

（6）学校学生社团或劳动教育兴趣小组管理制度与办法。鼓励、支持建立学生劳动教育社团、兴趣小组等，规范管理，培养学生劳动技能。

（7）劳动教育教师管理、评价与培训制度。对教师学科渗透、承担专门劳动教育项目等职责做出明确规定；编制学校劳动教育教师发展规划，制定专职教师劳动教育教师、兼职教师劳动教育教师和一般学科教师劳动教育管理办法和绩效评价标准等，多形式、多办法培训学校劳动教师；编制并实施非专职教师指导学生劳动教育社团活动与学科渗透教学考评制度等。

（8）劳动教育研究制度。成立学校劳动教育研究室或研究小组，研究编制学校劳动教育发展规划、课程建设、推进策略等问题；定期开展教育教学问题研讨，帮助提高学校劳动教育教师能力和水平。

（9）学生劳动教育评价体系。研究制定学校学生劳动素养评价指标，科学评价学生劳动素养；把学生参加学校劳动教育情况、素质发展情况与学生评模选优、升学等联系起来，发挥评价的诊断、激励作用，促进学生成为有理想、有本领、有担当的人。

（10）学校劳动教育危机与风险管控制度。学校要加强对师生的劳动安全教育，强化劳动风险意识，建立健全安全教育与管理并重的劳动安全保障体系。以安全、适度为原则，合理安排劳动任务、强度、时长，在场所设施选择、材料选用、工具设备和防护用品使用、活动流程等方面制定安全、科学的操作规范，强化对劳动过程每个岗位的管理，明确各方责任；制定风险防控预案，科学评估劳动实践活动的安全风险，完善应急与事故处理机制防患于未然。

（11）家校劳动教育合作育人制度。与学校家庭教育制度有机衔接，发挥学校主导和引领作用，明确家长在学生劳动教育的职权和责任，合力对学生进行劳动教育。

（12）学校劳动教育竞赛与展示制度。建立以展促育、以赛促劳机制。学校学生劳动技能和劳动成果展示活动制度化。

（13）学生学校劳动清单和家庭劳动清单。要促进学校劳动教育规范化、常态化和可持续实施，"区域高品质推进劳动教育"项目组鼓励基地学校实施长效机制建立学生"家庭劳动清单""校内劳动清单"，同时要求学校组织、鼓励学生写"劳动日记"。如果"两单一记"能持续有效开展，必将能培养学生良好的劳动习惯和劳动品质。

附:"行知行"劳动教育基地学校、幼儿园劳动教育清单

沙浦路幼儿园幼儿家庭劳动教育清单研发方案

一、研发背景

为贯彻落实中共中央、国务院发布的《关于全面加强新时代大中小学劳动教育的意见》和《中共上海市委、上海市人民政府关于全面加强新时代大中小学劳动教育的实施意见》,弘扬劳动精神,培养幼儿正确劳动价值观和良好劳动品质,发展幼儿的基本劳动能力和劳动习惯。提出家庭劳动教育的研究实施举措,以充分发挥劳动教育的综合育人作用。

我园自2011年10月创建以来,针对家庭、幼儿以及幼儿园教育发展的需求,以幼儿园《生活活动》课程为基础,根据幼儿的年龄特点与发展需求,打造了生活特色园本教育。基于幼儿园"生活小能手"课程特色,我们从幼儿、家庭的需求出发,以培养幼儿的生活能力,提高生活品质,提升生活课程的实施质量为目的。不断地对如何加强家园合作的途径与策略进行探索与思考。幼儿家庭劳动教育的实施,能够更多地与家园共育实施链接,提高家长的家教指导水平和能力。实现家园合力,共同教育。

同时,为了构建体现"生活教育"特色的"行知行"劳动教育课程体系。致力于"行知行"劳动教育基地研究实践。家庭劳动教育清单的设计与实施,为研究积累典型案例、提炼实践路径,形成评价工具、记录幼儿成长奠定了基础。

二、研发宗旨

根据幼儿的成长阶段特点、新时代全面发展的人才教育要求,融合劳动教育,劳动体验并将其转化为幼儿的发展目标。

1. 树立正确的劳动观念。正确认识劳动价值,养成主动劳动、坚持劳动的良好习惯。

2. 涵养丰富的劳动情感。培养尊重他人劳动,珍惜劳动成果的情感。

3. 培养扎实的劳动能力。掌握劳动基础知识和基本技能,具备与年龄段匹配的生活能力。

4. 培育劳动精神启蒙。建立劳动自立意识和主动服务他人的责任感。

三、研发依据

1. 坚持以《3—6岁儿童年龄特点》为指导思想,引导幼儿主动承担适量家务劳动。

2. 注重劳动意识启蒙,鼓励并指导幼儿尝试生活自理、讲究个人卫生,懂得尊重他人劳动、珍惜劳动成果。幼儿亲历劳动操作过程是家庭劳动的主要形式和基本方法。

沙浦路幼儿园幼儿家庭劳动教育清单

年龄	任务群	目标	行为	建议	评价
小班	生活自理	1. 知道自己的事情自己做，体验自己小手本领大的快乐 2. 让孩子知道整理玩具的一些方法，懂得物归原处	1. 洗脸、会刷牙、会擦香 2. 会上厕所、穿脱衣服 3. 会挂衣服、背书包 4. 整理玩具、整理图书 5. 叠衣服 6. 整理鞋子	1. 家长可以和孩子一起说说画画"我能做的事情"，让孩子体验"我会自己做"的自豪感 2. 家长在家观察孩子的自理能力及动手能力，鼓励孩子自己的事情自己做 3. 家长为孩子准备一些放玩具的框或橱，并做好相应的标记 4. 与孩子比赛，看谁整理得又快又整齐	1. 贴纸评价 自制贴纸评价自评卡记录表，对自己做的事情进行评价 2. 表格记录 幼儿与家长一同用简单图符记录表格内，鼓励幼儿完成
	服务劳动	1. 乐意和父母一起洗晒玩具，初步学会清洗玩具的方法，体验劳动的快乐 2. 了解垃圾的种类及垃圾分类的有关知识，知道不能乱扔垃圾	1. 擦桌子 2. 扔垃圾 3. 清洗玩具、打扫灰尘 4. 晒鞋子	1. 家长引导孩子观察发现哪些玩具脏了，并一起探讨："玩具脏了怎么办、由谁来清洗玩具、清洗玩具需要什么工具材料" 2. 通过故事、谈话等方法，初步让孩子知道垃圾要分类摆放	1. 互动评价 可以通过角色扮演的方式，学一学、评一评、做一做 2. 家园共育卡 结合共育卡的内容，根据共育卡的提示，认真评价，并在过程中有效指导幼儿
	种植养护	1. 愿意照顾动植物，并根据动植物的当前情况进行浇水、喂食物等 2. 喜欢动植物，感受照顾动植物带来的幸福感、亲近感	1. 浇花、松土 2. 给小动物喂食	1. 创设温馨的动植物天地，准备好动植物需要的工具与食材 2. 与孩子共同讨论照顾植物的方法，一起共同照顾动植物	1. 评价墙 根据幼儿的兴趣以及照顾情况进行五角星贴纸鼓励评价 2. 自然谈话 与幼儿交谈，倾听想法，并采用录音形式记录分享交流

续上表

年龄	任务群	目标	行为	建议	评价
小班	手工制作	愿意帮助家人做简单的家务,感受做家务的辛苦,体会帮助家人做家务的快乐	剥豆子、摆餐具、打鸡蛋、会搓圆子	1. 在成人的帮助下,会使用简单的方法进行劳动(剥豆子、搓圆子等) 2. 让孩子按已有的经验和喜好操作,父母给予适当的指导	1. 线上打卡 孩子通过打卡活动,记录幼儿的活动视频,进行家园互动 2. 线下展示 结合主题活动,把"生活小能手"融入其中,进行班级小竞赛,我来秀一秀等形式进行展示 3. 经验分享 幼儿与家长一起把劳动小心得画出来,进行小小故事会交流分享
中班	生活自理	1. 能自己独立完成穿衣、裤、袜、鞋,分清楚正反和前后 2. 在每次如厕后,都能包好肚子。在父母的提醒下,会自己准备好第二天要穿的衣裤 3. 以游戏的方式,让孩子感受使用筷子的快乐。尝试自己用筷子吃饭 4. 会整理家中的各类物品,如整理小床、沙发、茶几、书桌、书柜、衣柜等,知道各种物品要归类摆放 5. 离开房间时,能关灯关门,关闭电器电源	1. 穿衣、裤、袜 2. 包肚子 3. 学用筷子 4. 挂衣服 5. 整理小床、沙发、茶几书桌、书柜、衣柜 6. 关灯、关门、关电视等	1. 家长指导孩子做一些力所能及的事情,如自己穿衣服、包肚子等 2. 亲子进行竞赛游戏活动,比比谁穿衣服比较快、谁夹的豆子多等 3. 比赛中家长要适当放慢速度,让孩子体验到成功的快乐 4. 家长可以准备几个箱子,让孩子把房间里面的玩具、书籍等分类放入不同的箱子 5. 也可以让孩子在箱子上贴上图示,方便取放 6. 定期引导孩子把不想玩的玩具、不再看的书装箱存放	1. 自我记录 在家中与孩子一起设计"我长大了"的表格,孩子每学会做一件事情都让幼儿自己记录下来 2. 家长监督,及时表扬、鼓励 3. 设置奖励

续上表

年龄	任务群	目标	行为	建议	评价
中班	服务劳动	1. 在父母的帮助下，会简单地扫地，清洁桌面 2. 会清洗小件的物品，如小毛巾、袜子等 3. 会晾晒小件的衣物 4. 了解垃圾分类要求，能分类垃圾 5. 学习掌握擦皮鞋的方法	1. 扫地 2. 洗小毛巾、晾衣服 3. 擦桌子、椅子 4. 套垃圾袋 5. 干湿垃圾分类 6. 擦皮鞋	1. 准备一块孩子专用的抹布及拖把，让孩子试着去做家务 2. 由家长示范如何做，才能将桌子、地板弄干净，怎样洗小件衣物等。或是和孩子合作做家务，比如让孩子拿衣架，家长来挂衣服等	1. 家园共育卡引导孩子学做家务劳动，结合幼儿园的"家园共育卡"，对孩子每天的劳动进行评价，一个阶段做一次汇总 2. 通过照片、视频等方式记录，上传孩子通APP进行分享、展示、点赞
	种植养护	1. 能在大人的帮助下，定期照顾植物，如除草、剪黄叶、了解植物种植的方法 2. 掌握种植工具的使用方法 3. 喜欢小动物，尝试给小动物喂食、清洁等	1. 浇花除草、修剪黄叶、定时浇水 2. 做生长记录 3. 喂养、照料小动物、给小动物换水、清洁宠物饲养环境、带小动物晒太阳	1. 为孩子选择生长周期短、管理方便、幼儿熟悉的植物 2. 准备必备的劳动工具，如小铲、小耙、小筐、水桶、水勺、喷水壶等，这些工具必须适合幼儿的年龄特点，应小巧、轻便、安全	1. 家园共育卡家长对于幼儿在种植过程中的星级评价 2. 在班级植物角中观察幼儿的表现，师幼评选最佳植物角值日生
	手工制作	1. 学会洗菜与几种不同食材的处理方法 2. 参与餐前准备，根据人数摆放相应的餐具 3. 学习收拾整理餐具，尝试洗一些简单的餐具 4. 能自己剥剔食物	1. 洗菜、拣菜叶 2. 剥豆子、剥虾壳、剥鸡蛋 3. 餐后把餐具送回厨房 4. 摆碗筷 5. 洗餐具（杯子、筷子）	1. 家长与孩子一起聊聊帮厨可以做些什么？如拣菜、摆餐具等 2. 洗菜拣菜时可以和孩子认识一些常见蔬菜及了解它们的营养价值 3. 让孩子听家长指令摆放餐具：如今天几个人就放几只碗，几双筷子等。餐后帮家长一起洗些简单的餐具	1. 日常观察记录 在每日午餐吃虾时，观察了解每位幼儿剥剔食物的能力，记录在我们的生活评价墙上 2. 通过照片、视频等方式记录，上传孩子通APP进行分享、展示、点赞 3. 活动展示"帮厨小能手"等评选活动展示劳动成果

续上表

年龄	任务群	目标	行为	建议	评价
大班	生活自理	1. 早晚主动刷牙，了解洗澡步骤，养成良好的清洁卫生习惯。尝试学用指甲钳 2. 知道整理仪表的方法，能自我整理，学会系鞋带 3. 能主动换洗衣物 4. 知道书包里放哪些物品，学会自己整理书包 5. 学习将各类物品有序整理，摆放整齐	1. 主动刷牙、自己洗澡、会剪指甲 2. 会系鞋带、整理仪表 3. 洗内衣裤、洗鞋子 4. 整理书包 5. 分类季节服饰、准备行李；收拾房间；换床单、套被套	1. 借助话题与孩子聊聊保护牙齿的小常识。模拟剪指甲，让孩子多练习 2. 鼓励幼儿自主照镜子，检查仪表 3. 示范清洗工具的使用方法 4. 家长对孩子书包进行检查，做好指导和帮助 5. 孩子根据物品放置要求，自行操作，分类放置，家长对操作结果进行建议、调整	1. 自我检查 幼儿对自己的劳动结果做出自查 2. 记录表征 幼儿记录劳动故事，用图符、文字表达对劳动过程和结果的感想
	服务劳动	1. 了解垃圾的种类，学习垃圾分类的方法 2. 做力所能及的事，体验家庭劳动的乐趣 3. 能主动承担任务，并认真负责地完成任务	1. 垃圾分类 2. 擦玻璃、擦洗漱台、擦书桌；扫地、拖地；洗抹布、洗玩具车 3. 收快递	1. 准备分类垃圾桶，做好标记 2. 亲子开展大扫除活动，观察哪里需要清扫、擦洗。结束后进行卫生检查 3. 引导幼儿学会查看快递收件人	1. 观察监督 在日常生活中，有目的地对幼儿的劳动行为进行观察记录。及时表扬与建议（如奖励贴纸等） 2. 实践劳动 在值日生等劳动活动中，展现劳动能力，评选劳动标兵

续上表

年龄	任务群	目标	行为	建议	评价
大班	种植养护	1. 能根据植物的生长特点，照料植物，并做好植物生长记录 2. 亲近自然，学习用简单的观察方法，有目的地感知周围自然物和自然现象	1. 种植盆栽、写种植记录、照料植物（浇花松土）；饲养乌龟（鱼）等 2. 做种植实验	1. 创设种植天地，准备种植工具。与孩子共同讨论种植计划，设计记录表格 2. 协助幼儿开展比较实验	亲子共育卡 结合共育卡主题月活动，家长对孩子做出动态星级评价，如种植月等
	手工制作	1. 能自己动手学做水果拼盘等，体验厨艺的快乐 2. 学会收拾餐桌的方法，乐意学做家务。学习盛饭，体验为家人服务的快乐 3. 了解常见食物的营养	1. 分拣菜品、洗水果、蔬菜；制作水果拼盘、包馄饨（饺子）、烧番茄炒鸡蛋、榨果汁、做蛋糕等、使用微波炉、烤箱 2. 盛饭端水、分发碗筷、收拾餐桌、洗碗筷 3. 搭配营养菜单	1. 共同定制菜谱。请孩子帮忙摆放、清洗用品。烹饪时，引导幼儿辨识调味品和厨具。对照制作方法，家长从旁指导，多让孩子操作。鼓励幼儿参与帮厨，在家长身旁观察学习 2. 引导幼儿对应家庭人数分发适量的餐具	1. 活动展示 "我的拿手菜"、整理大比拼等评选活动展示劳动成果 2. 平台展示 "孩子通 APP"上传幼儿劳动照片、视频记录获取点赞和评语 3. 分享经验 幼儿制作"家务妙招"小报，交流劳动心得

乐业小学"我做劳动小达人"家庭劳动教育清单

上海市宝山区乐业小学

乐业小学贯彻落实中共中央、国务院发布的《关于全面加强新时代大中小学劳动教育的意见》，通过宝山区"行知行"劳动教育实践基地校实验平台，将劳动教育与综合实践活动整合，纳入学校整体课程计划。

学校从儿童的生活出发设计主题，通过"小叶子成长旅行"校本综合活动项目，开发劳动教育主题式综合课程"我做劳动小达人"，有效统整各类学习内容，以实践、体验、探究为主要活动方式，推进劳动实践的日常化、课程化和特色化。

一、家务劳动目标

根据社情、校情、生情综合考量，确立了本课程的总体目标：自己的事情自己做、集体的事情共同做、家庭的事情主动做、社会的事情乐于做，助推学生获得全方位劳动发展，达到"自理小主人、岗位小标兵、家务小能手、劳动小达人"的成长目标。

在总目标统领之下，细化我校"四维劳育"课程中各板块的具体内容，以下呈现的是关于"家庭劳动"的分项目标。

（一）家庭劳动知识与技能的目标

1. 学习生活自理劳动，养成家务劳动习惯，能够服务于家庭及家庭成员。

2. 认识家用电器和生活用具及使用方法，初步掌握自我服务劳动和一般家务劳动的基本方法。

（二）家务劳动过程与方法的目标

1. 利用家庭资源尝试有创新特色的小制作、小发明，在家务劳动实践中具有一定的创新意识。

2. 经历从自主体验、技能学习、尝试探究、解决问题到家务技能展示交流的过程，总结家务劳动经验、感悟体验反思。

（三）情感态度与价值观的目标

1. 培养正确的劳动观点，树立热爱劳动、感恩家人、珍惜劳动成果的正确思想。

2. 培养正确的劳动态度，自觉磨炼意志，陶冶情操，体验挫折与成功。

3. 培养良好的劳动习惯，增强质量意识、效率意识、安全意识和环保意识等。

二、家务劳动清单

劳动，是学生成长过程中的一门重要必修课。为进一步加强劳动教育，构建德智体美劳全面培养的教育体系，避免劳动教育碎片化、狭窄化及偏离正确的育人目标，使劳动教育得以很好的落实，根据中共中央、国务院发布《关于全面加强新时代大中小学劳动教育的意见》、教育部印发的《大中小学劳动教育指导纲要（试行）》和《中共上海市委、上海市人民政府关于全面加强新时代大中小学劳动教育的实施意见》及《义务教育劳动课程标准（2022年版）》等文件，结合我校实际，制定了我校校内劳动及家务劳动清单。

（一）指导思想

为进一步推进劳动教育，明确劳动要求，促进劳动的丰富性、创新性与日常化，引导学生辛勤劳动、诚实劳动、创造性劳动，培养学生自主、自立、自理能力，不断增强学生责任与担当，构建德智体美劳全面发展的育人体系，形成学校、家庭、社会协同联动的劳动教育模式，形成劳动教育特色，提高劳动教育效果。

（二）劳动教育课程安排

我校劳动教育课程按"1+1+1+X"课程方案实施。"1+1+1"即每周一节劳动技术教育必修课，每周1节劳动教育综合活动课，每学期开展一次劳动教育宣传周活动；"X"指的多项劳动实践体验活动。

1. 开足开好每周一节劳动技术教育必修课程

劳动教育列入学校基础性课程重要内容。各年级劳动技术教育课程每周不少于1课时，由专职教师任教，且课时不得挤占、挪用。

2. 开好每周一节劳动教育综合活动课

每周五下午有一节劳动教育综合活动课，内容涉及劳动教育拓展性课程与研究型课程，以学生社团活动形式开展。学生社团活动要涵盖劳动技能类和劳动创新类，时间不少于1课时。

3. 每学期组织一次劳动教育宣传周活动

努力营造良好劳动教育校园文化，每学期开展为期一周的劳动教育宣传周（5月份第二周、10月份第二周），开展专题讲座、主题演讲、劳动技能大赛、展示劳动成果、评选劳动能手等，每次宣传周活动不少于8课时。

4. 开展内容丰富的劳动实践活动

根据劳动清单，进一步劳动实践与体验，开展内容丰富的日常生活劳动、生产劳动、服务性劳动，并记录在学生《劳动手册》上，每学期不少于80课时。

每学期在开学前开展一次校园劳动日活动，每次不少于2课时。

每学期按照劳动清单完成至少每周不少于1课时校内劳动、每周不少于2课时家务劳动。

利用双休日及寒暑假，参加校外公益劳动。每学期参加校外公益劳动不少于8课时。

每学期有学校组织学生参加不少于1天（8课时）的劳动基地体验活动，体验生产劳动。

家校积极支持学生参加各类职业体验活动，每学期不少于2天。

学生每学期完成劳动教育总计不少于118课时。

三、实施原则

1. 遵循规律

劳动教育必须遵循教育规律，遵循学生的身心成长规律，符合学生年龄特点，针对不同学段的劳动教育重点应有侧重，要考虑各学段之间的衔接。

2. 因地制宜

结合学校、家庭及社区的资源，因地制宜开展劳动教育。利用学校中草药种植苗圃、航空馆、劳动创新实验室及师资优势，开设中草药种植、航模、手工、科技创新活动等校本课程，凸显劳动教育特色。

3. 统筹实施

注重课内外结合，在开设劳动教育必修课的同时，在课外校外活动中安排劳动实践，兼顾日常生活劳动、生产劳动和服务性劳动。注重契合教育时间节点，探索劳动教育与课后延时服务、文明校园建设、志愿服务、中华优秀传统文化、重要节日纪念日、研学实践等相融合。注意家校共育，要发挥家庭的基础作用、学校的主导作用，推行家校协同机制，对劳动教育内容进行总体规划、整体设计。

4. 注重过程性评价和终结性评价相结合

根据劳动清单，明确每学期劳动实践类型、次数、时间等考核要求，劳动教育清单完成情况纳入学生综合素质评价体系，实行每日清单打卡制及每月清单自评，家校共同参与评价，并记录在劳动手册上，通过劳动技能竞赛、劳动成果展示、劳动能手评比、交流劳动感想和感悟，使劳动清单制度得以很好落实。

5. 安全为先

高度关注安全要求，校内外活动要进行场所和劳动过程中存在的安全风险评估，不得让学生直接参与具有危险性或需专业人员、专业器械操作的劳动项目，不得到无安全保障的场所开展活动。

和衷初级中学校内劳动及家务劳动清单

(一) 校内劳动

年级	教育目标	劳动内容	指导建议	评价方式
六年级	1. 初步懂得劳动价值及劳动需要诚实、劳动需要认真付出，初步懂得"劳动是一切幸福源泉""幸福是奋斗出来的"内涵和意义，传承中华民族勤俭节约、敬业奉献的精神，初步树立劳动最光荣、劳动最崇高、劳动最伟大、劳动最美丽的道理 2. 积极参加校园卫生清洁和环境美化劳动，开展自主管理，培养学生爱班、爱校、关爱他人的观念 3. 通过丰富的劳动实践，初步掌握一些手工劳动技能，培养学生创新意识和实践能力 4. 通过中草药种植，传承中医药文化，弘扬中国精神	1. 清洁卫生：积极参与分工值日，且工作认真彻底；积极参加班级、包干区的大清洁活动；积极参加校园清洁劳动日、大扫除等活动；开展卫生健康教育，养成良好卫生习惯及防疫习惯 2. 整理与收纳：做好中小学衔接，培养自主能力，书桌、书包干净、整洁，课本资料分类存放，试卷分类装订；收纳整理、维护教室各类公用物品与教学器材，定期美化教室环境，创造整洁、美观、高雅的学习环境；懂得节约粮食，文明就餐，就餐结束后学会收纳，保持桌面整洁 3. 校园公益劳动和志愿者服务：积极报名参加校园各类执勤岗位，开展自主管理；积极参加书香校园建设及校园读书角的图书整理、借阅等工作；开展校园绿化美化活动；对校园垃圾进行分类与处理，自觉节约水电等 4. 创意劳动：创意布置教室文化墙、黑板报、读书角等；学会八项传统劳动，如家政、纸工、泥工、编织、缝纫、布艺、雕刻、木工等；能创意设计一些小制作、电脑小报、手抄报、公益广告等 5. 新技术体验与应用：开展3D打印、人工智能等现代信息科技体验活动 6. 校本课程：开设无土栽培课程；开设中草药种植课程，了解中草药知识，学会中草药的种植及利用	1. 以"温馨教室""最美中队"建设为抓手，设立各类管理岗位，推行学生自主管理，鼓励学生关心集体、关心他人，增强学生的主人翁意识和服务意识 2. 以养成分类整理学习资料、整理好书包、课桌、书包柜等，培养学生良好的学习习惯 3. 以书香校园建设为抓手，开展"图书漂流"活动，实现图书资源充分共享 4. 举办校园"跳蚤市场""义卖活动" 5. 《中草药种植》为校本课程，充分利用校园种植园地，开展中草药探究活动，利用"小先生制"模式，传播中草药国粹文化 6. 开展"诚信责任"专题教育	1. 每周对卫生清洁、大扫除、个人的物品整理与收纳进行检查评比 2. 开展黑板报、"温馨教室""最美中队"评选活动 3. 开展"金点子"征集、学生小制作评比活动 4. 利用学生《劳动记录手册》，督促学生养成良好的劳动习惯

续上表

年级	教育目标	劳动内容	指导建议	评价方式
七年级	1. 进一步培养正确劳动观念，体验劳动的艰辛和快乐，形成诚信、责任与担当、懂得合作与分享的良好劳动品质，体验工匠精神的伟大 2. 通过学生自主管理，积极参与校园里劳动，培养学生自主能力 3. 通过丰富的劳动实践，进一步掌握复杂劳动的技能，培养学生创新意识和实践能力 4. 通过新技术体验和学校以航空为特色科技活动拓展，激发学生学习兴趣，发展学生个人特长	1. 清洁卫生：积极参与值日工作，工作认真负责到位；积极参与专用教室的大扫除及实验器材的准备、清洁、摆放、收回等工作 2. 整理与收纳：自己书桌、书包干净、整洁，课本资料分类存放，试卷分类装订，整理错题；进一步懂得食物营养的全面性，不挑食，懂得节约粮食，就餐结束后学会收纳，保持桌面整洁，协助学校食堂开展桌面、地面的清洁及碗筷的初步整理，协助文明就餐的检查 3. 校园公益劳动和志愿者服务：积极参与自主管理，参与学校接待、引导、解说等；为学校设计和制作安全标志、安全宣传标语、安全逃生路线等；参加学校图书馆图书整理、借阅等工作；开展冬季校园绿化维护活动 4. 创意劳动：创意布置教室文化墙、黑板报、读书角等；参与校园宣传橱窗的设计及内容的定期更换等；掌握八大手工劳动技术，如豆制品制作、茶艺、刺绣、陶艺、金工工艺、版画、摄影、微电影制作等，并进行创意设计和制作 5. 新技术体验和应用：开展基因工程、航天科技、纳米科技等现代科技体验活动 6. 校本课程：开设电子技术、航模、船模、车模课程，利用航空馆、创客梦工厂，开展实践活动	1. 通过学生自主管理、"小先生制"等模式，让学生参与校园管理和行为规范的检查评比，促进班集体建设和文明校园建设 2. 通过学生参与图书馆管理及书香校园、书香班级建设，营造良好读书氛围 3. 信息技术、劳动技术、科技等老师给予学生具体指导，开展创新大赛，组织科技节活动 4. 开展"吃苦耐劳、合作与分享"专题教育	1. 实施班级值勤制度和自主管理评比活动 2. 开展劳动技能大赛，评选劳动能手，营造劳动教育良好氛围

第十一章 区域高品质学校劳动教育文化的建构

续上表

年级	教育目标	劳动内容	指导建议	评价方式
八年级	1. 进一步培养学生热爱劳动、尊重劳动、尊重普通劳动者、吃苦耐劳、团结合作的良好品质，培育百折不挠、坚苦卓绝的革命精神和培育求真务实、精益求精、追求卓绝的工匠精神 2. 掌握基本劳动知识和技能，学会创新劳动、善于劳动 3. 通过自主管理、自主劳动，培养自主精神、学生自主能力 4. 通过stem、跨学科活动，进一步培养学生综合解决问题的能力	1. 清洁卫生：认真参与值日工作，积极参加班级大扫除及校园清洁活动，开展校园绿化、美化活动 2. 整理与收纳：养成书桌、书包整洁及课本与资料的分类存放好习惯，学会各类资料的分类整理和装订，分工负责教室各类物品清洁、整齐摆放 3. 校园公益劳动和志愿者服务：积极校园自主管理，负责实验室的开放及器材的维护，负责学校体育器材的维护和室内运动场地卫生清洁 4. 创意劳动：创意布置教室文化墙、黑板报、读书角等，参与校园植物识别与挂牌活动，参与校园文化设计与布置；掌握八大手工劳动技术，如烹饪、酿造、食品雕刻、茶艺、手工工具制作、电工、电子技术、家电维修、PPT编辑等基本技术；修复或制作一些实验器材 5. 新技术体验和应用：了解芯片技术及光电的最新科技成果与应用 6. 校本课程：开设stem课程，开展跨学科探究与应用	1. 进一步推行自主管理，指导学生开展自主管理，提高学生自主管理能力 2. 开展创新劳动专题教育，成立研究性学习小组，指导学生开展研究性学习活动 3. 物理、生命科学、科技等有关参与指导工作，撰写研究性学习成果报告	1. 开展优秀作业、学习资料整理的有关评比活动 2. 开展学生创新劳动作品大赛 3. 开展研究性学习成果评选活动

续上表

年级	教育目标	劳动内容	指导建议	评价方式
九年级	1. 进一步培养学生热爱劳动、热爱劳动人民、尊重普通劳动者的积极情感，进一步树立劳动最光荣、劳动最崇高、劳动最伟大、劳动最美丽的观念，感知爱岗敬业、甘于奉献的劳模精神，形成必备的劳动能力 2. 进一步体会劳动成果来之不易，奋斗创造幸福，培养学生吃苦耐劳、持之以恒、责任与担当的良好品质 3. 了解不同职业的劳动者的辛苦和快乐，树立远大理想，掌握劳动本领，提升劳动能力，为实现中华民族伟大复兴做出贡献	1. 清洁卫生：认真参与值日工作，积极参加班级大扫除及校园清洁活动 2. 整理与收纳：养成良好的归纳与整理习惯，书桌、书包整洁，课本与资料分类有序存放，有整理资料的好习惯，试卷、笔记、错题分类整理 3. 校园公益劳动和志愿者服务：积极自主管理，到学校食堂担任义工 4. 创意劳动：创意布置教室文化墙、黑板报、读书角等，创意布置专用教室；掌握四大劳动技能，如礼仪接待、国民经济运行基本原理、理财知识、产品生产与市场销售等，并能进行一些创意劳动 5. 校本课程：开设劳模进校园活动；开设生涯规划课程，了解职业与人生的关系，能合理规划自己的升学和职业发展的道路；利用学校资源，体验保安、保洁、厨师、老师等校园工作岗位；了解自己兴趣特长、能力特征和个性特征，初步规划自己人生	1. 提供有关职业发展方面的专题讲座、劳模报告会，引导学生参与职业体验活动，召开主题班会，开展生涯教育指导，指导学生完成一份"职业规划书" 2. 举办校园模拟招聘会 3. 传承"工匠精神"，加强理想信念教育 4. 组织学生参观劳动基地	1. 开展"传承劳模精神，为国争光"演讲比赛 2. 开展创意教室布置评比活动 3. 开展主题班会，交流"我的职业规划"

(二) 家务劳动

年级	教育目标	劳动内容	指导建议	评价方式
六年级	1. 懂得劳动价值及劳动来不得半点虚假，形成基本劳动意识，初步树立劳动最光荣、劳动最崇高、劳动最伟大、劳动最美丽的观念 2. 积极参加家务劳动，培养学生责任意识，学会感恩 3. 培养学生自理能力，养成良好的生活习惯，促进人格的完善	1. 学习家庭急救技能，备好家庭急救包；学习家庭安全技能，做好应急储备 2. 每学期学习1到2道拿手菜，学习面食及点心的制作，学做早点 3. 学习正确使用简单的电器等，清楚用电安全；外出注意对关好门窗、煤气阀门等用水用电用气等问题进行检查 4. 懂得信息安全及网络安全重要性，学会基本技能 5. 能协助父母照顾好家中老人和幼小弟妹	1. 通过学生查找有关资料、父母传授，学习家务劳动技能；开展"厨房小当家"实践活动 2. 指导家长开展亲子活动 3. 家庭成员通过读书、网上学习、外出共同培养，掌握安全急救和安全逃生技能	1. 开展"小空间，大容量"亲子收纳技巧展示 2. 开展"洗涤小达人"评选活动
七年级	1. 进一步培养正确劳动观念，体验劳动的艰辛和快乐，体验家庭的和谐与幸福 2. 学会烹调、居家美化、物品的简单维修等，掌握生活技能，促进全面发展	1. 初步学会美化家庭，坚持每天对自己的房间进行整理、清洁、布置，对家庭书籍、文具分类整理，懂得植物的基本种植方法及病虫害的防治，选择自己喜爱的绿植，精心养护 2. 生活上能自理，坚持自己洗衣服、刷鞋子，收纳好自己物品 3. 学会家中物品的维修，能简单缝制手工制品，会使用螺丝刀、小锤子等工具修理简单的物品 4. 学习各类烹饪方式，懂得简单刀工，初步掌握蒸煮煎炒等基本烹饪技巧等，懂得膳食均衡重要性，初步学会制定健康的食谱，并根据食谱独自完成1到2道菜 5. 初步学会茶艺，学会接待来客，懂得待客之道	1. 孩子与父母共同学习植物的栽培技术，美化居家环境 2. 开展"智慧生活、美丽家园"生活技能展示活动 3. 孩子与父母学习有关烹调知识，了解食物营养，讨论制订每日菜谱 4. 开展"幸福家庭我做主"实践活动，学生学会安排家庭活动、召开家庭会议，拟定家庭出行计划等	1. 开展"创意美食"大赛评比活动 2. 开展"幸福家庭我做主"实践方案评比活动

续上表

年级	教育目标	劳动内容	指导建议	评价方式
八年级	1. 进一步培养学生热爱劳动、尊重劳动、尊重普通劳动者良好品质 2. 通过家务劳动，密切亲子沟通，体验生活中的乐趣和劳动创造幸福	1. 积极参与家务劳动，通过向父母、书本学习家务清洁小妙招，利用小妙招学会清洗衣物污渍及清洁橱柜、灶台、微波炉等厨房设备；学会家庭美化与布置，能够利用家里的废旧物品，进行创意改造，装扮、点缀家里一角 2. 学习我国传统节日、节气与食物的联系，了解地方菜系与地域特点的关系，根据膳食平衡原则，设计健康食谱，独立完成原材料采购，并独自完成一部分的烹饪 3. 能根据季节变化，对电风扇进行拆卸、清洗、安装，对空调过滤网进行拆卸、清洗和安装；能判断简单电器故障和进行简单维修	1. 父母和孩子共同阅读学习食物与节气、食物与地域等知识，观看"舌尖上的中国""风味人间"等纪录片，与父母一起外出采购食材 2. 设计家庭庆典活动 3. 开展家庭购书、读书活动	1. 开展"收纳小达人"评比活动 2. 积极参与学校组织的"文明过春节""我家桌上的年夜饭"小报制作
九年级	1. 进一步培养学生热爱劳动、热爱劳动人民、尊重普通劳动的积极情感，进一步树立劳动最光荣、劳动最崇高、劳动最伟大、劳动最美丽的观念，形成必备的劳动能力 2. 养成勤俭节约、修身齐家的良好品质，从而更好地服务社会、建设国家	1. 独自承担家务劳动，对居室美化提出创造性的方案，并制订合理实施方案 2. 独自掌握厨艺，并能在有客人到访和传统佳节时露一手 3. 学会观察、记录家庭日常收入与开销，学会分析家庭财务基本情况，制定一份家庭理财规划书，或合理规划压岁钱、零花钱，制订简单投资计划 4. 通过家庭财务的规划与管理，懂得厉行节约，不盲目追求名牌与高消费，不攀比 5. 能独自判断家庭用电的故障，并能进行简单维修	1. 指导学生通过设计问卷，商场采访，分析数据等环节，对比国货与进口品、奢侈品价位、品质等，形成正确消费观，制订家庭理财计划 2. 开展"好家风传承"实践活动	1. "家庭理财计划书"评比 2. 开展"夸夸我的好家风"征文活动

（14）大中小学劳动教育协同共进制度。从建构大中小学劳动教育一体化实施体系和提高中小学劳动教育质量看，"区域高品质推进劳动教育"项目鼓励基地学校与高校、教育研究机构合作，并建立制度，长效运作。

（15）学校、社区和企业劳动教育合作制度。学校要拓展劳动教育资源、整合劳动教育资源和多方合作育人的高度，建立、运行学校、社区和企业劳动教育合作制度；加强与社会机构的联系，让学生走进社区，走进农村，走进厂矿企业码头，走进事业单位、军营，引导社会人士参与到指导学生的劳动教育中；加强家校合作，发挥家庭教育的重要作用，引导家长树立正确的劳动观念，认识劳动在孩子学习、生活和未来长远发展中的积极意义和作用，通过家校联动，让家长监督自己孩子积极参加家务劳动，完成老师布置的劳动作业；引导父母以自身为榜样，成为孩子家务劳动的指导者和协助者，形成劳动教育合力。

（三）学校劳动教育物质文化

劳动教育物质文化是直接满足劳动教育有效实施需要的物质或物化产品以及蕴含其中的学校劳动教育精神等，也是保证劳动教育平稳、顺利进行的物化形态的技术、经验和环境等。它包括学校劳动教育专用教室、实践场所、劳动教育器材与耗材等，也包括渗透学校劳动教育思想的学校环境、景观装饰等；当然物质文化中也含有学校劳动经费等。劳动教育是个"烧钱"的活，学校如果不能合理、有效、稳定地筹措和使用，劳动教育很难长效进行。关于劳动教育的支持保障等物质条件，《关于全面加强新时代大中小学劳动教育的意见》多有规定，这里不加赘述。但是，笔者认为，学校劳动教育的师资、校本课程与积累起来的有效开展劳动教育的经验，这些被辩证唯物主义看作是物质力量的东西，也可以看成学校劳动教育物质文化的重要组成部分。

（1）劳动教育教师。教师的质量决定着教育的质量；同样，劳动教育教师的质量也决定着学校劳动教育的质量。笔者研究了全国一些劳动教育卓有成效的学校，发现这些学校都有若干或一批好的劳动教育教师。学校要加强劳动教育教师队伍建设，保障学校劳动教育顺利、有效实施。

（2）劳动教育课程。这里指的劳动教育课程是国家规定劳动教育课程、地方课程与校本劳动教育课程的总称。是学校实施劳动教育的重要途径和渠道，更是学校劳动教育特色的体现，因而是学校劳动教育物质文化的主体和核心。劳动教育课程根据劳动教育目标，在系统的文化知识学习之外，结合劳动新形态、产业新业态，有目的、有计划、项目化地组织不同学段的全体学生参加以体力劳动为主的日常生活劳动、生产劳动和服务性劳动，让学生身心参与、手脑并用、知行合一，亲历劳动过程，在劳动实践中出力流汗、接受锻炼、磨炼意志，实现价值体认，培养正确的劳动价值观、良好的劳动品质和基本的公民素养，发挥劳动教育树德、增智、强体、育美的综合育人价值。

①小学：引导学生参与日常生活劳动，主动分担家务，学会日常生活自理，树立劳动自信；组织学生适当参加校内劳动、社会劳动，使学生养成卫生、劳动习惯，感知劳动乐趣，爱惜劳动成果，学会与他人合作劳动。

②初中：注重增加基本的劳动技能培养，以家政学习、生产劳动、服务性劳动等为主要内容，兼顾校内外劳动教育，使学生具有初步的职业认知，初步养成认真负责、吃苦耐劳的品质和克服困难的勇气，增强公共服务意识和担当精神。

③普通高中：注重丰富学生职业体验，开展服务性劳动和生产劳动，让学生了解一些比较先进的现代工具、设备的结构和用途；理解生活、生产中常见材料的特性和用途；培养学生熟练掌握基本的农业生产知识和一定劳动技能，增强职业规划意识，具有劳动自立意识和主动服务他人、服务社会的劳动情怀，深化体悟劳动创造成功人生的价值观。

（3）学校劳动教育传统与经验。我们知道的传统和经验，不仅仅是一个时间概念，而是一个实际存在的文化现象，对每一个在场者都会产生实质性的影响。从劳动教育来看，每个学校都有一定的传统和经验；从学校文化建设来看，都要珍视自己学校劳动教育传统与经验并教育丰富和发挥。"区域高品质推进劳动教育"项目组认为，"教学做合一""小先生制""艺友制"等就是每个基地学校必须坚持和发展的劳动教育传统与经验。

（4）建立数字赋能劳动教育平台与机制。智能劳动是手工劳动、机器劳动之后出现的第三种劳动教育形态，学校劳动教育文化既要拥抱它，又要促进它发展。为此，学校要充分应用互联网、人工智能、大数据等技术，建立劳动教育管理服务平台，优化劳动教育基地、课程、师资等资源管理和基于数据的过程性、发展性、精准化劳动素养评价。当前，"区域高品质推进劳动教育"项目积极融入宝山区教育数字化转型的大潮中，积极谋划自己的"数字画像"平台，推进信息技术与劳动教育的深度融合，将互联网经济、新工业等纳入劳动教育内容，创新劳动实践形式。

（5）劳动教育物理环境布置与装饰。学校可以依据自己的劳动教育特色或自己的劳动教育理念，设置劳动教育景物标志，装饰学校楼道走廊、图书馆、食堂、学生寝室等。"整齐洁净、清新明丽的学校环境使人心情舒畅，精神振作，它可以陶冶师生美的情操，激发人们对于美的深切感受和向往"。① 同样，如果学校处处充满着劳动的气息、创造的氛围，则学生也必然受到教育和鼓励，养成自觉劳动的意识和习惯。

四、学校劳动教育文化建构的策略与措施

从以上论述中，我们基本清楚了学校劳动教育文化的内容和架构，实际上也为读者描绘了建设中小学劳动教育文化的路径。下面，笔者再从具体措施方面，谈谈建构的策略。

(一) 加强劳动教育价值管理

学校劳动教育文化建设主要的行为就是劳动核心价值的凝练、学习、内化和践行的过程。所以学校领导要特别加强学校劳动教育价值领导：

第一，要有计划、有步骤、长期地组织学习中共中央、国务院发布的《关于全面加强新时代大中小学劳动教育的意见》《大中小学劳动教育纲要（试行）》、上海市发布的《中共上海市委、上海市人民政府关于全面加强新时代大中小学劳动教育的实施意见》和《关于全面加强新时代宝山区中小学（幼儿园）劳动教育的实施意见》等劳动教育法规文件，让每个教师都知道劳动教育的价值和意义，在此基础上形成学校集体意志：人人都是劳动教育者，高质量实施劳动教育，培养学生良好的劳动素养是学校和教师义不容辞的义务和责任。

第二，研究确定学校劳动教育发展方向、培养目标与内容，并通过宣传、学习使之走进师生头脑和心灵，走进家庭和社区。"区域高品质推进劳动教育"项目认为基地学校的劳动精神文化要有四种价值：①强化劳动观念，弘扬劳动精神。笔者始终有这样一个信念，中小学劳动教育，特别是义务阶段劳动教育最重要的价值，还是让学生理解劳动的意义，树立正确的劳动观念。所以，中小学劳动教育的文化，要引导将劳动观念和劳动精神教育贯穿人才培养全过程，贯穿家庭、学校、社会各方面；注重让学生在学习和掌握基本劳动知识技能的过程中，领悟劳动的意义，形成勤俭、奋斗、创新、奉献的劳动精神。②强调身心参与，注重手脑并用。把握劳动教育的根本特征，让学生面对真实的个人生活、生产和社会性服务等劳动任务情境，亲历实际的劳动过程，善于观察思考，注重运用所学知识解决实际问题，提高劳动质量和效率。我们都知

---

① Marie-Nathalie, Maureen Taylor. 创造积极的学校文化 [M]. 北京：中国轻工业出版社，2008.

道，制作是儿童的不能之一，因而通过手工教育对儿童进行劳动教育是世界各国劳动教育的基本内容。为此，杜威作为一个著名的教育家也把"做中学"这一课程教学原则看成是自己的手工教育与劳动教育原则。从学校劳动教育文化来说，就是要把生活教育理论、具身学习思想贯彻到学校劳动教育各个环节，开足开好学校手工课，组织好劳动教育项目活动，让学生出力流汗，发展手上智慧。③继承优良传统，彰显时代特征。在充分发挥传统劳动、传统工艺项目育人功能的同时，紧跟科技发展和产业变革，准确把握新时代劳动工具、劳动技术、劳动形态的新变化，创新劳动教育内容、途径、方式，增强劳动教育的时代性。"区域高品质推进劳动教育"项目建议，基地学校可以突出学校劳动教育和美育的融合、劳动教育与食育的融合，在学校劳动教育课程上体现自己的价值追求。④发挥主体作用，激发创新创造。关注学生劳动过程中的体验和感悟，引导学生感受劳动的艰辛和收获的快乐，增强获得感、成就感、荣誉感。鼓励学生在学习和借鉴他人丰富经验、技艺的基础上，尝试新方法、探索新技术，打破僵化思维方式，推陈出新。

第三，提炼、实践学校劳动教育核心理念、主要方法。价值管理还涉及学校劳动教育理念的提升、学校劳动教育愿景的形式和劳动教育方法的引导与培训等。核心理念是学校劳动教育思想的集中概括、是学校劳动教育价值观的凝缩表达，能为学校劳动教育起到树旗帜、亮口号、集人心、鼓干劲等多方面作用。黑龙江省牡丹江市立新实验学校，从1958年起，学校开始实施教育与生产劳动相结合，建立校内外劳动实践基地，实施劳动教育。学校先后荣获全国教育先进集体、全国特色学校、全国劳动技术（劳动）教育先进学校，特别是劳动教育先后被《人民日报》《中国教育报》、中央教育电视台等媒体报道，得到国内、国外教育同仁的高度肯定。2018年校长隋桂凤在学校开始建构新劳动教育文化，其核心理念：我行故我行。围绕这个理念，他们确立了"打好人生底色"的劳动教育目标，构建了"自治""逸美""焕新"课程群，使学校劳动教育走上了特色发展的道路。现阶段，"行知行"劳动教育基地学校正在大力建构课程、完善学校管理制度，但自觉自动地提炼学校劳动教育文化理念的学校不多，上海外国语大学罗宝山双语学校、白茅岭学校正在做这方面的工作。上海外国语大学宝山双语学校的劳动教育理念是"积极劳动中有五好"。该校办学愿景是"实施积极教育，培养五好少年"，建构"积极教育文化"是他们"十四五"发展规划的主要目标和任务。我们有理由相信，他们的劳动教育文化一定会出彩。

（二）做劳动教育文化建设好顶层设计

学校领导要高度重视学校劳动教育文化的顶层设计，要汇集多方力量和智慧，从学校劳动教育的理念、目标课程、管理制度、保障条件等多方面研究制定学校劳动教育发展规划、文化建设方案，用规划引领学校劳动教育文化建设；用机制保障学校劳动教育文化建设；用智慧促进学校文化建设。前面，我们已从精神文化、制度文化和物质文化做了比较详细的介绍，这里我们再提醒一下，在做学校劳动教育文化建设规划时，一定要重视学校劳动教育特色建设的设计。实际上，学校劳动教育特色建设和学校劳动教育文化建设是一个硬币的两面，学校劳动教育特色建成了，学校劳动教育文化建设也就成功了。学校劳动教育特色培植是学校劳动教育文化建设的主体。"区域高品质推进劳动教育"项目一再呼吁支持基地学校、幼儿园要重视劳动特色的打造。我们希望各基地学校能结合自己的办学目标、学校课程资源和教师条件积极建设自己的劳动教育特色，从而推动学校劳动教育文化发展。

（三）做实做精劳动教育课程，带动学校劳动教育文化整体发展

学校文化，我们还可以按照学校教育组成的三个要素，分成课程文化、教师文化、学生文化。课程是学校教育的核心，是学校教育目标实现的载体，它蕴含着学校办学理念、寄托了办学愿景、引导着教师与学生的行为、影响着学生个性发展。"文化不一定表现为课程，但课程实施的深处一定是文化的。课程文化是对人类优秀文化的一种加工与改造。其加工旨在采用适合青少年的学习与接受的方式，其改造旨在守正创新，即对古代的进行当代的创造性转化，对国外的进行本土化的转化。"① 从课程文化建设的角度看，就是学校，特别是基地学校，要认真严格贯彻、落实《关于全面加强新时代大中小学劳动教育的意见》和《大中小学劳动教育纲要（试行）》精神，执行国家发布的《义务教育劳动课程标准（2022年版）》，开齐开足开好国家或所在区域规定的课程，做好国家课程校本化实施的工作；其次，就是学校要立足于培养社会主义建设者和接班人的宗旨，以《大中小学劳动教育纲要（试行）》和《义务教育劳动课程标准（2022年版）》为依据，开发具有学校特点的劳动教育课程，编制相应的教材、学材等，培养学生劳动素养或劳动特长，提高学校劳动教育水平和质量。"课程文化建设是学校发展的核心，也是组成学校文化的核心部分。"② 学校劳动课程文化建设涉及劳动教育显性课程、劳动教育隐形课程，也可以包括文本课程与活动课程等。不管哪种类型的课程建设，都必须遵循劳动教育的性质和学生身心发展的特点，即学校劳动教育课程，要以立德树人为核心目标，通过培养学生劳动素养，促进学生全面发展。为此，学校要在研究学生需

---

①② 刘启迪. 论我国课程文化建设的走向［J］. 湖南师范大学教育科学学报，2018，11（17）：6.

要、社会发展要求和文化技术知识的特点等课程制约因素的基础上，选择最能有利于培养学生劳动观念、劳动知识、劳动技能、劳动习惯和品质、劳动精神的劳动内容，采用"任务驱动""行为导向"等方法，让学生经历真实的劳动、体验克服困难，完成劳动项目的劳动情感。"质胜文则野，文胜质则史，文质彬彬，然后君子"。

劳动教育课程文华，要求学校开发的课程不仅仅是传承已有的劳动文化，如中华民族优秀劳动传统、革命精神、劳模精神等；更要面向未来，具有批判和建构的劳动文化的功能，也即学校劳动教育课程要关注劳动形态的变化、未来社会的能力要求，注重选择服务劳动、数字劳动的内容，注重培养学生的思维能力、创新能力和服务社会的情怀。

"真正的名校就应该名在'课程'上，努力形成独具本校特色的课程文化。"① 作为"区域高品质推进劳动教育"项目基地学校，要重视课程文化建设，通过提高学校课程领导力，提高教师专业素质、创新学校劳动教育方法途径，做实做精学校劳动课程，推动学校劳动教育文化的建构。学校要加强精益校本课程开发与管理，紧密围绕学校办学理念、劳动教育定位与培养目标，积极稳妥地开发校本劳动教育课程，加强学校劳动教育课程管理，建构体现学校劳动教育特色的课程文化。"区域高品质推进劳动教育"项目以"三横一纵"课程结构引领基地学校、幼儿园开展学校校本课程建设，建议学校做好"家庭劳动清单""校内劳动清单"；同时提出"服务性劳动教育课程化实施"，其最终目的是推动学校劳动教育校本课程开发与管理，打牢学校劳动教育文化的基础，充实学校劳动教育文化的内涵。

（四）谱好劳动教育文化三部曲：故事、人物和仪式

从一般意义上来讲，文化就是由故事、英雄人物、仪式等组成；学校劳动教育文化亦然。因此，要建构学校劳动教育文化，就要讲好学校劳动教育故事，树立学校劳动教育英雄与模范人物，拥有和举行好学校劳动教育仪式。目前，大部分"区域高品质推进劳动教育"基地学校正在推出"劳动明星教师""学生劳动标兵"或"劳动好少年"，其背后的用意就是树立劳动典型，编写自己学校的劳动故事。很多基地学校也在重构自己的学校仪式教育，他们赋予每天的晨会、开学典礼、入队入团仪式以劳动教育的内涵，通过多种仪式，培养学生的劳动观念、劳动精神和劳动品质。郑州艾瑞德国际学校，每年新生入学都有一个特别仪式，即每个新生都要到学校劳动基地度过一晚，在那

---

① 曹文平. 课程文化：打造名校的必由之路［J］. 校长参考，2010（04）：1.

里参观学校劳动"一亩田"、认知学校劳动要求并参加篝火晚会，了解作为艾瑞德国际学校一名学生的责任。这个做法值得"行知行"劳动教育基地学校借鉴、效仿。

（五）加强劳动教育师资队伍建设

劳动教育教师是学校劳动教育文化建设的主体，也是学校劳动教育文化建设的载体和主要体现。我们很难想象，如果当年北京大学没有陈独秀、李大钊等一批名师，北大"兼容并包"的学校文化如何形成和体现。所以，"行知行"劳动教育项目十分关注劳动教育教师的培训与提高，倡导基地学校加强劳动教育师资队伍建设：

1. 配备好劳动教育专兼职教师

以专职教师为主，适当任用兼职劳动教育教师；建立劳技课教师特聘制度，聘请当地能工巧匠、劳动模范担任学校劳动实践指导教师；设置劳动荣誉教师岗位、实践导师岗位，多渠道配备兼职教师；发挥班主任、辅导员、教职员工作用，合力开展劳动教育。

2. 提高劳动教育专业化水平

加强校本研修，开展全员培训，实施劳动教育课程教师专项培训，将劳动教育纳入中青年教师和班主任基本功大赛内容。

3. 建立劳动教育教师考评与激励机制

将劳动教育履职情况纳入教师专业技术职务评聘和教育教学考核内容；优化劳动教育专任教师考评核体系，使劳动课教师在绩效考核、职称评聘、评优评先、专业发展等方面与其他专任教师享受同等待遇。

（六）健全学生劳动素养评价制度和机制

学校要树立"劳动教育评价"也是一种学习的理念，重视学生劳动素养评价，健全和完善学生劳动素养评价标准、程序和方法。以学生掌握实际劳动技能和价值体认情况为重点，通过平时表现评价、学期评价、学段综合评价，客观记录学生日常生活劳动清单项目达成情况、劳动教育必修课程完成情况、参与生产劳动和服务性劳动情况等，纳入学生综合素质评价。用好评价结果，把劳动素养评价结果作为衡量学生全面发展的重要内容，作为评优评先的重要参考和毕业依据。

（七）开展丰富多彩劳动教育活动

有很多学者都把文化看作是一种行为方式，也有很多学者把"行为文化"看作是一种文化样态，还有人认为学校文化包括行为文化"研究工作者（包括有些实践工作者）一般认为，它包括三个层面的内容：即物质文化、制度文化、精神文化,或再加上第四个层面——行为文化……文化是依附在行为、现象中的。因此,文化是可以诊断和改造的。学校文化诊断可以通过对行为的分析来进行。"① 文化建设离不开人的行为,文化最终要从人的行为上表现出来。正是从这个意义上,"区域高品质推进劳动教育"项目主张学校要开展丰富多彩的教育活动,要创新学校劳动教育活动。

(1) 加强教育科研,持续不断地改进教师的教学行为,提高劳动教育课堂教学的水平和质量。如学校可以每学年举办一次全校性的劳动教育科研擂台活动,让老师"晒"自己的劳动教育科研成果;也可每年举办一次学校教师劳动教育技能比赛。坚持不懈,久久为功,必然会在学校教师中形成重视劳动教育,不断提高自己劳动教育技能的文化氛围。

(2) 坚持开展"我是劳动小贤人""我是未来劳动者"等系列主题活动,在活动中育人。学习要结合设置劳动日、劳动周等精心组织"我是劳动小贤人""我是未来劳动者"等系列主题活动,促进学生"得道修能",成为劳动能人。

(3) 结合植树节、学雷锋纪念日、"五一"劳动节、农民丰收节、志愿者日等,开展丰富的劳动节日活动,营造劳动光荣、创造伟大的劳动教育氛围。

(4) 组织举办多种形式的适合中小学生的文化活动。如"劳模大讲堂"、"大国工匠进校园"、优秀毕业生报告会等劳动榜样人物进校园活动;举办学生劳动技能和劳动成果展示,开展有劳动教育意义的影视文艺欣赏活动。综合运用讲座、宣传栏、新媒体等,广泛宣传学生中劳动标兵、劳动榜样人物事迹,特别是身边的普通劳动者事迹,让师生在校园里近距离接触劳动模范,聆听劳模故事,观摩精湛技艺,感受并领悟勤勉敬业的劳动精神,争做新时代的劳动者。

(八) 建立运行学校劳动教育文化标识传播体系

(1) 设计、应用学校劳动教育文化标识。学校可以从有利于提高学校劳动教育效益目标出发,系统设计、使用学校劳动教育文化标识系统。如,印制教师使用的备课本、工作笔记本,在封面上打上"劳动最光荣"的标语,或扉页印上"劳动创造美好生活"等,也可以让学校师生佩戴有"劳动幸福"的徽章等。

(2) 建设、用好学校劳动教育传媒。扩大学校广播职能,利用它们宣传学校劳动教育,而不仅仅是发布通知、交流教育教学信息的工具;有条件的学校

---

① 季苹. "学校文化"的反思与再建 [J]. 人民教育,2004 (2).

可以创设、编发劳动教育纸质刊物或电子杂志，宣传学校劳动模范人物和学校劳动教育成绩等。学校要重视总结、出版学校劳动教育成绩和经验，更要加强学校劳动教育的对外宣传，为劳动教育顺利开展营造良好的外部氛围。

五、结论

《说文解字》中对于"文化"二字有这样的解释：文，交叉的花纹；化，教化施行。交叉的花纹隐含着文化具有整饰的意义；教化施行又强调了文化与实践的紧密关系。人是文化性动物，文化，塑造了我们的欲望，影响了我们的思维，规约了我们的行为。"区域高品质推进劳动教育"离不开劳动教育文化。

以中共中央、国务院发布的《关于全面加强新时代大中小学劳动教育的意见》为指南，以"立德树人"为根本宗旨建构包含服务性劳动、公益性劳动和生产性劳动内容，面向未来，让学生出力流汗、砥砺品质、发展能力的学校劳动教育文化，是中小学贯彻、落实党的教育方针，实施素质教育必要举措，也是学校高质量实施劳动教育，培养学生劳动素养的必要手段，更是学校打造劳动教育品牌，提高学校整体办学水平的重要路径。学校劳动教育，只有"文化"起来，行动起来，才能有为有位、才能有效实施、才能可持续发展。